IT IS EMPHATICALLY THE
PROVINCE AND DUTY OF
THE JUDICIAL DEPARTMENT
TO SAY WHAT THE LAW IS.

MARBURY v. MADISON
1803

The Great Decision

Jefferson, Adams, Marshall,
and the Battle for
the Supreme Court

大法官与总统的对决

马伯里诉国务卿麦迪逊案

〔美〕克利夫·斯隆
（Cliff Sloan）

〔美〕戴维·麦基恩　著
（David McKean）

王之洲　译

北京大学出版社
PEKING UNIVERSITY PRESS

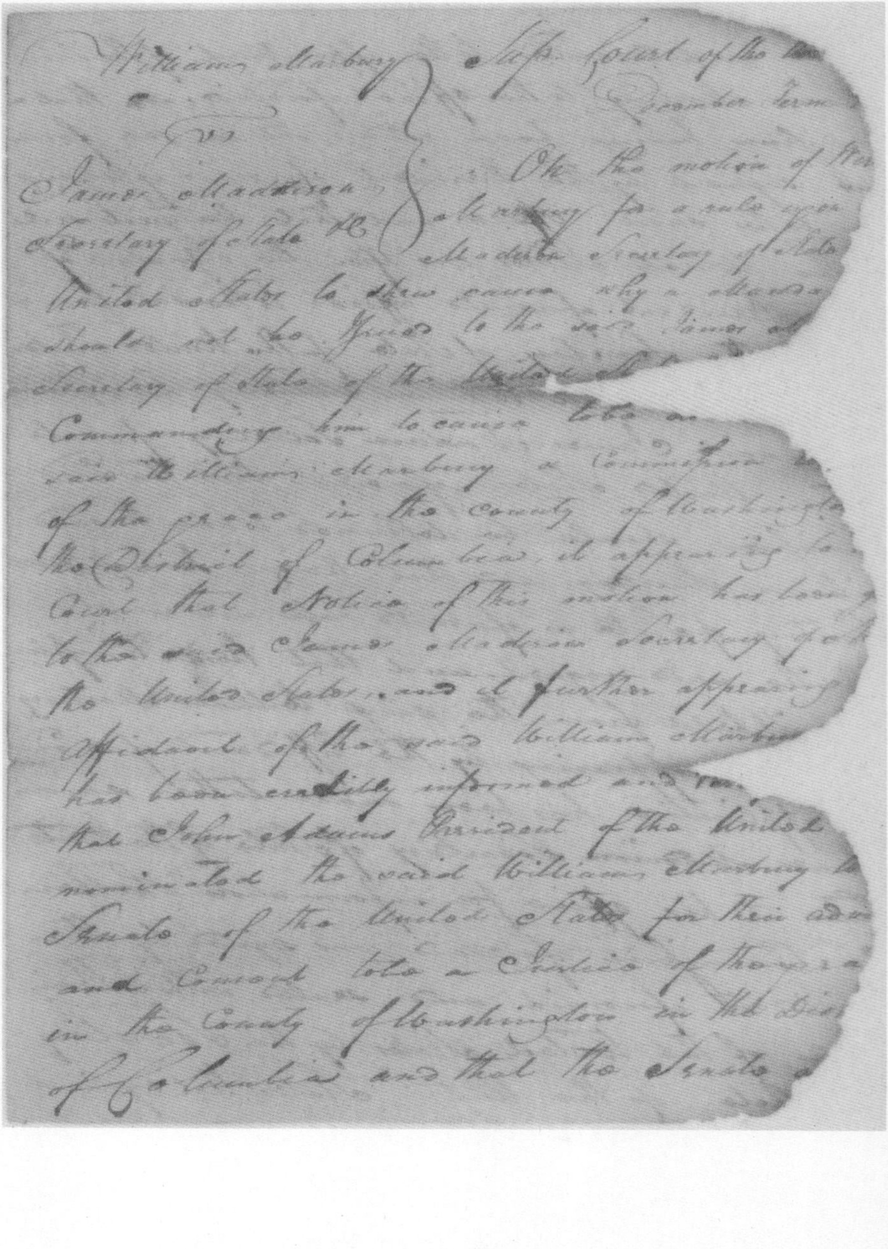
William Marbury
vs
James Madison Secretary of State &c
Supr. Court of the
December term
On the motion of Wm
Marbury for a rule upon
Madison Secretary of State
United States to shew cause why a Mandam
should not be issued to the said James
Secretary of State of the United
Commanding him to cause to be
said William Marbury a Commission
of the peace in the County of Washingto
the District of Columbia it appearing to
Court that Notice of this motion has been
to the said James Madison Secretary of
the United States, and it further appearing
Affidavit of the said William Marbu
has been creditably informed and
that John Adams President of the United
nominated the said William Marbury to
Senate of the United States for their adv
and Consent to be a Justice of the pea
in the County of Washington in the Dis
of Columbia and that the Senate

约翰·马歇尔首席大法官亲自撰写的马伯里诉麦迪逊案判决书原件第一页

约翰·马歇尔画像
(美国画家亨利·英曼作于1832年)

约翰·亚当斯总统午夜签署法官委任状。（左为马歇尔，右为亚当斯。）

目 录

导言		001
序幕		007
第一章	百废待兴	013
第二章	亚当斯败选	021
第三章	表亲相争：新首席与新总统的较量	043
第四章	午夜法官	067
第五章	杰斐逊上台	079
第六章	战幕徐启	089
第七章	马伯里提告	097
第八章	危机爆发	115
第九章	法庭鏖战	133
第十章	深思熟虑	153
第十一章	一锤定音	161
第十二章	深远意义	181
后记		189

附录1　马伯里诉麦迪逊案判决	197
附录2　斯图尔特诉莱尔德案判决	223
注　释	225
致　谢	251
译后记	255

导　言

在美国首都华盛顿的宪法大道上,白宫与国会大厦之间,矗立着一座光芒隐现的白色大理石建筑,巨大的多立克圆柱拱绕四周,壮观得如同一座圣殿——这就是美国国家档案馆。让整座档案馆引以为荣的"自由宪章"圆形大厅,就位于它的二楼。每个开放日,来自世界各地的游客在大厅外的绳栏后,排着长长的队伍耐心等候,只为亲眼一睹那些象征着美国精神的国家圣物。

走进大厅之前,等候已久的游客会经过一份13世纪的《大宪章》[1]抄本。这份来自大不列颠的敕令签署于1215年,宣告政府必

---

[1] 1215年6月15日,英王约翰当着40位叛乱贵族的面签署了大宪章,满足了叛乱贵族的要求,希望借此避免发生内战。但十个星期之后,教皇英诺森三世宣布这一协定无效,英国进入内战。英王约翰死后,英国又数次颁布《大宪章》。根据美国国家档案馆的介绍,收藏于美国国家档案馆的《大宪章》系由爱德华一世于1297年颁发的一件抄本,现世仅存4件。这份文献由著名投资家、凯雷集团创始人大卫·鲁宾斯坦于2007年花费2130万美元从苏士比拍卖行拍得,之后借予美国国家档案馆。鲁宾斯坦在2011年还向美国国家档案馆捐赠了1350万美元,用于新建一个展厅和游客中心。

说明:作者注释按原书体例,置于书后,正文中无特别说明的注释均为译者注。

须保护人民的"自由"和"权利"。步入灯光略暗的大厅,两幅描绘《独立宣言》签署场景的巨幅油画迎面而来。随后,游客们便会看到环绕半个大厅摆放的一个个独立展柜,陈列着美利坚的国家珍宝。展柜内恒温恒湿,以便妥善保护这些藏品。[1]

首先呈现的珍贵文献是《独立宣言》的原件,它铿锵有力地宣告了人民生而享有"生命、自由与追求幸福的权利"。

紧随其后的是《美国宪法》原件,它大义凛然地宣称,"我们人民"缔造了联邦,并且史无前例地创立了三权分立、相互制衡的政府模式。

继续往前,游客们会看到《权利法案》的原件。继宪法颁布后,美国又迅速通过了《权利法案》,以保障诸如言论、出版以及宗教信仰等基本人权与自由。

排在《独立宣言》《美国宪法》和《权利法案》之后展示的国家宝物,是美国最高法院于1803年作出的一个判决——"马伯里诉麦迪逊案"。与其他重要文献不同,马伯里案对许多人来说并不知名。根据展品介绍,这份判决是"美国宪政制度的基石之一",也是美国历史上联邦最高法院第一次宣布国会的立法因违宪而无效。

马伯里案为何会被视为美国法律史上最伟大的判决?它的内容究竟如何,又有着怎样的背景?这一判决对这个国家到底产生了怎样的影响?关于此案的来龙去脉,很少有人完全知晓。事实上,这

---

[1] 根据美国国家档案馆的介绍,圆形大厅共有17件文献,以确立美国立国基础的三份"自由宪章"为核心。位于正中的是《美国宪法》,左右两侧分别为《独立宣言》和《权利法案》。左侧其余7件文献与"自由宪章"的产生有关,右侧其余7件文献则与"自由宪章"的影响有关。"马伯里诉麦迪逊案"的判决位于右侧,紧邻《权利法案》。详见美国国家档案馆网站:http://www.archives.gov/exhibits/charters。

起案件意涵丰富，情节跌宕，堪称一个令人拍案叫绝的传奇：案件初发时，新任总统托马斯·杰斐逊与新任首席大法官、杰斐逊的表亲[1]约翰·马歇尔正闹得势同水火；案件审理之际，在总统与国会大选中一败涂地的联邦党人与在杰斐逊领导下大获全胜的民主共和党人也相斗正酣；而本案的高潮之处，正是马歇尔以一记大胆的"擦边球"，既扩张了最高法院的司法权，提升了司法权威，又避免了在弱势的最高法院与强势的总统之间产生无谓对抗，同时既严词抨击了杰斐逊的行为违法，又不给他留下反戈一击的任何机会。本案从此被奉为美国司法审查制度的象征，并成为最高法院后世诸多伟大判决的灵感之源。

马伯里诉麦迪逊案不为公众所熟知，或许是因为它缺乏经典法庭辩论的戏码：自始至终，本案原、被告本人都未出庭过招。虽然被尊为美国国父之一的麦迪逊广为人知，但马伯里究竟何许人也，少人知晓。在该案中出场的各号人物，也似乎并未因本案判决结果而遭受任何实质影响。原告马伯里也一直对此案三缄其口。但无可置疑的是，这起案件确是两派阵营之间的一场经典对决。美国公民社会在奠基之际经历了一系列重大考验，而这场判决决定了这个国家能否妥善应对言词激烈的政见交锋。

美国的国父们在1789年的制宪会议上创设了最高法院。它被

---

[1] 托马斯·杰斐逊和约翰·马歇尔是表亲，但并不是表兄弟（cousin），因为严格按照辈分排列，托马斯·杰斐逊要比约翰·马歇尔高一辈。他们母亲的血缘都可以追溯到威廉·伦道夫（William Randolph）和玛丽·艾沙姆（Mary Isham）夫妻，伦道夫是马歇尔的高祖，是杰斐逊的曾祖。伦道夫家族是弗吉尼亚州的第一大家族，子孙后代众多，姻亲关系极广，因此威廉·伦道夫和玛丽·艾沙姆又有"弗吉尼亚州的亚当和夏娃"之誉。除了托马斯·杰斐逊和约翰·马歇尔之外，南北战争时期南方将领罗伯特·李将军也是伦道夫家族的后代，杰斐逊所就读的威廉·玛丽学院也是伦道夫家族创建的。

导　言

构想为政府的一个独立分支，与总统和国会平起平坐。但至少在马伯里诉麦迪逊案之前，实情远非如此。因此，这个故事绝不仅仅有关一个案件；它提示的是身处19世纪黎明的美国，政治时局、法治状况与伟大人物如何共同作用，将宪法缔造者最初的梦想化为现实。

马伯里案的判决之所以被誉为国宝，缘于它是美国法治精神独一无二的生动象征。但它的丰富意义远不止此。它也能解读为约翰·马歇尔对抗托马斯·杰斐逊，首席大法官对抗总统，司法系统对抗行政当局，联邦党人对抗民主共和党人，联邦至上的拥护者对抗州权神圣的支持者，等等。因此，对于新生的美国宪法而言，马伯里诉麦迪逊案无异于公共政治领域一场意义深远的生死大考；卷入其中的各种政治理念，至今仍然影响甚至割裂着美国人民。

最高法院受理此案时，正值美国第一次真正意义上的总统与国会竞选落下帷幕。这个时机，绝非巧合。此次大选的竞选双方深怀敌意，在报纸上相互攻讦，参众两院陷入了严重的党派纷争。空气中弥漫着分裂的气息，年轻的合众国眼看就要分崩离析。在1801年的大选之后，美国政权第一次从执政党转移到反对党手中，而败选的约翰·亚当斯总统出于政治算计，直到搬出白宫的前夜仍在不停委任政府官员。若非处于这种特殊的政治环境，马伯里诉麦迪逊案或许根本就不会发生。

此案对当时的美国堪称生死攸关。可以说，正是马伯里诉麦迪逊案的判决，塑造了合众国的政治史与司法史；但更为重要的，是达致这一结果的方式。合众国在何去何从的命运关头，仰赖区区 6 名大法官[1]以该案为美国奠定了长治久安的基石。这些大法官都非经民选，而由任命产生，其中一位甚至病得无法从下榻的旅馆走到法庭。对于这个尚在独立之初苦苦奋斗的国家来说，这实在不像决定未来的一种明智方式，但它竟然成功了！

---

[1] 美国最高法院成立之初，大法官人数为 6 人。其后几经增减，最终确定为今天的 9 人。

序　幕

　　阿尔巴尼市州府街60号，约翰·杰伊在他租屋的书桌前凝神静览刚刚收到的约翰·亚当斯总统来信。

　　这是1801年的1月初。年轻的美利坚合众国还未满12周岁，却已经陷入一片混乱。亚当斯在1800年的总统大选中落败，但谁是击败他的人却难以确定：可能是副总统托马斯·杰斐逊，也可能是他的竞选搭档阿伦·伯尔。他们俩代表同一党派参选，结果赢得了相同数量的选举人票。[1]

　　作为竞选搭档的伯尔，没有主动放弃总统宝座，反而做好准备向杰斐逊发起挑战。此举震惊了全美。根据宪法，如果选举人团无法达成多数意见，问题将交由联邦众议院决定。尽管民主共和党人在新一轮众议院选举中赢得了多数席位，但新一届众议院却必须到当年晚些

---

〔1〕根据美国当时的选举人票制度，每个选举人可以投出两张总统选票，得票第一的人担任总统，得票第二的人担任副总统，由此出现了同一党派的两个参选人获得相同选票的情况。

时候，等那位尚未确定的新总统就职之后，方能开会议事。[1]

杰伊此时正在纽约州长任上，对于亚当斯的来信，他不得不思忖再三。最高法院的首席大法官奥利弗·埃尔斯沃斯刚刚宣布辞职，亚当斯总统希望杰伊去接任他的位置。就在几个月前，那座污泥遍地、荒凉贫瘠的城市才刚刚成为美国首都，被称为华盛顿特区。也是从那时起，国会才要求最高法院的大法官们每年至少安排几周在那里会面。杰伊属于美国建国一代中的英才，地位与乔治·华盛顿、托马斯·杰斐逊、詹姆斯·麦迪逊、亚历山大·汉密尔顿等不相上下。他与本杰明·富兰克林、约翰·亚当斯一同谈判签署了《巴黎和约》，正式结束了独立战争。在独立战争期间，他曾担任大陆会议主席，还是1789年宪法生效前依据《邦联条例》任命的第一位外交国务秘书。[2] 此外，他还与詹姆斯·麦迪逊、亚历山大·汉密尔顿一样，同是《联邦论》[3] 的作者之一；这本文集收录了一系列呼吁支持美国联邦宪法的报刊文章，影响极为深远。

1789年至1795年，杰伊曾担任美国联邦最高法院第一任首席大法官。1789年9月，就在国会通过《司法法》的同一天，乔治·华盛顿提名他担任首席大法官。两天之后，国会全票通过对他的提名。但杰伊对这份工作却恨之入骨。

杰伊最讨厌这份工作的日程安排。大法官们每年只有两次会面，

---

[1] 从1793年至1933年，美国总统的宣誓就职日为3月4日，而新选出的众议院必须在总统就职之后才能召开第一次会议，因此在这场总统选举中，代表民主共和党人参选的杰斐逊与伯尔谁将担任总统的问题，却要由联邦党人占据多数席位的老一届众议院投票决定。

[2] 即后来的国务卿。

[3] 原有中文译本多译为《联邦党人文集》。尹宣先生所采"联邦论"这一译名，更符合该文集的历史背景（例如撰文之时尚无"联邦党人"之说）、亦更准确地体现了其论说对象，故从之。

总共不过两三周。其他大部分时间里，他们都要骑着马外出巡回听审，走遍这个幅员辽阔的国家的每一个辖区。白天，他们造访村镇审理案件；晚上，只能睡在拥挤的小旅店或者酒馆楼上的出租房。约翰·亚当斯曾描述这些酒馆，"充斥着狂喝滥饮威士忌、棕榈酒的寻欢作乐之徒……无论男女老少，统统将光阴、财富、健康以及谦逊的品格抛诸脑后，俨然成了滋生疾病、恶习、混蛋与议员的温床"。大法官们的旅行条件原始艰苦，道路颠簸，饮食简陋，居无定所。一位大法官抱怨，有次不得不和"一个粗鄙异常的男人"同床共枕。对杰伊来说，这一切实在不堪忍受——毕竟，他出身于法兰西胡格诺教派的富有家庭，生长在大庄园，一直过着优越舒适的生活。

在杰伊担任首席大法官的将近6年时间里，最高法院每年作出的判决屈指可数。当时，许多人都认为国会或各州——而非法院——才是法律合宪性的最终裁决者。杰伊由此深信，联邦司法权在整个美国宪政体系中根本无足轻重。因此，他一直在找机会离开最高法院。

早在1793年，杰伊还在担任首席大法官时，就曾竞选纽约州长一职，但失之交臂。次年，他应华盛顿总统的要求，担任美国特使前往伦敦，为改善美英贸易而与英国谈判，并签订了后来引发巨大争议的《杰伊条约》。[1] 当条约签订的消息传回国内时，愤怒的反英示威者点火焚烧杰伊的人像。1795年，身兼首席大法官和特使两职的杰伊

---

[1] 1794年美英签署的友好、通商与航海条约，因美方代表、美国首席大法官约翰·杰伊得名。1783年《巴黎和约》签订后，英国虽承认了美国的独立，但双方并未实现真正和平，英国在美国的驻军、美国在法国支持下对英国的私掠以及英国为镇压法国大革命而采取的劫掠美国船只的行为，使得美英走到战争边缘。为缓和美英关系，和平解决双方争端，1794年5月，美国派特使约翰·杰伊赴英谈判，并于1794年11月19日在伦敦缔结《杰伊条约》。但《杰伊条约》的签订，使得原本与美国存在同盟关系的法国大为不满，美法关系就此开始恶化，终致爆发了1797年的XYZ事件和1798—1800年的美法准战争。——参考自百度百科

再次参与纽约州长竞选,终于如愿当选。他愉快地辞去了首席大法官的职务,奔赴奥尔巴尼[1]上任。

杰伊为自己的选择感到庆幸。当年和他一同受任的首批大法官,大多鲜有善终。有一位被投入债务人监狱,出狱不久就撒手人寰。另有一位被幻听症折磨得发狂,被迫离开最高法院。杰伊离任后,南卡罗来纳州的约翰·拉特利奇被提名接任首席,但多半因为他曾激烈反对《杰伊条约》,参议院否决了对他的提名。得知坏消息的拉特利奇在自己的家乡愤而投河自尽,幸好路过河边的奴隶把他从水里捞了上来。

1801年,杰伊在纽约州长的两届任期将满,准备告老还乡,颐养天年。他打算回到田园做一名乡村绅士,更多地与自己的家人——特别是身患疾病的妻子莎拉——生活在一起。但他对未来宁静生活的构想被亚当斯的来信突然打断:亚当斯力邀杰伊返回最高法院,重新领导那倒霉的政府权力第三极。

"我已提名你重赴旧任。"亚当斯的信以满怀希望的笔调开始。这位现任总统把自己的败选归咎于选民们变幻无常、朝秦暮楚,因此他在信中特别强调,首席大法官"独立于反复的民意",也独立于"总统的意志",这显然暗指即将上台的杰斐逊或伯尔政府。面对即将登上总统宝座和接管国会大权的民主共和党人,亚当斯希望联邦司法权能成为与之抗衡的坚强堡垒。"在未来的治国之路上",亚当斯写道,"面对不切实际的政策与摇摆不定的政见,只有稳定的司法权能为我们提供坚实的保障。此刻你是接受这一任命的最佳人选,再也没有比这更值得期待和庆贺的了"。

---

[1] 纽约州的州府所在地。

杰伊摇头苦笑。此时，他已根本无意于此。

　　杰伊知道，在新都华盛顿，气势恢弘的总统府与国会大厦都已开工建设，但却没人提起给最高法院哪怕备个容身之所。在1801年1月之前，最高法院的最大奢望仅仅是在尚未完工的国会大厦里腾出一个房间，作为大法官们偶尔见面开会之用。

　　杰伊拿起鹅毛笔，迅速给亚当斯写了回信。"我之所以离开最高法院，是因为我深信，在一个如此充满缺陷的政府体系中，最高法院缺乏本应具有的力量、地位与尊严。"他提醒总统，"……而同时，作为国家正义的最终守护者，它也缺乏理应享有的民众信任与尊重。因此，在目前体制下，我对重返审判席是否合适与方便深感怀疑"。杰伊封好信件，寄给亚当斯的国务卿约翰·马歇尔代为呈交。马歇尔当年45岁，比杰伊年轻10岁，在亚当斯手下任职还不到一年。

　　被杰伊断然拒绝后，亚当斯仍然决心要在民主共和党政权中安置一名联邦党人担任首席大法官。但在联邦党人内部，以他为首的温和派也正与激进派们吵得不可开交。因此，他也绝不会提名受党内激进派青睐的人选。亚当斯并没有迁怒于眼前的信使，反而决定擢升他：他要求年轻的国务卿去担当新任首席大法官。

　　仅仅两年多之后，曾被约翰·杰伊鄙弃的最高法院就在约翰·马歇尔的领导下迎来了华丽转身，并且作出了美国法律史上最重要的判决。通过马伯里诉麦迪逊案，马歇尔将司法审查制度牢牢嵌入了美国的宪政体制。在马伯里案后的200年里，不管人们如何评价最高法院，它再也不是约翰·杰伊在1801年1月所认为的那个——在政府体系中最缺乏"力量、地位和尊严"的——最高法院了。马歇尔的判决为美国法治奠定了坚实的基石，这归功于它解决了一个根本问题：确定无疑地宣告最高法院有权判定国会的立法因违宪而无效。从那一刻起，这个国家翻开了新的一页。

第一章

百 废 待 兴

华盛顿能成为美国的首都,纯属一场意外。1789年至1790年,美国第一届国会在纽约召开,议员们在会上就联邦政府的选址问题争论了好几个月。一年前刚刚通过的宪法,为了显示新政府的长治久安,专门设立了一个永久性首都。但宪法并没有明确规定新首都的地点。自从1781年的《邦联条例》[1]生效以来,大陆会议就一直像个流浪儿,从一座城市漂泊到另一座城市,经常向各州讨借房屋作为办公之用。最狼狈的一次是在费城,不仅遭遇街头暴徒的袭扰,当地政府还拒绝提供保护,与会者被迫撤离。建国之后,议员们都希望将首都放在自己所属的州或地区,以提升当地的影响力。各大城市为此争执不下。纽约和费城自然希望赢得这一荣光,巴尔的摩、安纳波利斯、特伦顿、卡莱尔、弗雷德里克、日耳曼敦以及其他一大批城市也

---

〔1〕 即《邦联和永久联合条例》(Articles of Confederation and Perpetual Union)。《邦联条例》可被视为美国首部宪法,亦可被视为美国建国之初13州达成的军事同盟条约。该条例于1781年获得全部13州批准而生效,授权大陆会议领导美国独立战争。《邦联条例》之后被1789年美国联邦宪法所取代。

怀着同样的心思。难怪当乔治·华盛顿总统提出将新首都建在他的家乡弗农山庄附近的波托马克河谷，不少国会议员将此嗤为笑谈。

僵局持续之时，1790年6月20日，托马斯·杰斐逊在自己的新居——纽约市华尔街往北几个街区的仕女巷57号，宴请了亚历山大·汉密尔顿和詹姆斯·麦迪逊。杰斐逊是当时的国务卿，汉密尔顿是财政部长，麦迪逊则是来自弗吉尼亚州的重量级国会议员、联邦宪法的缔造者，同时也是杰斐逊亲密的政治盟友。

品尝过精美的菜肴和马德拉葡萄酒（当时最受欢迎的葡萄酒）之后，晚宴进入精心筹划好的政治交易时刻。杰斐逊和麦迪逊承诺，只要汉密尔顿支持在波托马克河谷建都的计划，他们将说服南部各州的盟友，不再反对汉密尔顿提出的由联邦政府承继各州债务的方案。

国会最终授权总统在波托马克河谷沿岸择地建都，这无疑让乔治·华盛顿心意大快。早年做过土地测量员的华盛顿，沿着波托马克河，从马里兰州和弗吉尼亚州各取了一块土地，整合成新首都。新首都包括了原属马里兰州的乔治敦和原属弗吉尼亚州的亚历山德里亚，两者都是业已建好的城镇。此外，它还包括现在称为"华盛顿市"的那片土地，当时还是一片杂草丛生、污秽遍地的荒野。在别人眼里，这片土地根本就是荒凉的沼泽，但这并不能打消华盛顿的决定。因此有人传言：华盛顿的选择完全出自私心，因为他在这一带囤积了大量土地。

* * *

新都的建设工作从一开始就命途多舛，施工进程反复搁浅，时断时续。选址确定后不久，华盛顿和他任命的3位首都管理委员会委员隆重宣布，政府将举办一场公开拍卖出售新城的大批土地。拍卖会当天下起了雨，但华盛顿、杰斐逊、麦迪逊均到场出席。尽管参与投标者大都获得了颇为慷慨的信贷支持，但当天仅仅售出35块土地。投资收益的前景看上去不言自明——毕竟这里将是合众国的首都；但即便如此，仍然很少有人愿意真金白银地将宝押在这片荒凉的土地上。

后来，有3位富有的投资者组合成了一个辛迪加，共同开发新城。但到了1797年，这个辛迪加便宣告破产。几位合伙人都被投进监狱，而留下的大量烂尾楼则成了这次投资失败的纪念碑。杰斐逊作为华盛顿的国务卿，受命监督首都的建设工程；眼看华盛顿找不出几幢能作办公居住之用的建筑，杰斐逊不由暗暗担心，国会的众议员和参议员们可能"要像牲口一样露宿田野了"。

华盛顿任命法国著名建筑师皮埃尔·查尔斯·朗方进行新城的设计规划。尽管朗方给出了一个大师级方案，并被采纳为首都的建设蓝图，但他和首都管理委员会的委员们却一直争吵不休，从工程融资到设计项目，几乎无所不争。最后，朗方干脆拒绝向委员们报告工作。1792年，华盛顿命令杰斐逊炒掉了他的城市规划师。

直到1800年，作为尚未完工的总统府和国会大厦所在地，华盛顿市仅有3210位居民——大约500户人家，109幢砖房，263幢木屋。即便囊括乔治敦、亚历山德里亚以及华盛顿市的整个首都地区，总共也只有14093位居民——其中大约10000名白人，3200名奴隶，以及大约800名自由黑人。

参加国会大厦建设的工人有奴隶、爱尔兰移民以及来自世界各国的劳工。他们的临时棚屋或宿舍直接安扎在城市中央。这里遍地都是污泥，特别是连接国会大厦与总统府的宾夕法尼亚大道（如此命名主要是为了安抚失去首都[1]的宾州）。当时，居民们戏称这条大道为

---

[1] 即费城。费城在华盛顿特区国会大厦竣工前，一直充当美利坚合众国的首都达十年之久。

"污泥之海"。在这条大道上行走,行人都会拄着拐杖,既为了在泥淖中提供支撑,也为了随时防备四处乱窜的公猪和其他牲畜。

此时,总统府还只是荒野上的一处工地,国会的新家也好不到哪儿去。国会大厦的主体建筑还未竣工,只有参议院一侧的建筑能够投入使用。1800年秋天,由于资金不足,施工再次中断。一场异常严重的雪灾加上规划者之间的纷争,令原定于1800年11月21日举行的庆祝国会大厦投入使用的游行活动被迫取消。

新国会大厦周边的区域叫詹金斯山,除了四处攀爬的葡萄藤,这里的生活配套设施少得可怜。众议员艾尔伯特·加勒廷在1801年初给妻子写信说,在国会大厦周边,除了七八家寄宿旅店,准确地说只有"一个裁缝、一个鞋匠、一个印刷工、一个洗衣妇、一家杂货店、一家文具店、一家织品店以及一家牡蛎店"。1800年8月,一个剧团在首都大张旗鼓地开业,到了9月就关门大吉。这里仅有的娱乐是陆战队军乐团每周举行的户外音乐会,还有当地小酒馆的舞会,最多再算上斗鸡和赛马。

奴隶们倒是四处可见,他们与工匠一起建造总统官邸和国会大厦。当地报纸经常在显要位置刊登买卖奴隶和追捕逃奴的广告。堪称典范的是《自由哨兵报》登的这篇:"凯特,黑人女性……身高约4英尺11英寸,一条腿上有块大伤疤,位于脚踝上方一点,应该是右腿。"

各色商人和销售代理在这个新建的首都穿梭奔忙,尤其是马里兰州政府的那位代理人,因为首都的大量土地来自该州。他还同时代理联邦政府海军部,手上有很多生意在做。他曾代表马里兰州在《自由哨兵报》上刊登了一个出售奴隶的广告:"**出售男性黑奴一名**。周六,13日12点整;乔治敦,我的办公室;公开出售,现金交易;奴隶属于马里兰州政府所有；联系人**威廉·马伯里**，马里兰州代理人。"

* * *

1800年6月，包括最高法院所在地在内的首都地区，被正式命名为"华盛顿，哥伦比亚特区"。

几艘满载货物的单桅帆船停靠在波托马克河边的李尔码头，船上装载着桌子和椅子、地图与书籍、床架、杜松子酒、摇篮以及其他日用品。这个狭小的码头，就在如今的水门大厦办公楼附近，由乔治·华盛顿的前私人助理托拜厄斯·李尔修建。这些帆船的到来，意味着政府雇员的个人物品和办公用品已经从费城成功运达。

新首都的状况与这个国家新生的民主制度一样脆弱。华盛顿是个拼凑而成的城市，放眼望去，尽是破烂不堪的房子、贼眉鼠眼的土地投机商、倒霉的投资人以及政治阴谋家。大量未完工的建筑像幽灵一般矗立着，仿佛正在控诉城市规划的失败。

李尔码头建造者自身的命运似乎就预兆着合众国新都的前途未卜：李尔在华盛顿钟爱的首都新城投下了巨资，但他的商业冒险悲壮地归于失败，在华盛顿去世后仅仅6个月，他便陷入了债务泥潭。

首都的形象也令光临特区的许多政府要员震惊不已。财政部长奥利弗·沃尔科特讽刺它到处都是"破烂狭小的茅草屋"，当地居民"一贫如洗——就我所见——他们像鱼群一般穿梭往来，相互吞噬"。国会大厦的建筑师认为，整座新城就像一个"巨大的死胎"。来自康涅狄格州的众议员罗杰·格里斯沃尔德公开抱怨，"新城根本就是一片废墟，这令人悲伤，又深感荒唐"。纽约州的古弗尼尔·莫里斯参议员则在给一位法国贵妇的信中辛辣地写道："对于一座完美的城市而言，我们这里只缺房子、酒窖、厨房、儒雅的先生和亲切的女士，一点点诸如此类的东西而已。"

刚从费城搬来新都时,联邦政府行政分支的公职人员仅有131名,多数是秘书和信使,总数甚至不及来自16个州(建国时的13州与后来加入的佛蒙特州、田纳西州和肯塔基州)的138名参众两院议员。

当帆船将杜松子酒和摇篮运抵李尔码头时,各个政府部门的官方档案也通过马车从陆路送达。从费城到华盛顿的路程约需三到十天,日程长短取决于车夫、乘客、车况、路况以及天气等众多变数。由于政府档案中包含着许多辛苦手抄的账簿与报告,为防中途被人盗抢,政府秘书们一道陪同押送。从费城出发前,政府请临时工将这些文件仔细地打包装箱封好,完事后给他们发了一些啤酒和烈酒当小费。

一些政府官员为了留在安逸舒服的费城,宁愿挂冠而去,也不愿迁到兴建中的新都。

* * *

1800年6月,特区正式成为首都。总统官邸和国会大厦尽管仍未完工,但政府至少非常重视,并一直为建设提供资金和土地。但负责新城规划的特区管理委员会却完全不把最高法院放在眼里,只提出"在内阁或战争部新楼中找两间房子"给最高法院办公用。几个月后,参众两院才草草通过一个决议,在国会大厦给大法官们安排一间办公室。这个房间位于国会大厦一楼,只有30英尺长、35英尺宽。即使这样,最高法院还必须和哥伦比亚特区法院的几个法庭共用这间屋子。国会大厦的设计师在给詹姆斯·麦迪逊的报告中提到,专门留给最高法院的委员会2号房间尚未完工,"装修简陋,使用不便"。

最高法院完全消失在首都城建的规划中,含意不言自明。在政府三大分支中,它最不受人重视。华盛顿总统最初任命的6位大法官,最后仅有一人留任。

年初在任的首席大法官奥利弗·埃尔斯沃斯,曾是来自康涅狄格州的联邦参议员,也是1787年制宪会议的代表之一。他也效法前任杰伊,在任职大法官的同时担任驻外特使。在1799年至1800年的大部分时间里,埃尔斯沃斯作为亚当斯总统的特使出使法国,没有参加审判工作。为了改善与法国的关系,他努力与拿破仑·波拿巴的新政府谈判,寻求在两国间达成新的条约。

尽管最高法院已经成立了12年,但它的职权依然模糊不清。新宪法只规定最高法院享有"美利坚合众国的司法权",却对这一"权力"的内涵语焉不详。华盛顿特区在1800年6月成为美国首都,这座城市的地位终将冉冉上升,直至与欧陆大都会伦敦、巴黎并驾齐驱。但无论怎么界定"司法权"的边界与内涵,最高法院与联邦政府另外两大分支平起平坐的梦想,似乎永远都不会实现。

第二章

亚当斯败选

　　相比新首都那些烂尾工程的渺茫前景，这个国家的政治局势更令人担忧。随着独立革命的领袖与政治团结的象征——乔治·华盛顿——逝世，一轮新的政局动荡以及随之而来的政治变革，似乎已经在所难免。在1799年接近尾声之际，整个合众国笼罩在一片黑色阴影中。从教堂的长椅到港口大小船只的船头，再到各个公共建筑的门厅，包括位于费城的总统官邸，都挂上了黑色旗帜致哀。亚当斯总统甚至发布了正式文告，建议"美利坚合众国国民在左臂上持续佩戴黑纱三十日，以示哀悼"。那位合众国的开国领袖在饱受肺炎折磨后，于1799年12月14日溘然长逝，享年67岁。在生命的最后时刻，精明了一辈子的华盛顿依然不改本色：在医生建议的出疹与放血治疗均告无效后，他叮嘱家人，在下葬前务必确认他已真的死去——"我死后三日，方可下葬"；之后，他选择在弗吉尼亚州的弗农山庄里静候大限到来。两周后的12月26日，合众国的国民们在费城集会悼念他们的首任总统。整装肃穆的士兵们缓缓迈着齐步，从国会大厅出发，追随一匹无人骑乘、马靴倒挂于马镫之上的白马前行。在低沉的鼓点与清脆的教堂钟声陪伴下,队伍穿越了6个街区,到达第四街与樱桃街交汇的路德信义大教堂。士兵们火枪齐鸣,鼓号齐奏,向他们逝去的总统献上庄严的最后送别曲。

费城基督堂的威廉·怀特主教主持了追思仪式。美利坚合众国时任总统约翰·亚当斯及其夫人阿比盖尔,筹备华盛顿葬礼的国会治丧委员会联席主席、众议员约翰·马歇尔,均到场出席;但华盛顿的前国务卿、现任副总统托马斯·杰斐逊却未出现。尽管杰斐逊已经通告他在赶来费城的路上受阻,但他的缺席实在太惹眼,引得人们纷纷议论他的薄情。到场的高官要员不少,从联邦党人到共和党人,从内阁官员到军队将领,将教堂里的长椅挤得座无虚席。来自弗吉尼亚州的联邦众议员亨利·李[1]称颂华盛顿是"身先士卒,躬亲为民,深受人民拥戴"的领袖,这与马歇尔众议员数天前在众议院宣读的悼词高度一致。

举国上下都在为华盛顿的逝去扼腕悲痛。但过不了多久,当今的政要们就要开始算计,这对于寻求连任的总统亚当斯与作为挑战者的副总统杰斐逊将会产生怎样的影响。

在过去的20年里,这两位竞争者一直是密不可分的搭档,但两人风格却大相径庭。亚当斯年届64岁,身材矮小壮硕,脸色苍白,为了掩饰牙齿的残缺很少露出笑容。他生于马萨诸塞州,求学于哈佛,经受过严格的律师训练,为人直率,但处事鲁莽、易怒。但他也有迷人的一面,在写给深爱的妻子阿比盖尔的情书里,流露出一颗温

---

[1] 此处指亨利·李三世(Henry Lee III)。他是美国独立战争时期大陆军的一名骑兵军官,人称"闪电驹夏利"(Light-Horse Harry,英语中亨利的昵称为夏利)。其子是美国南北战争时期领导南方邦联军队的著名将军罗伯特·E. 李,其弟正是在马伯里诉麦迪逊案中的原告代理律师查尔斯·李。

柔浪漫的心。杰斐逊则生长在弗吉尼亚，就读于威廉与玛丽学院，粗通法律。他时年57岁，身形高挑修长，一头微微泛红的头发开始露出灰白。杰斐逊风姿优雅，仪态动人，喜爱美酒、华服、善本之类，这也是他一生负债累累的主因。他与亚当斯初识于独立战争时的大陆会议。杰斐逊主笔起草《独立宣言》时，亚当斯对草稿提出过重大修改意见，可见两人合作之亲密。此外，两人都担任过驻外使节：杰斐逊曾任驻法大使，亚当斯则出任过驻英大使。两人曾同时效力于华盛顿总统麾下：亚当斯任副总统，杰斐逊则任国务卿。

1796年，亚当斯在合众国第一次总统竞选中胜出，但只比杰斐逊高出3张选举人票。依据美国宪法当时的规定，合众国副总统由获得第二高票的候选人担任，因此非杰斐逊莫属。尽管两人曾是一条战壕里的亲密战友，但在总统与副总统的位置上，亚当斯与杰斐逊却开始相互掣肘。对于如何治理这个国家，两人存在重大分歧。亚当斯坚信一个强大的国家需要一个强大的中央政府；杰斐逊则憧憬建立一个通过自由贸易等共同利益结合而成的松散邦联。

18世纪90年代兴起的两大政党分别代表了亚当斯与杰斐逊的立场——它们是联邦党与民主共和党（当时也被简称为共和党，但它恰恰是今天民主党的前身）[1] 两党之间攻讦不断，通过各自掌控的报纸粗暴攻击对方的候选人，夹枪带棒的政治漫画、凶狠毒辣的人身辱骂、阴损下流的八卦谣言，以至焚烧对手的画像，手段无所不用其极。

---

[1] 全国性政党组织在美国出现的时间约是在18世纪末，即亚当斯首次当选美国总统前后。在成党之前，以乔治·华盛顿为精神领袖的联邦党人（federalist）或可称为联邦主义者或联邦论者，而由托马斯·杰斐逊与詹姆斯·麦迪逊领导的民主共和党人（democractic-republican）则可称为共和派或共和论者。本书从便宜计，全书以下将两党名称及其成员皆译为"联邦党（人）"与"共和党（人）"。

政治氛围如此恶劣，街头巷尾都在议论联邦将要解体、内战即将爆发。联邦党参议员乌利亚·特雷西就公开表示合众国有分崩离析的危险。共和党参议员约翰·泰勒更是宣称弗吉尼亚州与北卡罗来纳州应当考虑"另求独立"。一个烧毁首都费城的流言正传得沸沸扬扬，两党的党徒也不断在街头制造骚乱。

华盛顿的葬礼结束后不久，亚当斯就给朋友写了一封信，除了盛赞华盛顿的伟大，还表示"他的离去真可谓逝不逢时"。亚当斯坦陈，不仅联邦党人与共和党人已经势成水火，他自己所在的党派也深度分裂为极端激进派与相对温和派。华盛顿若在世，必有助于弥合党派内部的分歧，免其加剧。亚历山大·汉密尔顿，这位在亚当斯之后或许最杰出的联邦党人，对此也深为认同。他表示华盛顿的离去"使得一种不容忽视且十分有益的掌控力量不复存在"。但两人都不知情的是，另一位联邦党人领袖古弗尼尔·莫里斯甚至因为时局险恶而专门写信给华盛顿，恳请他放弃退休生活，重新参选美国总统。莫里斯曾公开表示，亚当斯过于软弱，难当总统大任。但莫里斯的信尚在途中，华盛顿却已驾鹤西去了。

1796年的总统大选虽然是首次对抗式竞选，而且一定程度上已经以政党为基础，但各州的联邦派与共和派并没有完全组织起来，也不存在明确的党派竞选纲领。但4年之后，政治景观却发生了翻天覆地的变化。在1796年勉强接受党内提名的杰斐逊副总统，如今已俨然成为共和党人公认的领袖，并作为党派代言人积极投身于政治进程。

* * *

1800年的总统候选人都清楚，绝大部分的政治运作发生在州和地方层面。对于即将展开的总统大选，联邦党人在新英格兰、新泽西以及特拉华州颇受支持，赢面最大；共和党人则在弗吉尼亚、田纳西、佐治亚以及肯塔基四州最有优势。后世政论家们所称的"摇摆"州，也就是决定大选结果的关键州，在当时包括：纽约州、宾夕法尼亚州、马里兰州、南卡罗来纳州、北卡罗来纳州，以及罗德岛这一小州。

选举人团制度创立于1787年的"制宪会议"。经过激烈辩论，联邦宪法最终规定：各州选举人的"产生方式"由各州立法机关"决定"。唯一的限制是"联邦立法机关的成员，或由联邦政府授薪或委托担任公职之人，不得被任命为选举人"。正如历史学家克林顿·罗西特所言，"国父们此举的用意，既为了限制国会议员、邮政局长以及海关官员插手总统竞选，也为了防止寻求连任的总统通过讨好国会议员、欺压邮政局长以及贿赂海关官员而遂愿"。

在当时的16个州中，有11个州的选举人由州立法机关选出，另外5个州则由民众（或至少是有投票权者——通常是男性白人纳税人，有时还须拥有一定数额的财产）直接投票选出。难怪现任总统的儿子托马斯·博伊斯顿·亚当斯给他兄弟约翰·昆西·亚当斯（当时是驻柏林的一名年轻外交官）写信说，"两党候选人争夺合众国最高权力的斗争即将开始，但结果并非由代表人民的选举人决定，而取决于各州议会的组成和性质"。

托马斯·杰斐逊深知，拥有12张选举人票的纽约州是打破大选僵局的关键所在。1800年3月初，杰斐逊给同样来自弗吉尼亚的政治盟友詹姆斯·麦迪逊写信道，如果共和党参选人能在即将举行的"纽约州议会选举中获胜"，那么在随后进行的联邦总统大选中，共和党人就会有极大胜算。

杰斐逊亟须有人带领共和党人赢得纽约州议会选举。他看中了阿伦·伯尔,一位44岁、贵族出身的律师,曾经担任联邦参议员。伯尔为人狡黠坚毅,野心勃勃,曾经自我评价为"严肃寡言、古怪、令人难以琢磨的类型"。

伯尔知道,身为弗吉尼亚人的杰斐逊若想赢得总统大选,就必须在地域上取得平衡优势,比如得到北方某个州的支持,但这对于共和党人绝非易事。他也知道,如果他能将纽约州转化为共和党人的票仓,那么他很可能将赢得一个成为全国性领袖的机会。站在他面前的对手只有一个,那就是亚历山大·汉密尔顿。他与伯尔一样,也希望借助州议会选举将自己送上全国性政治舞台。汉密尔顿坚信,如果能在纽约州议会选举中获胜,他就能成为联邦党当之无愧的领袖。这两位政治对手早就结下过梁子:1791年,伯尔在联邦参议员竞选中击败了汉密尔顿的岳父菲利普·斯凯勒;3年后,华盛顿总统考虑选任伯尔参议员为美国驻法公使,汉密尔顿出言劝止;伯尔不甘示弱,将气撒在汉密尔顿的姐夫斯蒂芬·范·伦瑟雷尔身上——后者竞选纽约州长失败正有伯尔一份功劳。

由于纽约州议会将左右总统竞选,伯尔与汉密尔顿的最新较量便是谁能掌控纽约州议会的选举。伯尔连哄带骗,说服了纽约州一批参加过独立战争的优秀老兵——包括前任州长、独立战争英雄乔治·克林顿——以共和党人身份参选州议员。相反,亚当斯总统的夫人阿比盖尔则奚落联邦党候选人们"尽皆无名之辈,难当大任"。伯尔的胜选策略是将共和党的支持者们不断地送入纽约市内参与投票。据一名纽约州议员描述,在4月21日投票的第一天,伯尔就备好了"各式马车"将共和党支持者送到全城各处投票点。他发动了一场"24小时不眠不休"的助选战役,直到5月1日日落时分,投票截止。

随着计票接近尾声,情势开始明朗:伯尔显然比他的竞争对手更为精明强干，技高一筹。共和党人取得了一场决定性胜利。正如联邦党人古弗尼尔·莫里斯所言，这场"糟糕的失利"预示着联邦党人在总统大选中凶多吉少。从这场选举的结果来看，亚当斯总统在1796年以微弱优势击败杰斐逊时赢下的纽约州，如今已被共和党人握在手中。更为糟糕的是，共和党人控制的纽约州议会将决定该州多达12张选举人票在秋季总统大选中投给谁，这个票数在各州之中名列第四。

在赢得纽约州议会选举后的第十天，共和党人在费城召开了第一次总统候选人提名全国大会。鉴于阿伦·伯尔在纽约州选举中的优异表现，共和党大佬们一致推举他为副总统候选人。有托马斯·杰斐逊作为总统候选人，再加上阿伦·伯尔这样的得力副将，共和党人终于看到了赢得总统大选的希望。

相形之下，联邦党人内部远未达成共识。亚历山大·汉密尔顿已经预感到亚当斯获得连任的机会渺茫，因此不愿对他倾力支持，这种态度无疑进一步加大了联邦党人内部的分裂。亚当斯则以清洗执政团队内部忠心于汉密尔顿的"激进派联邦党人"作为报复。首当其冲的是来自马里兰州的战争部长詹姆斯·麦克亨利。亚当斯将麦克亨利从一场晚宴中召回，对他说，"汉密尔顿一直在操纵华盛顿，从未停手，你正是他的人"。接下来，亚当斯又要求他的国务卿蒂莫西·皮克林——同样是华盛顿时代的老人——辞去职务。皮克林拒绝，亚当斯干脆将其解职。

联邦政府的内阁动荡引得举国不安。有的时政评论者甚至声称亚当斯总统"与杰斐逊先生早有预谋"，暗示亚当斯在故意削弱联邦党人胜选的希望——当然，这听上去很荒谬，因为联邦党的总统候选人正是亚当斯自己。汉密尔顿也不失时机地指责亚当斯"实在比我想象的还要疯狂……而他的邪恶不亚于他的疯狂"。

亚当斯迅速做出回应，以期减少对联邦党的损害和对他执政地位的影响。他首先任命来自弗吉尼亚州、当时44岁的众议员约翰·马歇尔担任战争部长。但在发布任命前，他甚至没有征求过马歇尔本人的意见，以致后者拒绝赴任。不过5天之后，亚当斯又拿出了内阁中一个更诱人的职位——国务卿，力邀马歇尔加盟。这次马歇尔终于点头了。然后，亚当斯又任命塞缪尔·德克斯特接任战争部长。内阁中的另外两个职位，海军部长和财政部长仍由本杰明·斯托德特与奥利弗·沃尔科特担任。戎马一生的联邦党人查尔斯·李仍然担任检察总长[1]一职，但当时这只是一份兼职。

* * *

1800年5月27日，地位摇摇欲坠的亚当斯总统从费城出发，开始对尚未完工的新首都进行第一次巡访。在政治漩涡中苦苦挣扎的亚当斯，借这次出巡获得了一个难得的喘息之机。这次寻访的行程途经宾夕法尼亚州兰斯特市、马里兰州弗雷德里克市及沿途各站，四面楚歌的总统至少得以在蓝天绿草间面对友好的听众。经过为期一周的巡游，亚当斯终于抵达华盛顿。新首都的民众骑着马在特区边界等候他们的总统，并护送他来到乔治敦的联合酒店。来自巴尔的摩的城市民兵与海军陆战队员向他鸣枪致敬，亚当斯向集会群众发表了愉快的演说。

---

〔1〕"Attorney General"一词在本书中多处译为"检察总长"，而未采用另一常见译法即"司法部长"。这是因为考虑到美国司法部于1870年方才成立；在此之前，Attorney General 并非一份全职工作，其任务是为美国国会和总统提供法律咨询。而在本书"后记"中，Attorney General 改译为"司法部长"，以对应司法部已经成立的事实。

第二天，亚当斯环游了新首都。面对尚未完工的新城，总统仍然表示对公共建筑的进度感到满意。他计划在秋天搬入当时尚未竣工的"总统官邸"。

亚当斯的巡访团成员包括就任国务卿不到一个月的约翰·马歇尔。亚当斯与包括马歇尔在内的数位心腹幕僚，下榻于汤尼克利夫城市酒店。在他暂驻华盛顿的两周时间里，总统团队一直在这家酒店办公，地点就在国会大厦附近开发不久的区域之中。

在一连数日的欢宴中，亚当斯找到了短暂的安慰。几位颇具声望的首都市民设宴款待了总统一行。6个月前刚经历丧夫之痛的玛莎·华盛顿也应邀从弗农山庄赶来赴宴。检察总长查尔斯·李以向亚当斯致敬的名义，在亚历山德里亚市的私宅举办了一场热闹的晚宴。亚当斯深受当晚热情温馨的气氛感染，在给阿比盖尔的信中兴奋地欢呼，"噢！我在这儿也可以安个家了"。6月14日，在来到新首都两周之后，亚当斯前往位于马萨诸塞州布伦特里的农场，在那里与第一夫人度假消暑。临行前，他留下国务卿约翰·马歇尔执掌新都。

* * *

亚当斯在新英格兰逍遥避暑，约翰·马歇尔却以巨大的热情投入了新工作，专心掌控着政府体系的运转。由于新都能找到的住所有限，马歇尔搬进了尚未完工的总统官邸楼上的一处房间。因此，这座后来被称作白宫的官邸，实际入住的第一人是马歇尔。他主管外交事务，兼理各部事宜，同时还负责监督新都建设工程的进展。财政部长奥利弗·沃尔科特一开始并不信服马歇尔，但这位年轻的国务卿很快展现了令他折服的工作能力。"他真是一位国家的守护者"，沃尔科特在1800年4月10日向一位联邦党领袖费舍尔·埃姆斯祖露，"他的价值不仅在于他所做出的贡献,更在于他所避免的灾难"。

尽管马歇尔竭尽所能,但在联邦新都面临的种种困境面前,他的努力依旧难解燃眉之急。政府办公面积不足的问题早已凸显,但新办公大楼的竣工仍然遥遥无期。只有紧邻总统官邸的财政部大楼可以交付使用;而与之相邻的海军部大楼还未完工,无法启用。海军部长威廉·斯托德特委托威廉·马伯里,一位38岁、活跃于政商两界的经纪人,为海军寻找一处合适的临时总部,但马伯里的努力最终无果。不过,他自己倒是从乔治敦市长乌利亚·弗雷斯特手中买下了一处风景优美、可以俯瞰波托马克河的私宅。1791年华盛顿选定新首都的地点后,就曾在那里举办过一场晚宴;这座建筑今天依然矗立在乔治敦M大街上。1801年12月,马伯里发起了针对杰斐逊政府的诉讼,这里便成了他的讼战指挥部。由此引发的一系列连锁事件最终成就了以他的名字命名的最高法院著名判例。

* * *

春去夏来,联邦党人虽然内斗不休,但却不放过任何一根救命稻草。各州的选举活动离总统大选结束还有数周,因此大选风向标依旧充满变数。在马里兰这个选举关键州,虽然本地联邦党人的内斗不亚于中央,但他们还是坚信自己在本州远比共和党人吃香。当时,马里兰州是全国仅有的允许民众分选区各自投票选出选举人而非赢家通吃的三个州之一(美国宪法至今仍授权各州自行决定选举人的产生机制,现在采取这种按选区产生选举人的方式的只剩缅因和内布拉斯加两个州)。

在汉密尔顿的鼓动下,前任战争部长詹姆斯·麦克亨利建议马里兰州州长本杰明·奥格尔召开州众议院特别会议,将选举人票的分配规则改为赢家通吃。但这个提议没能获得州长的首肯,因为目前的规则当初正是他自己所属的联邦党决定的。

马里兰州的联邦党人又想出一个新招,他们计划修改选举人的产生程序。按照这个方案,选举人不再由本州民众直接投票选出,而改由议会投票选举。马里兰州的联邦党领袖鼓动当地一批联邦党人支持这一方案。他们的设想是,如果选举人的产生从民众直选改为由联邦党人控制的州议会决定,那么就能确保马里兰州的10张选举人票全部投给联邦党的总统候选人。在动员马里兰州南部郡县时,联邦党领导人也请来了威廉·马伯里相助。

马伯里很有政治野心,对于财富、名望和影响力的追求不遗余力。他1762年出生在马里兰州皮斯卡塔韦镇一个庄园主家庭,家里拥有一大片烟草种植园。但在18世纪的马里兰州,种植与经营烟草绝非易事,经常受到民众抵制、天气恶劣或者经济衰退等难以预料因素的影响。马伯里的父亲最终血本无归,失去了庄园的土地。也许正是由于家庭的不幸遭遇,马伯里对于赢得社会、经济与政治地位充满了无尽的渴望。

马伯里刻意模仿英国上流社会的着装与做派。他重金聘请了著名画家伦布兰特·皮尔为他创作肖像画;画中的马伯里略显富态,顾盼自雄。这位在马里兰州金融业崭露头角的投资精英,成功进入了当地政界:他于1796年被任命为马里兰州政府代理人,成为了州首席财务官。在这个职位上,他负责征缴税款、出售地产并以债务凭证交易联邦证券。他从绝大多数上述交易中收取手续费,由此聚敛了大笔财富。在马里兰州任上,马伯里曾于1796年与当时新任战争部长的詹姆斯·麦克亨利首次会面,并游说后者联邦政府应为两年前镇压威士忌叛乱[1]而从马里兰州借走的军火与其他战备物资埋单。马伯里从乔治敦市长乌利亚·弗雷斯特处购得新宅后,他与麦克亨利不仅成了朋友,还时不时有些商业合作。

在马里兰州上演的竞选可能是全国最激烈也最富争议的一场。一名观察者写道,"无论是赛马还是斗鸡,甚至在卫理公会派教徒的季会上"——人们走到哪里似乎都在谈论政治。《巴尔的摩公报》报道了一场夏季集会:"多名选举人候选人与州议员竞相登场,滔滔不绝地向选民们发表演说。"据该报描述,对杰斐逊"优柔寡断与超神论信仰的攻讦"遭到一名共和党人的竭力反驳,而另一名联邦党人则宣称"亚当斯正忠实地沿着华盛顿指引的道路前行"。也有报纸爆料称威廉·马伯里试图收买一名联邦党籍候选人为其他候选人让路,因为此人反对由州议会决定总统选举人。

除了马伯里,在马里兰州竞选中力挺亚当斯总统的还有联邦最高法院大法官塞缪尔·蔡斯。蔡斯大法官与亚当斯、杰斐逊一样,都是《独立宣言》的签署人。这位23岁就当选为马里兰州议员的年轻人,在保皇派马里兰州长看来,却是"冲动鲁莽的煽动者、流氓暴民的首领以及出言粗俗、冲动狂躁的麻烦制造者"。华盛顿总统曾经考虑让蔡斯担任首任检察总长,但最终于1796年任命他为联邦最高法院大法官。蔡斯大法官从不掩饰他的党派倾向,对这位六尺一寸、面颊宽

---

[1] 威士忌叛乱是在1791年至1794年间发生于美国宾夕法尼亚州西部的一场抗税运动。1791年3月美国通过《国产税税法案》,规定对用小麦酿造的酒类征收消费税。西部农民成了这项税法的最大受害者,引起西部农民的不满。他们开始抵制纳税,并采取了一些抗议措施。抗议运动在1794年达到高潮,大量武装民兵袭击了税官约翰·内维尔将军的住宅。1794年10月,华盛顿总统亲率大约15 000名来自新泽西州、马里兰州、弗吉尼亚州和宾夕法尼亚州东部的士兵前往镇压暴乱。暴乱分子在军队到来前就已四处逃散,因而军队没有遭到任何抵抗。最后有20名嫌疑人被捕受审,其中只有2人被判刑,总统随后赦免了他们。——参考自维基百科

大的红脸政客,人们不仅奉送了一个"老培根脸"的绰号,而且把他看做是一位令人敬畏、具有影响力的党派利益代言人。在马里兰州一次辩论中,蔡斯大法官极力夸奖亚当斯政府"坚定、正直、能干",并盛赞亚当斯总统"内树公义,外彰和平"。

秋季来临的大选在各州分头进行,各家媒体火力全开,围绕亚当斯与杰斐逊的选战大打口水仗,毫无客观可言。费城《曙光报》成了宣扬共和党政见的旗手,这份报纸由本杰明·富兰克林的外孙本杰明·富兰克林·贝奇创办,1798年起由威廉·杜安发行。但全国绝大多数报纸仍然支持现任总统。《华盛顿联邦党人报》推崇亚当斯是"依然健康的、坚定不移并久经考验的爱国者中的一员"。该报还盛赞亚当斯将"祖国今天的自由独立与明天的繁荣昌盛……视为毕生的唯一目标"。另一份联邦党系报纸《合众国公报》的编辑,在谈到1798年通过的《惩治煽动叛乱法》时不无骄傲地宣称,"歌颂政府是爱国行为,攻击政府则是背叛之举"。

除了对亚当斯总统歌功颂德,大多数亲联邦党的报纸还大费笔墨展开对托马斯·杰斐逊的人身攻击。这些报纸将杰斐逊描述为渎神败德之人,无根无据地传言杰斐逊在蒙蒂塞洛进行怪异的祭祀仪式,而有关杰斐逊与一位无名女子的绯闻也四处不胫而走。

于是,托马斯·杰斐逊也开始坚信,赢得总统大选的最好办法莫过于转动一切可能的宣传工具:无论是报纸、宣传册(一般15~50页),还是只有1页纸的小传单。他后来承认,自己是这些共和党宣传品的买单者之一:"与绝大多数正在这么做的共和党人一样,我也在力所能及的范围内支持共和党媒体人与他们所办的刊物","为在《惩治煽动叛乱法》下艰难维持的《蜜蜂报》《阿尔巴尼记录报》等报纸提供资助,同时还对卡伦德本人、霍尔特、布朗以及其他因受该法迫害而被迫缴纳罚金者进行资助"。

与4年前相比,共和党的宣传机器并未提高底线。当年亚当斯提议向行政官员授予爵位曾引得满城风雨,给了共和党媒体一次难得的机会。在共和党人的描述下,亚当斯是一名决心以大英帝国为样板重塑美国政府的君主制拥戴者。亲共和党的旗帜性报纸《曙光报》甚至直斥亚当斯"眇目、秃顶、瘸腿、缺齿,牢骚满腹"。

身为副总统的杰斐逊写了不少明知会公之于众的私人信件,展示他作为总统候选人对诸多国是的认识与思考。在致埃尔布里奇·格里的信中,杰斐逊强调了政府分权的重要性,并列出了一系列急需改革的目标,包括削减国债水平、缩小陆军规模、强化民兵来承担国内安保任务等。

但是,对联邦党人的迭战构成最大威胁的,并非杰斐逊或共和党人;相反,恰恰是另一位杰出的联邦党人——亚历山大·汉密尔顿,非他莫属。10月,也就是总统大选前数周,汉密尔顿发表了一篇长达54页的檄文,题为《约翰·亚当斯的公行与人品》,抨击总统"具有巨大而根本性的人格缺陷"。汉密尔顿指出,亚当斯总统的人格缺陷包括"毫无根据的猜忌妒恨""极度自负"以及"无法自控的坏脾气"。出于被亚当斯轻视冷落的臆想,汉密尔顿早就恼羞成怒;对于总统竞选的大局,汉密尔顿则希望凭借自己的影响力让选民们转而支持亚当斯的竞选搭档。

汉密尔顿的嘲讽奚落无疑损害了亚当斯总统的声誉,但同时也玷污了汉密尔顿自己的形象。共和党人的宣传机器一向将亚当斯与汉密尔顿捆绑在一起;现在,它正好可以得意并赤裸裸地提醒公众:汉密尔顿曾经呼吁"建立终身制的行政官员制度,并且……对州权进行全面压制"。共和党人还批评亚当斯与汉密尔顿"令国库赤字攀升至二千余万美元",并认定这一大笔债务纯属"鲁莽愚蠢所致"。

* * *

在1800年这个大选年,美国与英法两国的外交关系无疑是引发国内政局动荡的重磅炸弹。1789年的法国大革命点燃了美国人民心中的激情。杰斐逊曾于1784—1789年担任驻法大使,受其影响,共和党人对法国推翻贵族政治的革命运动普遍表示赞赏,同时也更加反感英国的殖民统治。但来自康涅狄格州的罗杰·格里斯沃德和来自马萨诸塞州的费舍尔·埃姆斯这些"激进派联邦党人"截然相反,他们痛斥法国革命者是野蛮的无政府主义者,他们崇尚的恰恰是不列颠式的市民社会与自生秩序。

自亚当斯担任副总统起,美国的外交关系就一直让他头痛不已。他曾在18世纪80年代担任过驻英大使,对从前的母国依然崇敬有加。因为一些言行被公众视为崇拜英国或贵族作风,亚当斯不时遭到冷嘲热讽,比如:他要求副总统的座驾必须饰有纹章,他喜欢用"阁下"作为总统尊称,他甚至专门撰文称颂君主制的种种优点。在亚当斯担任副总统期间,合众国与大不列颠王国签订了《杰伊条约》,给予英国贸易最惠国待遇;这直接导致了法国劫掠以英格兰为目的地、运送农产品的美国船只。截至1796年12月,法国在公海上拦截扣押了300余艘美国船只。

亚当斯当选总统后的第一年,就秘密派遣了一个使团奔赴巴黎,希望与法国政府举行谈判,达成一项长久的两国关系谅解协议。使团成员包括埃尔布里奇·格里(亚当斯在马萨诸塞州长期共事的伙伴)、查尔斯·科茨沃思·平克尼(来自南卡罗来纳州的一名温和派联邦党人)以及来自弗吉尼亚州首府里士满的天资聪颖的年轻律师约翰·马歇尔——他曾在美国独立战争时期担任乔治·华盛顿将军的侍从武官。使团抵达法国后,法国外交大臣塔列朗在数月时间里拒不会见使团成员。最后,塔列朗派出的密使竟然捎信转告美国使团,必须行贿方能获得会见机会。这一要求显然激怒了来访的美国人,他们随即打道回府。美国民众开始只知道这次访法行动不成功,并不清楚其中缘由。国会中的共和党人借机质疑使团成员搞砸了这次出访,甚至蓄意破坏两国关系。他们坚持要求亚当斯公布法国密使的信件内容。亚当斯愉快地满足了他们,将信件公之于众,以"X""Y""Z"三个字母指代三位法国密使。他们对美国使团成员的敲诈勒索点燃了美国人民心中的怒火。约翰·马歇尔对贪腐成性的法国人毫不妥协,并回之以鄙夷——这让他在美国媒体上获得了空前的声誉。马歇尔一回到费城马上就成了国家英雄,人们纷纷宴请他,簇拥着他游行。他在费城一家高级酒店参加一个多达 120 人的宴会时,还获得了致敬。据共和党系报纸《曙光报》报道,在宴会中令人印象深刻的是,一位演讲者向马歇尔致敬酒辞,盛赞他在法国人的阴谋面前捍卫了美利坚的荣誉:"宁可耗金百万巩固防务,也绝不虚费一文折节称臣"。有些宾客甚至谈到了对法国开战的问题。

趁着举国上下对 XYZ 事件愤怒不已,亚当斯总统乘机要求国会拨款 650 万美元加强自独立战争之后逐步萎缩的军备建设。亚当斯扩充了陆军规模,同时建立了合众国海军,并将数艘海军战舰加入现役。但他在 1798 年 7 月签署的被统称为《外国侨民法》与《惩治煽动叛乱法》的系列法案,却引发了巨大的争议,差点将歧视外来人口的观念植入美国人民心中。

这一系列法令以非美公民者为执法对象。《外国侨民法》授权总统将可能对美国安全构成威胁的非美公民者驱逐出境或予以扣押。这导致大批法国人与爱尔兰人逃离美国。

《惩治煽动叛乱法》则实际上将批评联邦政府的行为规定为犯罪。宪政历史学家杰弗里·斯通称,《惩治煽动叛乱法》"也许是美国历史上对言论自由最为猛烈的一次侵害"。以保障公民政治自由为主旨的宪法第一修正案通过后仅仅 7 年,《惩治煽动叛乱法》竟然将所有针对美国联邦政府的"虚构、诽谤以及恶意"的批评行为均列为犯罪处理。

由联邦党人控制的国会通过《外国侨民法》与《惩治煽动叛乱法》的理由是,年轻的合众国危机四伏,处在战乱边缘,出于维护国家安全的需要,政府必须扫清异端邪说。在这种时刻,对总统的恶毒批评相当于颠覆国家的行为。共和党人则坚守刚刚通过仅十年的《权利法案》,他们坚信:让这个国家独一无二并且日益强大的法宝,正是思想观念的自由交流。众议院两名议员相互进行的人身攻击,将这一观念分歧体现到尽致。出生于爱尔兰、代表佛蒙特州的共和党领袖、众议员马修·里昂,经常嘲笑联邦党人的傲慢自负与贵族架子。来自康涅狄格州的联邦党众议员罗杰·格里斯伍德,则故意问起里昂在独立战争时佩戴"木剑"的旧闻[1]来取笑他,引得里昂穿过费城众议院的议席区,直接将口水唾在格里斯伍德的脸上。恼羞成怒的格里斯伍德和他的联邦党同仁极力要求剥夺"口水男马特"[2]的议员资格,但这一动议没能获得 2/3 议员的同意。两周后,格里斯伍德发现里昂独自一人坐在议席座位上。格里斯伍德不声不响走过去,用他的山核桃木手杖狠揍了里昂一顿。受伤的里昂慌乱中抓起一把壁炉火

---

〔1〕 这一说法主要是从马修·里昂的政敌口中流出,他们声称马修曾经在独立战争时因怯战被革去军职,并被要求佩戴一把木剑以示对其懦弱的惩戒。

〔2〕 在英语中马特(Matt)为马修(Matthew)的昵称。

钳自卫。在场围观的其他众议员，对这场二人混战好一阵喝彩鼓劲之后，才将他俩拉开。

仅仅一年之后，1798年，里昂便成了被控触犯《惩治煽动叛乱法》的第一人。他到底犯了什么罪行呢？原来他在给《佛蒙特公报》编辑的一封信中，指责亚当斯总统"对公众福祉的关心"早已"淹没在对权力的不断争夺，对荒谬的奢华、愚蠢的谄媚以及自我贪欲的恣意追逐之中"。里昂的罪行还包括引述一封宣称国会应将亚当斯送进"疯人院"的信件。基于这些所谓的罪行，里昂被判有罪，被处1000美元罚金并在监狱中服刑4个月（如果不缴罚金的话，刑期还会更长）。

与其他联邦雇员一样，佛蒙特州的联邦执法官杰贝兹·费奇也是联邦党人一手安插。里昂一被定罪，费奇就马上拘捕了他，押送他穿州过府，跋涉两天，并将他投入一间"像8月的费城码头一般散发着恶臭的"牢房。在狱中受难的里昂却获得了佛蒙特州选民的支持，竟以巨大的优势再次当选为该州联邦众议员。他在佛蒙特州与弗吉尼亚州的支持者们还发起了一项遍及全国的募捐活动，募集资金为其缴纳罚款。

手握《惩治煽动叛乱法》这一利器，联邦党人发起了一系列针对共和党异议人士的检控。在不到3年的时间里，联邦党人依据该法逮捕了25名共和党公众人物，起诉了其中的15名，同时还有不少共和党人因普通法上的叛乱罪名被起诉。例如，联邦执法官费奇就在"一大清早"闯入《佛蒙特公报》那位刊登里昂来信的编辑的家里将他拘捕，然后强制他在冷雨中骑行了60英里，半夜将他投入"一间肮脏污秽的监狱，就连烤干身上衣物的乞求也置之不理"。

批评政府的异议人士意识到他们随时可能被逮捕和起诉。杰斐逊大骂这是"巫婆式统治"。

通过巡回审理,最高法院的某些大法官在依据《惩治煽动叛乱法》起诉的案件中发挥了重要作用。同样出生于爱尔兰的威廉·佩特森大法官主审了同胞马修·里昂煽动叛乱罪一案,他提醒大陪审团注意被告"煽动心怀不满的民众对抗政府的图谋"。塞缪尔·蔡斯在马里兰州与弗吉尼亚州主审了一系列煽动叛乱的案件,批评者将这些地区称为"蔡斯的血腥审区",杰斐逊则直斥联邦法官为"国家恐怖的制造者"。因《惩治煽动叛乱法》被起诉的被告们尽管不时以宪法为据提出抗辩,但联邦法官根本不加理会。因此,共和党人开始转向州法院寻求宪法救济。杰斐逊与麦迪逊秘密起草了弗吉尼亚及肯塔基决议案,两州据此宣布《惩治煽动叛乱法》无效。

* * *

亚当斯总统夫妇于1800年11月先后入住"总统府",此时距总统大选仅有一个月。总统本人1800年11月2日先到。尚未完工的楼梯、裸露在外的水管以及空空如也的房间,陪伴他在这座洞穴一般空旷幽暗的新居里度过了第一个不眠之夜。他在给妻子阿比盖尔的信中写道,"愿在此治理国家者皆为真诚睿智之人",这些文字如今刻在白宫一处壁炉架上。

从布伦特里启程的阿比盖尔于11月10日抵达。她的马车曾在马里兰州的密林中迷路。据阿比盖尔讲述,一名"黑人"最终发现了迷路的第一夫人并将她的车驾带回了大路。到达新都后,阿比盖尔既被这座城市深深吸引,又无法完全接受。尽管新都"浪漫、新奇并且充满荒野气质",但乔治敦是她所见过的"最肮脏的洞穴"。

1800年11月的总统府绝不适合胆小者居住。建筑材料四处散落在庭院之间,主楼及四周的空地仅有一圈木头围栏与外相隔,完全开放在公众视野里。好奇的游览者经常在房子内外游荡,四处张望。马歇尔不得不要求首都管理专员们制定一套游客管理制度。尽管当时的建筑师已经开始在一些新建住宅里安装抽水马桶,但总统先生还无福享受。总统与第一夫人必须在众目睽睽之下,穿过露天庭院去一个木头盖的厕所中如厕。阿比盖尔·亚当斯还得经常在白宫东厅里晾晒衣服。

随着1800年总统大选结果的临近,亚当斯总统发表了心知也许是最后一次的国会演说。四轮马车载着他来到刚刚开放的国会大厦,亚当斯在参议院面对两院议员慷慨陈词。他自豪地回顾了他的治国政绩,呼吁将"简朴的作风、纯洁的美德以及真诚的信仰永远发扬光大"。更具意义的是,他呼吁对政府的司法系统进行改革,并称"根据以往的经历可以感受到改革"迫在眉睫。

两周以后,也就是12月3日,正当各州选举人对总统候选人投票时,在总统府等待结果的亚当斯却从邮差手中收到了来自纽约州东切斯特的急件。打开信件,他才得知一直努力戒酒的儿子查尔斯在11月30日不幸身故。悲恸的情绪尚未来得及缓和,数天后揭晓的大选结果更是雪上加霜:败选毫无悬念。这位即将下野的总统能够收获的唯一安慰,便是可以与珍爱的妻子阿比盖尔自由自在地回到马萨诸塞州的农场。他给另一个儿子托马斯写信说,"根本无需担心我,我只感到如释重负"。

巴尔的摩的《美国人报》是共和党的铁杆,他们欢欣鼓舞地宣称,"这下吃定你了"。尽管结果尚未公布,全国的报纸都已预测杰斐逊将赢得总统大选。但12月中旬揭晓的大选结果却让人大跌眼镜:共和党人虽然击败了联邦党人,但却作茧自缚,托马斯·杰斐逊与阿伦·伯尔竟然赢得了相同的选举人票。总统宝座究竟花落谁家,依然没有答案。

共和党人也赢得了对新一届国会的掌控。由于新一届国会要在3月4日总统宣誓就职以后方能开会议事,因此根据联邦宪法的规定,仍然将由联邦党人把持的老一届众议院依据一州一票的原则,以简单多数来决定大选的最终结果——没错!在总统大选中败选的政党,却有权决定胜选方的候选人究竟谁才是最终的总统。公众、媒体甚至两位共和党候选人都非常清楚,杰斐逊才是共和党的总统候选人,伯尔只是他的竞选搭档。事实上,伯尔一开始也对弗吉尼亚人表现得十分顺服:"根本无法想象,我与杰斐逊先生会获得相同的选票。但如果事实的确如此,每个了解我的人都应该知道,我将毫不犹豫地退出竞争。"

1800年12月18日,国务卿马歇尔在给败选的副总统候选人查尔斯·平克尼的信中写道,"谁将最终当选,仍然是个巨大的未知数"。曾任众议员的马歇尔现在"无权参与大选进程,但也不抱个人喜恶"。对他自己来说,最期望的是回到里士满"重执律师职业……[并且]从此永不踏足政坛"。

第三章

表亲相争：新首席与
新总统的较量

　　1800 年 12 月 15 日，败选不到两周，约翰·亚当斯坐在总统府里沉思。共和党人接管总统与国会大权近在眼前。一位共和党人的新总统——杰斐逊或伯尔——将在十周内上任；而下一届国会也将是共和党人的天下。

　　亚当斯现在关心的是第二天，12 月 16 日，星期二，他将向参议院提交与法国新领袖拿破仑·波拿巴达成的条约草案以待批准。参议院对这个协议尚犹豫不决，特别是亚当斯的追随者——亲英派联邦党人，他们对与法国缔结的任何协议都感到怀疑。亚当斯的谈判代表首席大法官奥利弗·埃尔斯沃斯，与拿破仑的兄长约瑟夫·波拿巴在巴黎谈成了这份条约，作为对美英《杰伊条约》的平衡，史称《孟特芳丹条约》。

　　在向共和党人交出总统大权之前的这段时间里，亚当斯可以腾挪的政治空间日渐缩小。正在伤神之时，他却收到了埃尔斯沃斯从巴黎寄来的辞去最高法院职务的信件。埃尔斯沃斯的外交使命让他离开最高法院已经一年多了。他生病了，他的医生禁止他再受穿越大西洋回到美国的旅程之苦。这个冬天，埃尔斯沃斯将在英格兰巴斯市接受矿物治疗。这封信到达总统手上时，已经过了整整两个月。

反复权衡填补这份职缺的人选后，亚当斯想到了自己的老朋友与老同事：约翰·杰伊。

在12月的寒冷冬日里，亚当斯与最亲密的智囊约翰·马歇尔在简陋空旷的总统府，反复讨论首席大法官这个职缺。马歇尔建议擢升最高法院大法官威廉·佩特森担任空缺的首席大法官。

佩特森大法官出身寒微，但职业之路却堪称辉煌。出生于爱尔兰的他，在婴孩时期便被带到了新泽西州的普林斯顿。他在父母亲的杂货店里做工长大，为新建的新泽西学院（后来改名为普林斯顿大学）的师生们服务，从小深受学术氛围的熏陶。从阿伦·伯尔的父亲创办的一所预科学校毕业后，土生土长的佩特森顺理成章地就读于新泽西学院。在1787年制宪会议上，佩特森极力鼓吹"各州必须在国会享有同等票数"，最终导致了国会两院制的妥协方案，参议院正是按照佩特森"各州平权"的主张构建的。佩特森曾担任新泽西州长，后来在1793年辞职加入最高法院。由于作风激进，他是本党激进派眼中的英雄——这或许要归功于他对马修·里昂的强烈声讨以及对推行《惩治煽动叛乱法》的强硬姿态。

但亚当斯拒绝了马歇尔对佩特森的提名。他告诉马歇尔，任命佩特森当首席会冒犯威廉·库欣大法官——也是亚当斯在马萨诸塞州时的老朋友和老同事。年届68岁的库欣，是最高法院硕果仅存的由乔治·华盛顿任命的大法官，但年事已高，日渐昏弱。早在4年前，库欣就以"健康状况不稳定且日趋下降"为由婉拒了华盛顿对他首席大法官的任命（实际上，参议院已经批准了对他的任命，并且在他辞去首席重新做回联席大法官之前，库欣已任职一周；但他在担任首席的一周时间里，没有听审任何案件，仅有的一次公务是出席一场晚宴）。

马歇尔当然明白，选择资历更浅的佩特森意味着僭越库欣。但他同样清楚，亚当斯反对佩特森有更深层更个人化的原因。依然对败选耿耿于怀的亚当斯根本不愿任命任何与汉密尔顿和"激进派"关系密切的人。

1800年12月18日，星期二，亚当斯正式向参议院提名约翰·杰伊为美国第三任首席大法官。第二天，他提笔给杰伊州长写了一封信，希望他重返旧职。"我已提名你重赴旧任"，亚当斯开门见山。显然出于某种担忧，亚当斯诚恳地告诉杰伊，对他的任命是遏制"道德日渐沦丧"的"天赐良机"。

亚当斯将这封信交给马歇尔作为官方文件寄出，马歇尔为保险起见加附了一封短笺，鼓励杰伊接受任命。"总统切盼您作为首席大法官为国效力，已向参议院提名您担任埃尔斯沃斯先生辞去的这一要职。希望您能欣然接受，我将万分荣幸地向您呈交委任状。"

马歇尔心里清楚杰伊很可能不会受命，更担心随之引发的后果。马歇尔私下里曾向查尔斯·平克尼吐露心声："埃尔斯沃斯先生辞去首席大法官职位，杰伊先生被提名接任。假如他果然不出意外地拒绝这一任命，我担心总统会任命一位资深法官。"这个"资深法官"正是指库欣。

* * *

随着跨世纪新年的临近与国会休会在即，华盛顿的政治气氛异常浓厚。记者、预言家和国会议员挤满了酒店大堂，城里的膳食旅店也人头涌动，所有人都在等待大选结果的最终出炉。总统和第一夫人举办了总统府第一场新年晚宴。在烛光辉映的宴会大桌旁，托马斯·杰斐逊与阿比盖尔·亚当斯相邻而坐。杰斐逊扫过同桌客人，他认出了到场的一些众议员，心里肯定暗暗揣度，当众议院表决下任总统时，谁会站在他这一边。杰斐逊不无得意地告诉阿比盖尔，他认识参加晚宴的不少来宾；第一夫人淡然回应道，她全认识。

阿比盖尔·亚当斯一度非常欣赏托马斯·杰斐逊。亚当斯与杰斐逊共同代表美国出使巴黎的那段日子里，他们一起度过了许多愉快的夜晚。但1800年这场大选显然影响了她对从前这位朋友的看法——对这位副总统与记者詹姆斯·卡伦德联手诽谤自己的总统丈夫一事，她一直耿耿于怀。她甚至告诉儿子，她鄙视杰斐逊的"软弱"。大选过后，亚当斯夫妇从未在公开场合褒贬过杰斐逊或伯尔，但他们毕竟邀请了杰斐逊来参加晚宴。

杰斐逊副总统对着第一夫人继续不依不饶地品评晚宴来宾，甚至问她，当众议院投票决定总统人选时，觉得"他们会如何选择"。亚当斯夫人肯定对杰斐逊回之一笑——这个男人的野心与魅力已显露无遗。她告诉杰斐逊，她对众议院将如何表决毫无看法，大选也不是她"乐于谈论"的话题。随后，她意味深长地重复了一句格言："如果不知道该做什么，最好别做那些明知不该做的。""他放声大笑，对话就此结束"，阿比盖尔在她的日记里写道。

杰斐逊保持了与生俱来的开朗，但他对大选的担心绝非杞人忧天。阿伦·伯尔起初颇为推辞成为总统候选人，但计票一旦结束，僵局已成事实，他私下里就明确表示有意竞逐总统。他的雄心也许来自全国各地一批联邦党名流的支持，这些人更青睐他而非他们眼中那个无神论精英主义者和胆小鬼——杰斐逊。来自马萨诸塞州的费舍尔·艾姆斯就认为,伯尔"将给这个国家带来活力",而杰斐逊却"愚蠢地沉迷在自己的鬼话里"。

但在新年前后,杰斐逊却得到了一位最不可能成为盟友者的支持:亚历山大·汉密尔顿。这位在大选前几个月扮演了关键先生的人,如今再度出手,介入这场政治博弈。作为一名激进派联邦党人,汉密尔顿曾经尖锐批评亚当斯总统太过温和。尽管他对杰斐逊及其主张的共和主义也颇为不屑,但比起对纽约州老对头阿伦·伯尔的深恶痛绝,这点不和显得不值一提。在新议员上任前,联邦党人仍然控制着国会,汉密尔顿担心他的联邦党同志会倾向于伯尔,为此发起了一场信件攻势,力促他们倒向杰斐逊。在写给他的朋友古弗尼尔·莫里斯的信中,汉密尔顿严肃地指出伯尔"野心勃勃以致无所不求,胆大妄为以致无所不图,寡廉少德以致无所忌惮"。他还给财政部长小奥利弗·沃尔科特写信道,伯尔"若非靠着榨取自己的国家,早已无可救药地破产。他只有个人野心,没有任何政治原则……他就是美利坚的喀提林"。[1]

国务卿马歇尔也收到了汉密尔顿寄来的类似信件,但他并未表明自己的立场。马歇尔说他"完全不了解"伯尔的为人,但汉密尔顿对

---

[1] 喀提林(Lucius Sergius Catilina,约前108年—前62年)是罗马的阴谋叛变者。他出生于贫穷之家,事业初期依附于苏拉,公元前68年被选为裁判官,次年被选为阿非利加省总督,但在公元前66年因为行政不当之控告而未能当选执政官。此时他既有沉重债务,又在政途上失意,竟与一些罗马贵族阴谋叛变。公元前63年他计划刺杀执政官西塞罗和对他有敌意的其他元老,阴谋被西塞罗发现。刺客行迹败露,落荒而逃。两天后在元老院会议上,喀提林照常出席。西塞罗当众诘责他,发表了历史上著名的演说。喀提林提出答辩,但众人的责骂盖过了他的声音。之后他成功逃脱,与他在意大利西北的同谋者及军队会合。公元前62年1月,他率领的军队与罗马共和军之间发生比斯多利之战,兵败被杀。——参考自维基百科

伯尔的描述让他深感担忧。用马歇尔的话来说,"以您的描述,此人实在危险至极,将来为祸必定不小"。但即便汉密尔顿对伯尔的恶评无以复加,马歇尔仍然决定对众议院的表决保持中立,"我实在无法向杰斐逊先生伸出援手"。

杰斐逊对联邦党人的幕后政治交易一直深怀戒心,尤其不信任他的表亲、国务卿马歇尔,甚至怀疑马歇尔也在觊觎总统之位。杰斐逊在给他的朋友詹姆斯·麦迪逊的信中,指责联邦党人乐于拖延大选僵局,甚至可能正在暗中筹划将总统之位私相授受给"前任首席大法官杰伊或者现任国务卿马歇尔"。

* * *

一月中旬,杰伊州长拒绝接受亚当斯总统任命他担任首席大法官的回信,摆到了国务卿马歇尔的桌上。杰伊还明确表示收到了马歇尔鼓励他受命的"诚挚来信"。但杰伊重申了他的决定:"我十分清楚这份任命赋予我的荣耀。[但是](除了其他原因之外)鉴于我个人的健康状况无法承受这份工作必然带来的压力,我实在无法接受这一任命。"当然在所有"其他原因"中至关重要的是:杰伊深信,最高法院无法获得本应享有的权威、声望与权力。

1801年1月19日,周一,马歇尔面见亚当斯并向他报告了杰伊的决定。亚当斯聚精会神地听完了马歇尔的汇报。此时,情势变得更为险恶:国会正在讨论一项法案,准备在最高法院大法官再次出缺时,将大法官数量从6人减至5人。如果亚当斯不尽快采取行动,他也许再也没有机会提名新的大法官了。而现在,面对杰伊的婉拒,已经败选的亚当斯总统必须认真考虑他的下一步棋子。

马歇尔记得,当时亚当斯总统把脸转向他并问道:"那么,现在我该再提名谁呢?"马歇尔再次建议总统提名佩特森大法官,但亚当斯"坚定地回绝道'我不会提名他'"。

在断然否决佩特森之后,按照马歇尔的话,亚当斯在"短暂的踌躇之后"说道,"我想我必须提名你了"。马歇尔回忆,他"对此毫无预料",但"在惊讶之余依然心怀欢喜,并沉默地鞠了一躬"。第二天,马歇尔获得提名。

马歇尔可能预想过亚当斯心中另有提名人选。但要说他自己从未想过出任首席大法官,多少是故作谦辞。马歇尔十分珍惜他在弗吉尼亚州司法圈作为律界领袖与上诉审专家的声望。他恐怕很难忘记,1798年亚当斯曾想过提名他担任最高法院大法官,以填补因詹姆斯·威尔逊大法官去世留下的职缺。在遭到他婉拒之后,亚当斯最终提名了马歇尔的密友、乔治·华盛顿的侄子布什罗德·华盛顿。现在,身为国务卿的马歇尔负责总统与大法官潜在人选之间的书信往来,还私下参与了权衡提名人选的过程。他产生由自己来填补这一职缺的想法也是顺理成章的。

不管怎样,马歇尔立即接受了提名。亚当斯则于1801年1月20日周二当天,将这一提名交给了参议院。亚当斯后来声称这是他在总统任上最自豪的决定。

* * *

1755年出生的马歇尔是家中的长子,他小时居住的小木屋坐落在弗吉尼亚州蓝岭山脉的一处山脚下。他从小没有接受过任何正规教育,但父亲教会他阅读并将他引入西方经典文献的世界。独立战争爆发后,马歇尔应召入伍并很快成为乔治·华盛顿身边的侍从武官,在福吉谷[1]那个最艰苦的冬天一直追随在华盛顿左右。马歇尔体格健壮,人缘颇佳。在华盛顿的军队里,据说他是唯一能跳到6英尺高的。

独立战争结束后,马歇尔成了新建的威廉·玛丽法学院第一批学生。他的法律课本上不仅记满了研习英国判例的笔记,还不时穿插着给波莉·安布勒画的小像——这位可爱的女士最终成为了马歇尔夫人。毕业之后,马歇尔很快成了里士满的一名成功律师,从事出庭诉讼、遗嘱见证、合同起草、上诉代理等一切有利可图的法律业务("刚有一位当事人进来",马歇尔1798年在给朋友的信中写道,"上帝保佑他是个金主")。他还兼任公职,在州政府的一个委员会以及州立法机关服务,但在整个18世纪80年代以及90年代大部分时间里,律师执业无疑是他最主要的工作。

1788年,马歇尔在弗吉尼亚州批准新宪法的传奇过程中,发挥了关键作用。弗吉尼亚比其他各州更加坚定地支持联邦新宪法,无疑也决定了宪法的命运:弗吉尼亚是美国当时最大的州,有占全国1/5的人口以及超过1/3的经济贸易总量,如果没有弗吉尼亚州的支持,新联邦的成立几乎不可想象。马歇尔与詹姆斯·麦迪逊搭档,以数票优势击败了帕特里克·亨利与乔治·梅森在内的一批弗吉尼亚州名流,最终赢得了该州对新宪法的批准。在持续数周的激烈辩论中,马歇尔在家里和当地餐馆、酒店中为客人慷慨提供美酒佳肴。马歇尔的热情

---

[1] 福吉谷,美国革命圣地,位于美国宾夕法尼亚州切斯特郡斯库尔基尔河畔的菲尼克斯维尔东南方7公里处。1777—1778年,华盛顿将这里作为冬季总部。1777年冬,费城陷落,华盛顿率领残兵败将在此修整。由于严寒,冻死、开小差的士兵不计其数,是整个独立战争期间最艰难的一段时光。但华盛顿也利用这段时间重新训练了军队,过冬之后,又杀出谷来重新和英军较量,最终赢得了独立战争的胜利。因此,美国政府后来把这里划为国家历史公园。——参考自百度百科

好客大大舒缓了对新宪法的抵制情绪，并为最终的微弱优势奠定了基础。马歇尔发表了一次关键演说，为新宪法中规定的联邦司法权辩护，反驳这将使联邦政府异化为帝国统治者的批评。马歇尔具有与生俱来的天赋，善于将反对者转化为朋友以至盟友。在新宪法批准过程中，就连他的最大对手帕特里克·亨利，也对马歇尔的政治技巧与个人魅力留下了深刻印象。他随后成为了马歇尔的密友，甚至还与他合伙从事过法律执业。

马歇尔在骨子里是个交际高手，盛宴、畅饮、社交都是他的最爱。在他的家乡里士满，他是"套圈俱乐部"（又称"烧烤俱乐部"）的创始会员，这个俱乐部以投掷金属圈套取数码外的钢针游戏而得名，参与游戏者不免大吃大喝。马歇尔是这个俱乐部的终身会员和热情玩家。每年4月到9月，他都在那里度过每一个周六。马歇尔特别喜欢自己调制的由白兰地、朗姆酒与马德拉白葡萄酒混合成的潘趣酒。俱乐部有一项不成文的规则正合马歇尔心意，就是绝不许谈论政治、商业或宗教。若有违反罚一箱香槟，作为俱乐部下次活动用。

1798年9月，因XYZ事件一跃成为国家英雄的马歇尔刚从法国返美不久，便和布什罗德·华盛顿一起被乔治·华盛顿召到弗农山庄。合众国前总统十分担心共和党崛起的潜在威胁，因此请求他的后辈门人代表联邦党人竞选国会议席。晚餐后，马歇尔向华盛顿解释他不愿放弃日益兴隆的律师业务。翌日清晨，马歇尔本想一早离开弗农山庄，以免傍晚再见到华盛顿；但当他来到马厩正想跨马离去时，发现华盛顿正在那里等着他。虽然华盛顿比马歇尔只高一英寸，但这位前总统总是显得高大魁伟，令人敬畏。华盛顿提醒马歇尔，当年他也是克服一己私欲、放弃闲逸生活挺身为国效力的。话说到这份上，马歇尔只得答应出选。

弗吉尼亚州可谓共和党人大本营,杰斐逊、麦迪逊以及州长詹姆斯·门罗在该州一呼百应。但马歇尔在竞选国会议员的策略上做了一个关键决策。他表示自己对《外国侨民法》与《惩治煽动叛乱法》的态度有别于其他联邦党人,当选后也不准备对该系列法案投赞成票。尽管是联邦党人,马歇尔却能让人相信他绝非一个偏执的空想家,而且可以与党外人士求同存异。当竞选进行到白热化时,共和党大佬帕特里克·亨利给予了马歇尔强大的支持。

投票当天,马歇尔与他的对手约翰·克洛普顿都在投票点积极拉票。根据当天实录,马歇尔手持一壶威士忌站在一张桌子一角,他的对手占据着另一角。每位投票者都在投票点大声宣读选票归属,投票活动完全公开进行。马歇尔后来回忆,有两位牧师一同来到投票点,一位投给他,另一位则投给了他的对手。一位牧师解释道,这使两人的选票相互抵消,"因此再也没人能说神职人员影响了大选结果"。

成功当选众议员之后,到费城走马上任的马歇尔很快发现,自己同样身陷本党成员与共和党人共同针对亚当斯总统的敌意漩涡之中。比亚当斯年轻20岁的马歇尔与那位难伺候的总统似乎是完全不同的两种人:身高六尺二的马歇尔人缘极好。最高法院大法官约瑟夫·斯托里后来评价马歇尔道,"他那真诚的笑声,让你实在无法将他与任何类型的阴谋家联系起来"。马歇尔经常身着便衣自在游逛,对源自南方的淳朴举止与习俗颇感自豪,毫无做作之风。声名显赫的他,有一次因为车厢拥挤而高兴地与马车夫同坐。另一次,在马歇尔任职最高法院时,他帮一位普通市民搬运生活用品好几英里。这位受助者竟把马歇尔当成了工人,还赏给他小费。马歇尔将小费开心地收入囊中——这又成了他打趣的一个保留节目。

尽管在性格与生活作风上迥异,但马歇尔自从1799年成为众议员的第一天起,就成了议席上力挺亚当斯的少数派之一。面对激进派联邦党人与共和党人的两面夹击,马歇尔坚持为亚当斯的政策竭力辩护。他平易近人的风格与效果奇佳的游说使他在两党间都结交了不少朋友与盟友,但在坚定维护总统这点上,他却近乎孤军作战。虽然如此,当废除《惩治煽动叛乱法》的提案在众议院付诸表决时,他却是唯一投赞成票的联邦党人。

马歇尔就任伊始,就在众议院发表了颇具影响力的演说。例如,在著名的"乔纳森·罗宾斯事件"中,马歇尔在众议院发表了长达3小时振聋发聩的演说,为亚当斯将一名因擅离职守而遭英国政府通缉的逃亡水手"约翰·纳什"交予英国的决定进行辩护。此案中的纳什称自己的实际身份是美国公民"乔纳森·罗宾斯",因此可豁免于引渡。但一名联邦法官却认定纳什未证明他的美国公民身份,下令将他引渡。尽管法官这一命令引爆了共和党人由来已久的仇英情绪,但亚当斯总统拒绝干涉,也不愿阻止法官的行动。英国人很快审判了纳什并把他绞死,共和党人则对亚当斯进行了猛烈谴责并要求众议院对他问责。

马歇尔走上议席,对总统的决定做了强有力的辩护。据说,原定在他之后发言的共和党籍众议员艾伯特·加勒廷,在马歇尔的发言结束后,转头向共和党同僚们无奈地说道,"先生们,你们自己看如何应对他的发言。就我个人而言,恐怕没什么好说了"。在马歇尔平易近人与和蔼可亲的作风背后,共和党人还必须面对一个激情四溢、效率惊人、言简意赅、逻辑缜密的对手。马歇尔每天起床很早,徒步6英里,在日出前便已开始努力工作。即使立场不同的律师和听众,也无不对他卓越才情与犀利论辩钦佩有加。

马歇尔的妻子波莉,从丈夫出访法国遭遇 XYZ 事件直到 1834 年离开人世,一直饱受神经衰弱、焦虑与抑郁的折磨,但马歇尔始终不离不弃。很多时候,抱病的波莉只能在卧室静养,而且不能有任何声响。马歇尔在里士满执业时,就对自己患病的妻子极为疼爱,并竭尽所能为波莉营造安静舒适的环境。

尽管马歇尔对波莉从一而终,但他也精于异性之间的调情之术。他曾经谈到,现在的年轻男子对于追求异性委实太过怯懦。在他出访法国遭遇 XYZ 事件时,马歇尔寄宿于寡居的维特莱侯爵夫人家。维特莱侯爵夫人由伏尔泰抚养成人,伏尔泰过世后,这位文学巨匠的心脏被其养女存放于客厅一个银瓮之中。当时的马歇尔完全为这位法国贵族女性的风华所倾倒,由此引来有关两人的一段绯闻;这是在马歇尔与波莉持续 50 年的婚姻中唯一一段婚外情传闻。

无论对朋友还是对手,马歇尔都能始终如一地待以亲切与热忱,只有一个例外无法回避:那就是他的表亲——托马斯·杰斐逊。

杰斐逊是马歇尔的远房表叔。杰斐逊的祖父艾沙姆·伦道夫与马歇尔的曾祖父托马斯·伦道夫是亲兄弟。

家庭原因无疑是导致马歇尔与杰斐逊不和的重要导火索。马歇尔的祖母玛丽·伦道夫·艾沙姆·基斯与伦道夫家族一直纠葛不断,甚至发展到与杰斐逊一家断绝来往。此外,马歇尔的岳母伊莉莎·安布勒曾是杰斐逊的首任未婚妻,她对昔日旧爱一直心怀怨恨。

政治立场迥异是引起两人不和的另一原因。例如,杰斐逊在他声名狼藉的"给马泽依的信"中对乔治·华盛顿大加抨击,嘲笑他是

"失势的参孙"[1]。杰斐逊曾给他的老朋友、意大利人菲利普·马泽依写了一封信，讲述美国当时的政治局势，后者将这封信翻译成意大利文发表在当地一家报纸上。之后，这封信又被译为英语并辗转刊发在伦敦的报纸上。当这些报纸于1797年5月到达美国时，"给马泽依的信"大大激怒了包括马歇尔在内的华盛顿的忠实追随者们。此外，马歇尔与参加过独立战争的其他老兵一样，对杰斐逊在独立战争期间的某些作为一直心怀鄙薄：时任弗吉尼亚州战时州长的杰斐逊在英军逼近里士满时竟然仓皇逃遁，并因此被诟病终生。

不管原因如何，两人之间的相互嫌恶显然不可改变。杰斐逊在1795年写给麦迪逊的一封信中，对马歇尔"作风懒散"与"无比伪善"极尽鄙夷。杰斐逊还大加散播马歇尔在欧洲利用XYZ事件假公济私的谣言。杰斐逊甚至质疑马歇尔对塔列朗事件的说法，他在1799年给埃德蒙·伦道夫的信中称，XYZ事件的前因后果不过是"马歇尔精心烹制的一道菜肴，将法国政府刻意塑造成一个大骗子"。马歇尔当选众议员的消息也让杰斐逊颇为受伤，他私下里指责帕特里克·亨利支持马歇尔是"变节叛党"。

马歇尔对杰斐逊也同样刻薄。正如亨利·亚当斯得出的结论，"这位才能卓越而又和蔼可亲的人始终坚持着一个根深蒂固的偏见：他憎恶托马斯·杰斐逊"。即使到了晚年，马歇尔也会秉笔直书，他从不认为杰斐逊是个高贵可敬的人。他嘲讽杰斐逊是"山里的大喇嘛"，暗示他冷淡绝情，从不关心别人。

---

[1] 参孙（Samson）是圣经士师记中的一位犹太人士师，生于前11世纪的以色列，玛挪亚的儿子。参孙以凭借上帝所赐极大的力气，徒手击杀雄狮并只身与以色列的外敌非利士人争战周旋而著名。但其不能抵御女色诱惑而泄露了自己超人力气的来源和秘密，最终被人剪掉头发而丧失神力，并被敌人挖去双眼囚于监狱，受尽羞辱。——参考自百度百科

但毕竟两人同是公众人物,难免常有交集。马歇尔在 XYZ 事件后回到费城,身为副总统的杰斐逊两次驾临他下榻的酒店造访。在两顾茅庐未果后,杰斐逊留下一张便条,其中写道"每次都有幸发现您[马歇尔]外出不在"。意识到自己措辞失当后,杰斐逊将"有幸"潦草地改成了"不幸"。

* * *

亚当斯提名马歇尔担任最高法院首席大法官的决定大大激怒了激进派联邦党人。他们对马歇尔缺乏信任,只有他们心目中的英雄与盟友佩特森大法官才是出任首席的不二人选。来自佩特森的家乡新泽西州的参议员乔纳森·戴顿第一个发难。他给佩特森写信说,他"满怀伤感与诧异,义愤填膺",对马歇尔的提名"让我们所有人的希望与期待都落了空"。戴顿当即要求亚当斯撤回提名。这位愤懑不已的参议员私下里直接指责亚当斯,近来的提名"表明他要么已软弱不堪,要么就是思维混乱;我和绝大多数联邦党同仁都确信:假如他真的再执政 4 年,我们恐怕都难逃一劫"。

共和党人此时则保持了沉默。在很多共和党人眼里,相比可能被提名的其他联邦党人,马歇尔当属最不必反对的人选。但并非每个共和党人都这么想,因触犯《惩治煽动叛乱法》在押、当时尚未与杰斐逊交恶的詹姆斯·卡伦德就是例外。卡伦德在马歇尔家乡发行的一份亲共和党报纸《里士满观察家报》上撰文说,"看来我们就要迎来约翰·马歇尔这位难得一见的政坛新星来做我们的首席大法官了……听听这人的名字,简直就是对真相与正义的羞辱"。

在亚当斯看来,提名年仅 45 岁的马歇尔是件令人愉快的事。新泽西州一些律师给他写来一封信,力劝他提名自己担任首席大法官,亚当斯热情地回复道，他已决定提名"一位精力充沛、正当盛年、非常职业，并具有全新法学理念的绅士"。亚当斯当时正遭受重重打击，总统宝座将被杰斐逊或伯尔占据，国会也将毫无悬念地被共和党人接管，唯有提名马歇尔执掌联邦司法权给予了他很大安慰。

佩特森大法官也竭力阻止借他的名义发起反对之声。在给戴顿的信中，他对马歇尔表示了热情支持。佩特森自陈心迹，他对任命马歇尔"既无怨恨，也不反感"，而且相信马歇尔"是个天赋异禀的人"，"他的才华像金子一般，既熠熠生辉，又坚不可摧"。

但很难保证参议员们是否支持对马歇尔的提名——即便是亚当斯自己党派的成员。参议院中的联邦党人对总统早已不讳言说"不"。1801年1月23日，时隔提名马歇尔担任首席大法官仅仅数天，亚当斯便在参议院遭受了羞辱：准备与法国签署的《孟特芳丹条约》未能在参议院通过——所有反对票均出自亚当斯的联邦党同志之手。

对马歇尔的提名公布几天后，一个由联邦党籍参议员组成的代表团面见亚当斯对他施压，要求撤回对马歇尔的提名，改为提名佩特森。但亚当斯丝毫不为所动。正如戴顿对佩特森所言，"除了那一个例外，所有意见都一致支持对您的提名。但总统本人实在固执，他声称绝不会提名您"。

戴顿与其他联邦党人最终勉强接受了亚当斯对首席大法官的提名，主要是担心如果阻截了马歇尔，总统说不定会换出一个"更没资格、更讨厌的人选"。戴顿告诉佩特森，马歇尔"事先对自己获得提名一点都不知情，而此前他向总统建议的人选正是您"。通过吐露自己曾经支持佩特森，马歇尔显然找到了某种方法，明里暗里让最不满的反对者也无话可说。但戴顿虽然对马歇尔的提名投了赞成票，心里仍愤愤不平。他愤怒地嘲讽亚当斯，"这个疯子掌控的政府马上就要下台了，对这个国家实在是一件幸事"。

1801年1月27日，亚当斯提名马歇尔担任首席大法官刚过了一周，在没有前置听证程序的情况下（直到1925年才开始对最高法院大法官的提名人选设置这一程序），即将卸任的参议员们一致通过了对约翰·马歇尔的提名，马歇尔正式成为了合众国最高法院第三任首席大法官。

马歇尔兴奋极了，他热情地给亚当斯写信接受这一任命。"您格外眷顾的英明决定，将深深铭刻在我的脑海，永不磨灭。"马歇尔告诉总统："我会即刻就任，担负起我的职责，但愿永远不会让您后悔作出这个决定。"

马歇尔的确应该感到高兴，但还有一个不太清楚的问题横亘在他面前：是不是真的有一所最高法院在等着他去领导。就在亚当斯提名马歇尔的当天，国会还在为几乎被遗忘的联邦最高司法机关的办公地点争吵不休。负责规划新都并为各个政府机构寻找办公用地的特区城市管理专员，在最近几个月曾两次上书，询问该把联邦最高法院安置何处。这些写给国务卿约翰·马歇尔的信件一直石沉大海，没有回音。

1801年1月20日，众议院议长要求国会将最高法院安置在国会大厦中。几天后的1月23日，参众两院终于通过一项决议，正式授权"华盛顿城市管理专员安排国会大厦中的一个房间作为合众国本届最高法院的办公地点"。

绝大多数报纸只是就事论事地报道了马歇尔获得提名，而并未关注这项决议。《国民通讯员报》淡定地发出了如下报道，"合众国总统已经提名约翰·马歇尔担任合众国最高法院首席大法官"。

媒体此时的焦点集中在与总统府相邻的财政部新楼发生的一场匪

夷所思的火灾。"昨天黄昏，有人发现财政部大楼失火"，《国民通讯员报》在马歇尔获得提名的同一天发出了这一报道。"当人们发现大楼失火时，已经有一间会计师办公室被火焰完全吞没。据说该办公室内的所有文件都被完全烧毁；在火势蔓延下，位于它楼上以及相邻两间办公室的文件也损毁严重。大火在大约一个半小时后才被扑灭。"

随着战争部在华盛顿以及马萨诸塞州的几处办公室也纷纷失火，关于联邦党人在共和党掌权之前故意纵火以销毁对其不利的机密资料的流言甚嚣尘上。正如共和党籍众议员约翰·福勒在写给他的肯塔基州选民的一封信中所称，"当权力背后的交易与秘密即将大白于天下之际，这些火灾只会激起最恶意的揣测"。

* * *

尽管马歇尔准备正式宣誓就任最高法院首席大法官，但这不意味着他可以将国务卿任上的职责与烦恼抛之脑后。他答应了亚当斯的请求，留任至新总统于3月4日任命新国务卿之前——这意味着他将在行政与司法机关同时任职，这在今天显然不可思议。对于国务卿马歇尔而言，当前最头疼的问题是刚被参议院中倒戈的联邦党人否决打回的《孟特芳丹条约》。为了让参议院收回成命，他的策略是公开在联邦党人中广受尊重、信誉极高的驻英大使鲁弗斯·金的一封信，信中写到英国政府对于这一条约并无异议。也许是因为给亚当斯一次刻骨教训的目的已经达成，联邦党籍参议员这次终于回心转意。1801年2月3日，参议院最终批准了合众国与新上台的拿破仑·波拿巴政府签订的美法《孟特芳丹条约》。马歇尔心中一块大石，总算落了地。

次日，1801年2月4日，周三，首都天气阴冷并伴随着小雨。就在这天上午，来自马萨诸塞州的威廉·库欣，这位年迈的资深大法官,主持了约翰·马歇尔就任合众国最高法院首席大法官的宣誓仪式。马歇尔的密友、来自弗吉尼亚州的布什罗德·华盛顿大法官出席了这个简短的仪式。一同出席的还有塞缪尔·蔡斯,这位来自马里兰州的大法官以情绪激动、高谈阔论和党派偏见明显而著称。最高法院的另外两名成员,来自新泽西州的佩特森大法官与来自北卡罗来纳州的艾尔弗雷德·摩尔大法官则在家没来。

马歇尔身穿一件纯黑长袍,相比那些身着绚丽的猩红色貂皮长袍或学院袍服的大法官,显得有些格格不入。弗吉尼亚的法官们大多习惯这类黑袍。简单的黑色格调最符合马歇尔的风格:去尽炫耀与浮华,彰显庄严与权威。

1801年2月10日,也就是马歇尔宣誓就任的第二周,最高法院的各位大法官在国会大厦第一次开庭办公;那间阴暗狭小的办公室,竟然还得和哥伦比亚特区法院共用。主持首次庭期的正是首席大法官(当时兼任国务卿)约翰·马歇尔。这次同样只有库欣、华盛顿与蔡斯三位大法官到场;佩特森与摩尔两位大法官在家没来。当时也没有法院书记官,因为在费城担任此职的亚历山大·达拉斯拒绝移居华盛顿(他最终被选为宾夕法尼亚州的检察总长)。

在马歇尔的努力下,最高法院总算开始了正常办公。

数日之后,最高法院的二月庭期即告结束。其间,最高法院并未审理任何一起案件或作出裁判。

* * *

对于远房表侄就任联邦最高法院第三任首席大法官,托马斯·杰斐逊倒没什么特别反应。但可以想见,一个令他如此厌恶的人升任如此高位,总会令他有些不快。不过,杰斐逊眼下的精力主要放在僵持的总统大选以及原本并未在意的众议院投票表决上。

马歇尔的提名通过几天后,杰斐逊回到白宫,与将要先于丈夫返乡的阿比盖尔·亚当斯茶叙并道别。阿比盖尔在给儿子写信时提到,杰斐逊来"道别并祝我一路顺利,实在出乎我的预料"。对于这次到访,并无其他记录。杰斐逊显然不可能像几星期前的晚宴上一样重提众议院投票之事,但后来可以清楚地看出:杰斐逊希望约翰·亚当斯能为他介入此事。杰斐逊对第一夫人的好感与喜爱当然出自真诚,但他也了解她对亚当斯总统的影响力;他无疑希望亚当斯夫人劝说她丈夫在众议院投票上助自己一臂之力。杰斐逊深知,只要亚当斯总统能影响众议院哪怕一票的归属,新总统就非他莫属。

2月11日,首都已是白雪皑皑,众议员们在参议院图书馆开会议事,试图在伯尔与杰斐逊之间确定最终的总统人选。由于国会大厦南侧的众议院议事厅尚未完工,会议才在这里召开。各州都只有权投出一票。当时共有16个州,这次总统大选的最后赢家必须获得一般多数票,即至少9票。尽管联邦党众议员在整个众议院仍占据多数,但共和党人在8个州占有多数,联邦党人则控制了6个州。在剩下的两个州(马里兰州与佛蒙特州),两党力量旗鼓相当。

第一次投票结果是,联邦党人控制的6个州全部支持伯尔。共和党人控制的8个州则支持杰斐逊。两党势力不相上下的马里兰州与佛蒙特州代表则无法达成一致的投票意见。整个程序一直持续了20个小时,投票进行了一轮又一轮。服务生将食物、酒水不断送给议席上那些快要精疲力竭的人们。四座壁炉烘烤着这个矩形大厅,但很多众议员依然穿着大衣。有些议员甚至蜷坐在地上,在投票间隙里小睡一会儿,其他议员则完全依靠烟斗与雪茄提神。一位议员因为身体欠佳,实在无法在议席上坚持这场煎熬,索性躺到了参议院议事厅旁一个房间的床上。直至次日上午 9 点，僵局仍未打破，众院议长只好宣布休会至下一日。

第二天，议员们回到国会大厦，仍然得不出结果。又一天过去，僵局依旧。然后，又是一天。流言开始风起：联邦党人要将大选拖到 3 月 4 日，即新总统就职日，然后指定他们的党派候选人担任总统——也许是最高法院前首席大法官约翰·杰伊，甚至可能是新任首席大法官约翰·马歇尔——这正是杰斐逊一直担心的。在国会外面，抗议者们高喊着杰斐逊的名字；有人则乘着大型木质雪橇在冰雪覆盖的街道上穿行，挥舞一条硕大横幅，上面写着"杰斐逊，人民之友"。对这场旷日持久的僵局，人们的反应远不止抗议与游行：在宾夕法尼亚州，州长托马斯·麦基恩为杰斐逊展开了大张旗鼓的选战，他声言，如果联邦党人果真阻挠共和党人总统当选，他将召集本州 2 万名民兵在首都游行。有关内战的传言开始四起。

杰斐逊在邻近国会大厦的寄宿旅馆里，与众议院的共和党盟友反复商讨对策；但随着僵局时间不断拉长，他的沮丧情绪与日俱增。据杰斐逊 2 月 14 日的日记记载，阿姆斯壮将军告诉他，古弗尼尔·莫里斯困惑地表示，"伯尔离此地足有 400 英里（在阿尔伯尼）之遥，但他的代理人却能大肆活动；而身在此地的杰斐逊先生竟然无动于衷？"杰斐逊现在开始担心，总统宝座可能真会被人抢走。他在给本杰明·拉什的一封信中回忆道，"我要求亚当斯先生出面阻止这种孤注一掷的疯狂行径"。

亚当斯总统在他官邸的私人办公室接见了副总统，但杰斐逊很快发现亚当斯根本无意助他一臂之力。对这位任期仅剩数周的总统而言，最迫切的愿望莫过于回到家乡，回到几天前先于他离开首都的妻子身旁。但亚当斯在这件事上大动肝火，因为他认为这本该是立法机关解决的问题；而根据分权原则，他作为总统绝不应该干涉大选结果。

当杰斐逊对他提出加以干预的请求时，亚当斯厉声回应道："先生，把握大选结果对我们并非力所不及。你只要承诺，你将公正地对待政府公共债务的债权人，维持海军建设，并且不清洗联邦党人官员，你马上就能赢得政府控制权。我们知道，这也正是人民大众的愿望。"据杰斐逊回忆，亚当斯说话语气之"激烈与严厉前所未有"。而杰斐逊的回应是，"我绝不会以缴械投降来换取领导政府的机会"。在他与亚当斯的此生最后一次面谈结束后，杰斐逊离开了总统府。

杰斐逊并没有放弃。尽管他此后的行动没有公开记录，但他肯定直接或间接向一些关键的联邦党议员发出了信号，暗示他将在国家政策与官员任免上做出让步。其中一位就是来自特拉华州的詹姆斯·A.贝亚德。特拉华州是弹丸之地，在国会仅占一个议席，这意味着贝亚德自己就是全州代表。如果他改弦易辙，杰斐逊就能得到胜选所必需的来自9个州的支持。

杰斐逊的密友、弗吉尼亚州众议员约翰·尼古拉斯最先接触贝亚德。贝亚德后来回忆道，他告诉尼古拉斯，"我认为，由杰斐逊先生来决定政府要害部门的官员人选不仅合理而且必要"，但贝亚德希望杰斐逊能保证继续支持公债、维持海军系统，并在一些相对次要的官职上留任联邦党人。这与亚当斯总统之前让杰斐逊做出的承诺其实并无差别。两人都提出，新总统必须认同一个统一的国家银行以及强大国防实力的重要性——这两者是联邦党人的核心理念。同时，由于联邦党人现在成了在野党，新总统还必须支持两党制的政治体制。尼古拉斯并未对贝亚德的要求做出承诺，但来自马里兰州的众议员萨缪尔·史密斯向贝亚德表示，他的要求"与他［杰斐逊］的观点和想法不谋而合,在这一点上我们可以相信他"。杰斐逊后来否认曾授权史密斯作此保证。

2月17日,在众议院就总统最终人选首次投票后的第6天,众议员们进行了第36轮投票。代表特拉华州的众议员贝亚德投出了一张空白票,伯尔失去了原本在他名下的特拉华州选票,该州选票最终进入了"弃权"一栏。同时,受贝亚德影响,在两党势均力敌的马里兰州与佛蒙特州,联邦党议员同样放弃了投票,使得两州的共和党议员得以将本州选票投给杰斐逊。代表南卡罗来纳州的众议员全都是联邦党人,之前一直投票支持伯尔,但在这次投票中也同样弃权。僵局终于解开:杰斐逊以10票之数(原来8票加上马里兰州与佛蒙特州2票)赢得最终胜利,伯尔仅得4票:两个原本支持他的州——贝亚德代表的特拉华州以及南卡罗来纳州——弃权。

大选尘埃落定的消息不胫而走,全国各地的酒吧、礼拜堂与会客厅都挤满了兴奋的共和党人,向新总统举杯致敬。《联邦党人公报》报道这一盛况的口吻多少带些讽刺,"钟声敲响,枪声阵阵,犬吠猫叫,婴孩哭闹,狂欢的雅各宾派们怕是要不醉不休了"。

一群热捧杰斐逊的民众在首都街道上大肆喧闹,庆祝杰斐逊当选总统。他们向联邦党大佬的住所游行前进,要求这些人向新总统表示臣服。阿比盖尔·亚当斯的外甥威廉·克兰奇为满足这群人的要求,在窗台上点燃了一根蜡烛。人潮随后涌向乔治敦,并在威廉·马伯里那幢显眼的砖块垒砌的双层住宅外集会;没错,他们的目标正是业已成为著名联邦党人的马伯里。狂欢的民众为杰斐逊的当选欢呼雀跃,同时要求马伯里做出类似的效忠行动,但马伯里坚决不从。据《华盛顿公报》报道,"[他]以最果决的方式拒绝了群众的要求,在离去的人群背后只留下他对这一切的诅咒与愤怒"。

亲共和党人的《曙光报》宣称，"1776年的法国大革命在此重现，并在历史上第一次完成了它的最终使命"。杰斐逊后来将他当选这一事件称为"1800年革命"，因为这是美利坚合众国在独立不久后，首次以和平民主的方式移交国家权力，同时也是世界史上的第一次民主演出。但另有一些人，比如最高法院的首席大法官约翰·马歇尔，却在暗暗担忧这个国家未来的走向：他们担心新总统将"以牺牲联邦权力……为代价来加强州权……并将联邦政府的整体权力尽可能集中到众议院"。

合众国年轻的民主体制经受住了充满压力的挑战，并未崩溃。但是，第二次考验即将来临。

第四章

午 夜 法 官

约翰·亚当斯的总统任期只剩最后两周：3月4日周三就是他正式离职之日，杰斐逊将于当天中午宣誓就职。在亚当斯任期最后一天到来前，有一项工作几乎占用了他全部时间与精力——他必须在卸任总统的最后一分钟前完成对大批联邦政府公职人员的任命。这些任命将确保一批忠诚的联邦党人在共和党人控制的政府中继续任职，其中就包括那批所谓的"午夜法官"。

亚当斯的任命分为两部分：第一部分是对全国范围的联邦官员（包括联邦法官）的任命；第二部分则是对新成立的哥伦比亚特区联邦官员的任命。

在1801年2月，也就是他任期的最后一个月，亚当斯向参议院总共提交了惊人的217份任职提名，这意味着在至关重要的这最后一个月中，他每天平均要提交7份以上的任职提名。这些提名中包括93个司法类政府职位，其中有53个属于哥伦比亚特区，另有106个陆军与海军职位。亚当斯决心利用他在位的最后一点时间来完成对每一个可能空缺的联邦政府公职的任命。"提名法官、领事官员以及其他联邦官员的工作……现在十分繁重,未来一段时间也会如此",亚当斯写信给妻子阿比盖尔道,"从现在开始,时不我待"。

亚当斯在处理这项繁重工作时最倚重的人,就是身兼国务卿与最高法院首席大法官两职的约翰·马歇尔。这时的马歇尔,已经完全被这些最后关头的任命工作缠身。求职者及其支持者向亚当斯总统的这位代言人发出的信件如潮水一般涌来。因为马歇尔总揽任职提名工作的各种事项——例如向被提名人发信、拟订并提交最终提名、制作官方委任状确认对被提名者的任命以及向获得新任命者送达委任状——这让他忙得不可开交。

亚当斯对第一批"午夜法官"的任命缘于1801年《司法法》。根据该法的规定,联邦最高法院的大法官人数将在出现下一个职缺时削减至5人;同时在初审法院与最高法院之间创立新的巡回法院系统,从而使得最高法院的大法官无需再承担令人抱怨的巡回审理——在全国巡回审判的职责将由新任的巡回法院法官承担。

联邦党人大多支持这个法案,共和党人却一边倒地抨击这一法案。亚当斯这时要做的,就是将新法官提名人选交给由联邦党人控制的、任期即将届满的参议院,并在3月4日新总统就任前批准。共和党人反对该法,因为这些新设立的巡回法院不仅给下野在即的总统在离任后继续干政的机会,同时也让在联邦政府中最不民主的司法机关变得更为重要,权力更大。

以联邦党人为主体的司法体制改革者为此付出了多年努力。华盛顿总统的第一任检察总长埃德蒙·伦道夫就曾呼吁国会将联邦地区法院法官转变为巡回法院法官,以使最高法院今后只需在首都开庭,而无需大费周章地巡游各地。联邦最高法院的大法官们自己也屡次提出类似要求,力图改变令他们不满的巡回审判模式,同时也避免对自己作出的司法裁判重新进行自我审查。支持将大法官人数由6人减至5人的依据则是：确保最高法院在出现不同裁判意见时不至于陷入平票僵局。但在理论上存在可能的平票僵局却从未真正出现过。在共和党人看来，这显然是联邦党人给新总统的一个下马威：根据该法，即便再有一名大法官卸任，新总统也没有机会提名新的大法官了。

在担任国会议员时，约翰·马歇尔就曾为联邦司法改革出力不少，并且积极为新颁布的《司法法》鼓吹呐喊。当该法案在国会通过时，他盛赞它"不仅将司法体系最顶端的大法官与在全国巡回审理的法官区分开来，并且基于一套根据国家需要能适时扩展的体系而缔造了巡回法院这一崭新的系统"。

基于这一法案，从佛蒙特州到田纳西州的区域里，新设立了6家联邦巡回法院，并相应增设了16名联邦巡回法官。因此，这个年轻国家的联邦法官数量激增。2月13日周五，亚当斯总统签署了《司法法》法案，使它成为正式生效的法律；而接下来一周的周二，即2月17日，众议院在第35轮投票中最终确定由杰斐逊担任合众国新任总统。

党争的阴影依然笼罩着这部新法。尽管法案最终获得了通过，但参众两院的共和党人无一例外全部投了反对票：1月27日，众议院以51票赞成、43票反对通过该法案，有部分联邦党人议员加入了共和党人的反对阵营；而2月11日参议院则以16票赞成、11票反对（两党意见完全分歧）的结果，通过了该法案。作为副总统和参议院议长，杰斐逊只能眼睁睁看着这个法案在参议院通过，并不得不代表参议院签署该法案。但谁都知道，他对这个法案充满了反感与不快。

在政坛上博弈良久的联邦党人与共和党人，不约而同地嗅到了这个法案背后巨大的政治敏感性。

来自纽约州的联邦党人领袖、参议员古弗尼尔·莫里斯承认,尽管这一法案确有可圈可点之处,但很容易沦为党争的工具。莫里斯向一位朋友宣称,这一法案将使正义变得"触手可及":"因为我们知道,在合众国某些地方,州法院并不是一个真正主持正义之处。"同时,他也承认"联邦党领袖们可能会利用这一机会为他们的朋友以及追随者大开方便之门";但他坚持认为,"即使他们是我的敌人,我也不会为此谴责他们……毕竟政治风向正朝着对他们不利的方向逆转。我们能去指责在风暴中为稳住自己的航船而抛下众多锚链的人吗?"来自宾夕法尼亚州的联邦党籍参议员威廉·宾厄姆一语道出了这一法案的紧迫性:"联邦党人希望由现任政府来任命新法官……而确保这些新任官员都是忠于联邦理念之人,其重要性不言而喻。"来自马萨诸塞州的参议员德怀特·福斯特对法案通过表示支持,他评论道,"既然法案已经通过,亚当斯先生也就获得了提名新法官人选的机会"。

但与此同时,共和党人对法案的通过却愤懑不已。来自弗吉尼亚州的众议员约翰·伦道夫讥讽亚当斯将司法机关变成了一个"容纳失意政客的慰安所"。共和党人的旗帜性报纸《曙光报》直斥这部新法是"联邦党人所有阴谋之中代价最大、最放肆,同时也最阴险、最无必要的一招"。弗吉尼亚州参议员斯蒂文斯·汤姆森·梅森则抱怨新通过的《司法法》"连一个用语甚至一个字母都未修改,就强迫我们咽下"。杰斐逊向麦迪逊坦言,由于所涉职务的终身制,《司法法》的通过让他极为担忧:"相比联邦党人策划的其他法案,这一法案的通过令我最为忧心",这位新当选的总统写道,"因为这些职务的终身制将使我们很难改变既成事实"。

从2月18日起,也就是杰斐逊被众议院最终选定为总统的次日,亚当斯便开始提名新的联邦法官人选；这一工作一直持续到一周后的 2 月 24 日。尽管亚当斯与他的本党同志不和，但他依然将不少著名的联邦党人同事和众多声名鼎立的联邦党人纳入了提名人选。亚当斯甚至还提名了来自康涅狄格州的奥利弗·沃尔科特担任新设立的第二巡回法院法官一职，这位曾与他发生争执的前任财政部长在一起金融违规丑闻中被迫辞职。两位曾经的政治盟友最终捐弃前嫌、重归于好，这主要归功于约翰·马歇尔。"我非常乐于相信"，他在给沃尔科特的信中写道，"总统以如此高调和公开的方式向您的卓越贡献与高尚人格表示敬意，足以抹去过去所有的不快，并为一场完美的和解铺平了道路"。沃尔科特最终感激地接受了这一任命。

亚当斯也打算提名忠诚可信的检察总长查尔斯·李担任新设立的第四巡回法院首席法官。但李拒绝了这一提名，他更渴望重操律师旧业；或许他已经嗅到，围绕新法官职位的政治斗争早已风雨欲来。

争议最大的提名引起了参议院有史以来最激烈的反对浪潮，那就是对菲利普·巴顿·肯的提名。肯是来自马里兰州的一位著名联邦党人，他的侄子弗朗西斯·斯科特·肯在 13 年之后创作了美国国歌。这项提名的反对者指责亚当斯企图在美国变相复辟君主制的亲英派。肯在美国独立战争时期是一个保皇派，曾效力于为英王作战的马里兰州保皇派步兵营。后来，他和他的战友们都在佛罗里达州成了西班牙人的俘虏。在古巴哈瓦那达被囚禁了一个月之后，他被假释。肯在独立战争结束后继续流亡英国，但最终回到马里兰州，并改头换面成为了一个大地主和有名的联邦党人。尽管他不久前在连任州议员选举中失利，亚当斯却仍想把他安插到第四巡回法院中。共和党参议员对此怒不可遏，力图阻止这项提名通过。尽管有 9 名共和党参议员投了反对票，但对肯的提名最终还是勉强通过。

亚当斯所提名的其他新任联邦法官人选，要么是巨商富贾，要么是极具影响力的行业领袖。即便如此，他也没少做政治盘算。有人专门致信亚当斯，建议他应当提名那些"熟稔法律技能、认同统一政府与稳定秩序、拥有无瑕的道德人格并与最近那些致命谬论为敌的有识之士"担任新的联邦法官。一直为败选郁郁寡欢的亚当斯对此欣然同意，并直截了当地加上了个人的政治注脚："'与最近那些致命谬论为敌'这一特征，在我看来至关重要——只可惜我们国家与之似乎不再有缘了。"

亚当斯擢升了 6 名联邦地区法院的法官担任巡回法院法官，这意味着在联邦地区法院层面又有职缺出现。为了填补这 6 个职缺，亚当斯又任命了 3 名联邦党参议员以及 1 名联邦党众议员，但根据宪法，他无权指定国会议员担任巡回法院的法官职务——这一点多少令杰斐逊感到慰藉。

同时，亚当斯也极力避免让联邦党中的激进派借这次机会上位；他们已经给这位总统带来了太多的麻烦，并在他竞选连任时掣肘不断。因此亚当斯提名的多是与他关系较好的联邦党温和派，而少有激进派人士，便不足为奇。

一贯反对亚当斯的共和党人则对他提名中浓重的党派色彩提出了异议。在总统结束了第一周忙碌的联邦法官提名工作后，华盛顿地区的亲共和党人报纸《国民通讯员报》在 2 月 25 日评论道"[亚当斯]每次提名之人，其政治理念均与国民意愿相悖；从他以往依照个人好恶而操弄人事的种种行径来看，其心昭然若揭。"据费城《曙光报》报道，联邦党籍众议员罗伯特·古德洛·哈珀曾说 1801 年《司法法》"给联邦党带来的好处不亚于赢得了一次大选"，而另一名联邦党人亨利·李也曾说该法"是在常备军不再存在的现实下，必须确保的能维持目前政府实力的唯一支撑"。

无论新上任的法官们是否确实称职胜任,在联邦党人眼中,这些提名或多或少都具有一定的政治意义。一位参议员致信马歇尔举荐一名颇有才华且笃信联邦党政治理念的年轻律师时,就写道:"如果您对私权纠纷的司法裁判往往受到政治观念影响这一事实并不陌生,那么您将同样容易明白在巡回法院中安插自己人的重要性,他们将压制[共和党人]并支持联邦政府……是政府的朋友。"这名年轻人最终获得了任命。

亚当斯的提名行动令杰斐逊与麦迪逊惊恐不已。2月18日,杰斐逊被众议院投票确认为新任总统的次日——对亚当斯而言是又一个为提名忙碌不已的日子——杰斐逊写信给麦迪逊道:"A先生令我们现在很被动。"杰斐逊当然知道美国邮政由热衷八卦的联邦党人把持,因此通过这一服务传递私密信件会带来很多麻烦,但这一次他实在忍无可忍。"尽管邮政服务难保可靠,但我必须冒险讲出这些话。"麦迪逊对亚当斯政府的这种紧急任命同样十分不满,他对时任弗吉尼亚州州长的詹姆斯·门罗表示:"A先生的举动绝非我们所愿意看到和期待的。"麦迪逊感叹道:"他不但不给新任政府铺平道路,反倒成了那些想尽办法制造麻烦者的帮凶,这实在是对宪法的不忠与亵渎。"麦迪逊随后还询问詹姆斯·门罗,是否可以用"无效"的理由来撤销某些任命。

裙带关系也是影响亚当斯"午夜提名"的一个重要因素。新罕布什尔州的新任联邦地区检察官即是该州参议员塞缪尔·利弗莫尔的儿子,而约翰·马歇尔的两位小舅子均被任命为联邦巡回法院法官——威廉·麦克朗任第六巡回法院法官,凯斯·泰勒则任职第四巡回法院。特拉华州长理查德·巴西特被任命为第三巡回法院法官,他是特拉华州著名联邦党众议员詹姆斯·贝亚德的岳父——而后者正是力挽狂澜打破众议院选举总统僵局之人。"特拉华州可不会给您2 000美元的薪金",贝亚德众议员竭力劝他岳父接受任命,"而且这笔不菲的薪俸可要发您一辈子"。巴西特很快同意并接受了这一任命。但其他被提名人则对联邦公职的薪金水平不太满意。2 000美元的薪俸"根本无法满足……我的家庭开支",来自马萨诸塞州的联邦党人西奥菲勒斯·帕森斯在拒绝接受第一巡回法院法官任职时如此抱怨道。"这点薪水完全不够维持家用",来自宾州的杰瑞德·英格索尔以同样的理由拒绝担任第三巡回法院法官。

截至2月24日,也就是杰斐逊成功当选总统一周后,亚当斯已经凭借刚通过的《司法法》完成了绝大部分任命。尽管此时亚当斯的任期已所剩无几,国会依然通过另一项法案开辟了新一批亟待提名的联邦官职:参众两院分别于2月5日以及2月24日通过了《哥伦比亚特区管理法》,并于1801年2月27日周五正式生效。

《哥伦比亚特区管理法》在新成立的哥伦比亚特区创设了3个新的法官职位以及相当数目的其他官职。特区现在被分为两个郡——波托马克河以东为华盛顿郡,包括乔治敦;河西则为亚历山德里亚郡,包括亚历山德里亚城。在3月4日杰斐逊宣誓就职、政权易手之前,亚当斯和他的副手约翰·马歇尔,只有几天时间来完成这几十个特区新官职的提名,获得参议院通过并向被任命者递交委任状。

同样,亚当斯与马歇尔这次也主要从家族亲戚里挑选提名人选。亚当斯将一个提名给了他的外甥威廉·克兰奇。克兰奇出生于马萨诸塞州布伦特里,与他姨父姨母的农场相距不远。他毕业于哈佛学院,而他的表兄、后来成为美国总统的约翰·昆西·亚当斯则是他的同班同学。毕业之后,有一家房地产公司豪赌华盛顿新都及其周边的地价升值,聘请他做经理人并派他到哥伦比亚特区,但这家公司的投资最终一败涂地。尽管克兰奇蒙受了巨大的经济损失,但他的职业生涯却被时任美国总统的姨父所拯救:他被任命为哥伦比亚特区公共建筑专员——这可绝对是个肥差。

亚当斯总统还提名马歇尔的弟弟——詹姆斯·马歇尔——出任哥伦比亚特区的另一个法官职位。这位更年轻的马歇尔出生于弗吉尼亚州,在独立战争时效力于弗吉尼亚第一炮兵团。之后,他随全家人迁居肯塔基州并开始从政,但在国会议员选举中最终落败。他在1795年与美国当时最富有的女继承人之一海斯特·莫里斯结婚,之后逐步成为了弗吉尼亚州最大的地主,拥有土地面积达180 000英亩。

在最后一个法官职位(特区法院首席法官)的提名上,亚当斯选择了唯一与他并无亲属关系的人——前最高法院大法官托马斯·约翰逊,他于1793年因健康原因从最高法院卸任。但约翰逊在提名数日之后表示了拒绝——这导致杰斐逊意外获得了一个任命法官的机会,而马歇尔则对自己参谋提名工作的疏失懊悔不已。几周之后,他向自己的弟弟詹姆斯坦陈,"在任命华盛顿特区首席法官这件事上,我真是窘迫至极。我们太过于自信约翰斯顿[原文如此]肯定会接受这一任命,因而疏忽大意了,现在想起来真是懊恼"。

谋求官职者及其支持者的信件又一次向马歇尔涌来——当然,这次是为了哥伦比亚特区的新职位。一名马里兰州的法官向马歇尔写信推荐特区联邦法警的人选。弗吉尼亚州的众议员则向马歇尔推荐特区首席法官、联邦检察官以及遗嘱登记员。每天,马歇尔都能收到源源不断的来信。

随着《哥伦比亚特区管理法》于2月27日周五正式生效,亚当斯与马歇尔只有一个周末来筛选候选人提名并作出决定,然后于周一提交参议院批准,再在周二递送委任状。而周三,3月4日,就是杰斐逊宣誓就任日。

这些亟待提名的官职之中包括数十个治安法官[1]的职位。新通过的法案允许"合众国总统于权宜方便计,可随时指定特定数量之谨言慎行者担任治安法官,任期5年"。治安法官在维持治安方面享有很大权力,包括裁决涉案金额不超过20美元的轻微违法行为。不过,这个工作绝非赚钱的营生:治安法官并不领取薪水,而是从他判处的罚款中抽取特定比例的金额作为工作报酬。但此类职务往往被视为十分重要的政治跳板,因为它糅合了立法、行政与司法三大权力,同时也是孕育社区领袖的声望之源。托马斯·杰斐逊与很多著名的政治人物,都曾担任过治安法官。

亚当斯提名了很多颇具声望的联邦党人担任治安法官。在华盛顿郡任命了海军部长本杰明·斯托德特、两名乔治敦前任市长(乌利亚·福瑞斯特和约翰·特莱克赫尔德)以及一名前马里兰州众议员(威廉·哈蒙德·多尔西);而在亚历山德里亚郡获得任命的则包括两名亚历山德里亚市前市长、罗伯特·汤申德·胡以及丹尼斯·拉姆塞。也有一些不太知名者获得了任命,例如政治灵通人士威廉·马伯里被任命为华盛顿郡治安法官,在总统提名函上他的名字被写成了"马拜里"(Marberry);而威廉·哈珀则被任命为亚历山德里亚郡治安法官。

亚当斯任命的治安法官也并非都是联邦党人。在华盛顿郡,亚当斯在23名治安法官中任命了6名共和党人。其中5人是在任的治安法

---

[1] 亦有人译为"太平绅士"。其制度渊源在英国。一般是由政府委任有声望的民间人士担任,具有维生社区治安与处理轻微违法行为的职权。

官,第6人则是威廉·索顿,尚在施工中的国会大厦设计师。在亚历山德里亚郡,获得任命的19名治安法官中有5个是共和党人。

亚当斯与马歇尔经历了又一个焦头烂额的周末,但无论如何,总统终于在3月2日周一那天,向参议院提交了治安法官(42名)、地方公证员、遗嘱登记员、各郡的遗嘱认证法院法官以及其他官职的提名人选。3月2日一整天直到3月3日傍晚——即杰斐逊宣誓就职的前夜——参议员们通宵达旦地讨论并批准这些提名;而亚当斯则在总统官邸中一直工作到3月3日深夜,签署成堆的委任状并差人送到国务卿马歇尔所在的国务院,以便最终定案并递送给获任者。

国务院则在此时陷入了一片混乱之中。应杰斐逊的请求,马歇尔将他仅有的两名秘书之一派去帮助他准备总统就任事宜。马歇尔必须副署委任状并送交获得任命者。他请他弟弟詹姆斯(也是一名新任法官)来帮助递送委任状。詹姆斯签收了一批委任状,但他发现自己没法一次全部拿上这十几份委任文件,因此退回了一些委任状并将它们从自己的递送清单上划去。约翰·马歇尔注意到有些委任状仍未送出,但在那无比忙乱的时刻,他对此并未在意。他事后对詹姆斯解释道:"我没有送出这些委任状的原因是,我认为这些已经签字封印的文件会在一个确定的时间内送走……我丝毫没想到有人会扣留这些委任状。但当时如果不是千头万绪、十万火急,而且瓦格纳先生〔国务院秘书〕还被杰斐逊总统借去充作私人助理的话,我就能将所有已经签署封印的委任状全都按时送出。"

任命威廉·马伯里为华盛顿郡治安法官以及任命罗伯特·汤申德·胡、威廉·哈珀与丹尼斯·拉姆塞为亚历山德里亚郡治安法官的委任状都未能在当夜送出。这些委任状一直静悄悄地躺在国务院的一张办公桌上,直到两天之后一位不速之客发现了它们。

第四章 午夜法官

第五章

杰斐逊上台

约翰·亚当斯钻进马车,最后一次回望夜色中的总统府。明净清冷的夜空中新月如钩,与屋内的灯火一同照亮整座官邸。这是1801年3月4日,新总统宣誓就职日的凌晨4点,但亚当斯决定不出席就职典礼,尽早踏上回返马萨诸塞老家的归程。他租用了公共马车,由两名忠心的侍从比利·肖与约翰·布瑞斯勒陪伴左右。作为合众国第一位败选下野的总统,亚当斯显然不愿亲眼目睹赢家上任的场景。

3个小时后,当清晨的第一缕阳光洒进窗棂,新选总统在国会大厦对面康拉德—麦克蒙寄宿旅店的房间里醒来。住在蒙蒂塞洛的老家时,杰斐逊通常在8点左右起来用早餐——面包或者玉米蛋糕配冷火腿,这一天他的早餐多半也是如此。早餐安排在寄宿者共用的餐厅里,大家围坐在一张长桌旁。最受大家青睐的座位是靠近壁炉的位置,但据他的朋友玛格丽特·贝亚德·史密斯讲,杰斐逊"整个冬天都坐在最低最冷的那个座位上"。即便是就职总统当天,"也没有给他安排新座位"。用完早餐后,他或许最后重温了一遍在过去两周三易其稿的演说词,或许还把双脚泡在冰凉的水中——他相信这个习惯对身体保健有好处。

在国会大厦另一侧的华盛顿城市酒店,首席大法官约翰·马歇尔坐在客房的书桌前。自从约翰·亚当斯与他夫人阿比盖尔·亚当斯入住总统府,马歇尔就从那里搬离了。他给自己找了一个简单的住所,随身只带着最重要的财产:一小手提箱文件以及玛莎·华盛顿在12月间得知他准备写一本合众国首任总统的个人传记后交给他的一些信件。但这天,马歇尔提笔给他的朋友、同样败选的副总统候选人查尔斯·科茨沃思·平克尼写信。得知亚当斯总统已经离去,马歇尔写道:"从今天开始,政治篇章将翻开新的一页。新的秩序即将来临……虽然希望飘摇,但愿美国民众的繁荣与福祉能在民主理念的指引下永存不灭。"马歇尔并非乐观者,"民主人士已经分化为两类:投机的理论家与纯粹的恐怖分子。我无意将杰斐逊先生归入后者一列……[但如果杰斐逊与这群恐怖分子为伍]恐怕不难预见,我们的国家最终将难逃一劫——而如果他不与他们同流合污,他也很快会成为恐怖分子眼中的敌人与中伤的对象"。写到这里,马歇尔停了下来,放下手中的笔——他必须动身赶往国会大厦了。

* * *

托马斯·杰斐逊在1797年当选副总统时,就曾认真考虑过取消自己的宣誓就职仪式。因为他觉得这种仪式太像欧洲王室的加冕礼,在他看来这无疑是对美国民主的诅咒。但当选新总统后,他却花了很多心思来筹划:如何在1801年3月4日举办一场符合他个人理想的就职典礼。在典礼前两天,他给最高法院大法官约翰·马歇尔写信,询问他是否愿意接受一项临时任务:在新国务卿到任前留任一段时间。更重要的是,杰斐逊还在信中请求这位远房表亲来主持整个宣誓就职仪式。他还咨询首席大法官,"是否必须采用宪法指定的誓词内容"。国会要求所有联邦官员背诵的誓词比宪法要求总统的更长。收到杰斐逊的来信后,马歇尔当天即回复道,"我非常荣幸能主持您的就职宣誓仪式……并一定准时出席"。马歇尔还告诉他的表叔,国务院档案中"没有任何有关此前所用誓词的资料。我个人认为宪法指定的誓词恐怕是唯一[合适]的版本"。

杰斐逊在策划自己的就职典礼时,曾对乔治·华盛顿与约翰·亚当斯的就职典礼进行过研究。华盛顿在前往首次就职典礼会场的路上,乘坐一辆由6匹白马拉动的大型四轮马车。他身着戎装,身侧挎着佩剑,一派皇家气象。亚当斯则决定只用两匹马来牵引"简约但高贵至极"的马车;这位发誓要"诚挚尽忠于共和的总统",在就职仪式上一身灰色绒面呢套装,头戴别着徽章的帽子,身侧也配着剑。杰斐逊决定要与两位前任总统有所不同;他想给美国人民发出这样的信号:他所领导的政府将努力践行被这个国家奉为立国之本的民主理想。杰斐逊穿了一件普通的西服,既不配剑也不戴假发,也没将他淡红但略泛灰白的头发掩入帽中。他也没有乘坐马车,而是决定步行走到国会大厦。

当时钟指向当天 11 点,从寄宿旅店出发的他终于出现在国会山,在早已聚集的多位参众两院共和党议员的欢呼与簇拥下走进参议院议事厅。从杰斐逊的住所到国会大厦并不远,领衔仪仗队列的是亚历山大民兵连的军官以及一些联邦法警。华盛顿新城当天阳光明媚,气候宜人。温度保持在华氏 50 度上下,和煦的春天已经悄然而至。

康拉德—麦克蒙寄宿旅店坐落在国会大厦南端,簇拥着新总统的游行队伍总共走了不到 15 分钟——沿着还未铺设柏油的街道,登上一座小山,再穿过一道环绕国会大厦的木栅栏,便来到了国会大厦的入口——新任总统从这里被护送至参议院议事厅。当杰斐逊步入议事厅,共和党议员们报以雷鸣般的掌声与喝彩,而联邦党议员大多礼貌性地鼓掌致意。杰斐逊随后被引至演讲台前,阿伦·伯尔与约翰·马歇尔已在此就座恭候。两人都起身向杰斐逊致意。在短暂的握手之后,杰斐逊端坐在二人中间。曾经试图从杰斐逊手中夺过总统宝座的伯尔坐在他身右;而曾经公然对杰斐逊表示不屑的表侄马歇尔,则坐在他的左侧。

参议院议事厅被近千名观礼者挤得水泄不通。人群安静下来后,当天早些时候已完成宣誓的副总统伯尔起身向大家介绍新总统。杰斐逊并不擅长公共演讲,当他开始就职演说时,声音紧张,甚至"带着些女人气的柔弱"。议事厅后排的人们纷纷向前探身,努力想听清总统在说些什么,但除了前几排听众,没人能从他颤抖的嗓音中搞懂他的演说内容。尽管杰斐逊缺乏演说才能,但他无疑是一位深谙语言魅力的写作大师,他当天的演讲是对全国团结与和解的一次有力呼吁。杰斐逊早已安排印发了演说稿。大厅里的人们在他们没法听清的讲稿中读出了新总统的希望:尽管国家目前存在严重的政治分歧——刚刚落幕的总统大选已经显示了裂痕之大——但所有美国人都应当"谨守法律精神,共求大众福祉"。杰斐逊提出了一个广泛的民族主义口号,呼吁"我们都是共和主义者,我们也都是联邦主义者"。这句话并非仅仅指向两个具体的政党,它指的是从根本上巩固和发扬美式民主的政治原则——对统一的合众国以及共和制政府的忠诚与认同。杰斐逊称之为"全世界最大的希望"。

杰斐逊继续谈论了能够凝聚美国人民共识的许多议题,在这些问题上,无论哪个党派都会广泛赞成。尽管在竞选期间,杰斐逊一直被当做亲法主义的代表遭人嘲讽,但新任总统此时宣称:他将力求"与所有国家共创和平、广通贸易并成为真诚的朋友——但不会与任何一国结盟"。

随后,杰斐逊提出了他所主张的"我们政府最核心的基本原则":他明确支持"拥有完整权力的州政府是国内政治的最佳治理主体,同时也是反共和制倾向的最有力抵制者;将联邦政府的权力限制在宪法框架之内,以求国内和平与国际安全"。

他还赞颂乔治·华盛顿是"这个国家最值得敬爱的人,注定成为我们真实的历史中最辉煌的一页"。

在杰斐逊的演说中,没有任何地方具体提到司法机关。新总统只是简要提到,他支持"经过公正方式产生的陪审团司职审判"。这一表态多少让人感到意外,因为几年前他还就《权利法案》的起草专门给詹姆斯·麦迪逊致信,强调将"运用法律制衡权力的职责……交予司法机关手中"的重要性。就像他当时所预言,司法机关"如果能保持独立,并且严守权力边界,人们就完全有理由相信他们的智识与廉正"。但在此表态之后,杰斐逊便目睹联邦法院成为《外国侨民法》与《惩治煽动叛乱法》的帮凶,并由此认定联邦司法机关已经彻底沦落,完全与反民主的联邦党人为伍。

尽管杰斐逊在就职演说中对司法机关只字不提,但他绝不会忘记那些"执掌至高无上的立法权的先生们",他们"极富智慧、美德与热情,在任何困境之中都可为我们信赖"。由于此时参众两院中满布着共和党人,杰斐逊的讲话显然让他们颇为受用。但并非每个人都是这场演说的忠实听众。古弗尼尔·莫里斯就在日记中写道,这场演说"即使砍掉一半都嫌长,也许再过3年他才会有点自知之明"。实际上,这场演说仅仅持续了30分钟。但肥胖急躁的莫里斯也不全是无病呻吟,参议院的议事厅实在拥挤、闷热,让人不适。

第五章　杰斐逊上台

尽管莫里斯满腹牢骚，但杰斐逊在结束演讲时仍然获得了热烈与激动的掌声。首席大法官马歇尔随后起身，手捧杰斐逊特别指定用于这一仪式的圣经。在马歇尔主持完新总统宣誓仪式后，杰斐逊离开了议事厅。参议院也随即休会至第二天。

就职典礼结束后，马歇尔回到酒店接着写完了给平克尼的信；他此时的语气比早晨刚动笔时显然轻松了许多。在这位首席大法官看来，杰斐逊的就职演说"总的来看确实经过了精心准备，很有安抚人心的效果。从字面上看，这次演说宣布之前将他送上总统宝座的那套党派宣言已经破产；这是他对自己的整套施政理论的一次有力阐述"。

* * *

杰斐逊总统一入住总统官邸就没有闲着。其实早在就职典礼前，他就不仅选好了自己的新住所，而且规划好了将要领导的新班子。杰斐逊需要一个既忠诚又专业的团队。他看上了来自弗吉尼亚州的一名年轻陆军军官、他的家族好友梅里韦瑟·刘易斯，请他担任自己的私人助理。他还接受他的外使朋友的推荐，雇用了一名法国厨师与一名法国管家。接下来，他还准备弄一辆"漂亮的两轮敞篷马车以便在城区与乡村出行"。

杰斐逊还要处理数量繁多的信件——他要亲笔回复不可胜数的贺信，给法国的老朋友写信（委托正欲赴法国旅行的朋友约翰·迪金森捎去），并将前总统亚当斯离开华盛顿后才收到的很多信件转寄给他。在亚当斯总统任期结束前，国会通过一项法案，允许亚当斯成为普通公民后享受邮政免费待遇——"现任总统约翰·亚当斯任期届满后，所有寄给他的信函与包裹均可享受免费邮政服务"。亚当斯书信频繁，又是个小气的北方佬，自然乐于接受这项额外优待。亚当斯于3月24

日给杰斐逊回信,称他在马萨诸塞州过着"宁静的生活",并祝杰斐逊"执政之路顺利成功"。

在接下来的几个星期,杰斐逊总统开始组建他的内阁。他高调任命他的密友和知己、同时也是弗吉尼亚州同乡詹姆斯·麦迪逊担任国务卿,任命艾伯特·加勒廷担任财政部长,任命莱维·林肯担任检察总长。这些人选获得了广泛好评。肯塔基州的共和党籍众议员约翰·福勒还特意给选民写信,称他"对新执政团队的智慧与团结感到难以言表的满意以及完全彻底的信任"。

与前任总统亚当斯不得不勉强留任华盛顿政府的许多旧臣不同,杰斐逊有充分的自由来构筑一个焕然一新的行政班底。检察总长莱维·林肯尽管来自亲联邦党人的马萨诸塞州,但却是一名坚定的共和党人,他在当选联邦众议员之前已经在州参众两院担任了数届议员。这位哈佛大学毕业的优秀律师参与过马萨诸塞州历史上多起重要案件,包括著名的马萨诸塞州诉纳撒尼尔·詹尼森案——该案被告不顾本州权利法案的规定,坚持主张对奴隶的所有权;莱维·林肯成功阻击了让马萨诸塞州蓄奴合法化的这一主张。杰斐逊对他评价甚高,他不仅任命林肯出任检察总长,还要求他在詹姆斯·麦迪逊赴华盛顿就任之前,接替联邦首席大法官约翰·马歇尔暂代国务卿一职。

尽管詹姆斯·麦迪逊作为国务卿一直保持低调,但他却是杰斐逊在总统任期内最亲近的智囊。杰斐逊曾如此评价他,"我可以发自内心地讲,世界上找不到另一个人比他更诚实、更公正、更无私……在全美国与全欧洲,我也找不出谁比他更有才干"。

麦迪逊于1751年出生于弗吉尼亚州康维港。他从新泽西学院毕业时,只用两年就修完了四年的学业。与很多同龄人一样,他研习法律然后进入政坛,年仅25岁便当选弗吉尼亚州众议员。他本来坚信可以赢得连任，因为选民们更喜欢他的政治观点，但由于拒绝在投票点放置威士忌酒桶，麦迪逊最终落败。尽管麦迪逊未能连任，但弗吉尼亚州的政治领袖们对他依然器重不已，立即安排他担任州长委员会成员——这一机构无需通过选举产生，但在弗吉尼亚州具有巨大的影响力。

身高5.4英尺的麦迪逊体重只有100磅。单从外表来看，这位国务卿委实太不起眼。不仅如此，他还十分腼腆，羞于言辞。但麦迪逊和善的性格不仅能让他的反对者放下敌意，让他的竞争者恢复冷静，更能让他的支持者欣赏入迷——让人艳羡称奇的是他还有一位魅力非凡的红颜知己：他的妻子多莉·麦迪逊。多莉不仅丰满迷人，而且聪慧活泼；当这位26岁的寡妇遇到比她年长17岁、瘦弱白皙的众议员，两人闪电成婚。

麦迪逊为人彬彬有礼、谦和优雅，但才智超群。在塑造新合众国的各项深远决策中，都闪现着他的身影。他在起草联邦宪法的过程中扮演了重要角色，由此赢得了"宪法之父"的美誉。他与亚历山大·汉密尔顿以及约翰·杰伊共同撰写了著名的联邦论，为联邦宪法的最终通过做出了卓越贡献。他与汉密尔顿一度曾是密友，但在汉密尔顿成为联邦首任财政部长后，两人因政治、政策理念的不同而分道扬镳。

麦迪逊在国会任职8年，为制定《权利法案》倾注心血。他与弗吉尼亚州的同乡托马斯·杰斐逊一起创立了共和党以对抗联邦党人，又在1798年秘密合作起草了对抗《外国侨民法》与《惩治煽动叛乱法》的《肯塔基州决议案》与《弗吉尼亚州决议案》。麦迪逊与杰斐逊不仅是工作搭档，更是乐于共度美好时光的亲密好友。杰斐逊经常把自己的藏书借给麦迪逊。

麦迪逊并没有参加杰斐逊的就职典礼：他的父亲在死亡线上挣扎数周后，于杰斐逊就任典礼数天前离世。父亲辞世数周之后，麦迪逊才赶赴华盛顿就任国务卿。麦迪逊一家抵达合众国新都时，杰斐逊邀请他与多莉入住总统府。偌大的总统府东厢房只有梅里韦瑟·刘易斯一人居住，杰斐逊可能多少觉得冷清：他给女儿写信自嘲说，他与路易斯"就像教堂里的两只老鼠"。麦迪逊一家在这个大宅院里住了几个月，多莉时常以女主人的身份张罗下午茶与晚餐。

随着杰斐逊政府内阁成员的敲定，这场"和平革命"也宣告完成。华盛顿总统在1796年的告别演说中，"以最严肃的态度"警告"党派斗争的凶险"。但代表不同政见的政党在美利坚的土地上最终扎下了根；而出乎华盛顿预料的是，政府领导权的更迭，不仅民主而且和平。现在，联邦政府的立法分支与行政分支都掌控在共和党人手里，实力最弱的司法分支成为了联邦党人的最后堡垒。

第六章

战 幕 徐 启

尽管杰斐逊在就职演说中掷地有声地倡议全民和解与两党和好，但私下里他一直筹划如何将政府牢牢掌控在共和党人手中。在发表激动人心的就职演说之后仅仅3天，他就写信给弗吉尼亚州的同僚詹姆斯·门罗，表示联邦党人已经"无药可救"，他绝不会"为谋求妥协而退让半分"。

杰斐逊坚持，他所领导的政府必须革除联邦党人身上的君主或贵族气息；在他治理的国土上，一定要处处盛开久经奋斗的田园牧歌式的民主之花。亚历山大·汉密尔顿一直努力集中并扩张联邦政府的权力；新总统杰斐逊却下定决心要还政于州、还政于民。他对政府债务深恶痛绝，反对设立常备陆军与海军，并且强烈地感觉到必须对联邦党人控制的司法系统进行一场大变革。

就职典礼后的第二天，杰斐逊总统便决定造访国务院。在1801年春天，国务院及其9名雇员的安身之所设在总统府附近租来的一座装着护墙隔板的两层小楼里；直到当年夏天，国务院才搬到财政部大楼。杰斐逊此行的意图未被记载，也许他一直在构想国务院下一步的行动。

  从1790年到1793年，托马斯·杰斐逊一直在首任总统华盛顿的内阁中担任国务卿。尽管华盛顿是外交政策的实际制定者，但身为国务卿的杰斐逊毕竟是主管外交的首席官员。他从自身的从政经历清楚地知道，国务卿除了负责国家的外交政策，还肩负着多项职责：掌管国家邮政、政府公文印刷与支出、监管铸币、监督专利发明办公室以及"建立联邦标准统一货币与度量衡"。在造访那天，杰斐逊总统注意到国务院一张桌子上放着一叠印有国徽的文件。细看之下，杰斐逊发现这些文件正是前任总统亚当斯在任期最后一天（3月3日）傍晚签署的联邦治安法官委任状。杰斐逊的反应毫不含糊："我当即禁止将它们递送出去。"许多年以后，杰斐逊在给威廉·约翰逊大法官的信中对此做出了逻辑缜密、严格依法的解释："委任状生效的一个必要条件是已经送达——这应该是最无争议的法律原则。即使它已经签字盖章，只要它还在签发人手里，它就尚处在'履行的过程中'（未完成的状态）——从这个意义上说，在送达被委任人之前，它还够不上一份真正的委任状。"

  当然，杰斐逊本来完全可以确保这些委任状的送达，但他对亚当斯实在恼怒不已。他认为亚当斯"明知这些人并非为己所用，仍然大规模地集中任命"完全属于故意。杰斐逊在给他的朋友、独立战争的英雄与政治家约翰·迪金森的信中，指责前任总统实在"行为不检"。在1804年写给阿比盖尔·亚当斯的一封信中，杰斐逊甚至直陈，"我可以发自内心地说，在亚当斯先生一生中，有一件事——只有这一件事——曾经让我非常不快。我的确认为他在离任前夕最后做出的那些任命具有个人敌意……我想，让继任者自己选任官员来自由施政，这是最起码的公平吧"。

在发现这些尚未送出的委任状并决定扣留后,杰斐逊对下一步行动纠结不已。尽管他反对亚当斯在竞选落败后的所有任命,但对于可依总统意愿任免的检察官、警官与一经任命终身任职的法官,杰斐逊还是进行了谨慎的区分。他表示,"拥戴共和的公民要对抗联邦主义者把持的法庭,唯一的武器就是撤换这些检察官与警官"。

但杰斐逊最终放弃了大规模清除联邦官员,无论终身任职的还是可由总统任免的,因为"如果没有其他反对理由,单凭政治派别不同而撤免一个好人是不正当的"。在写给女婿托马斯·伦道夫的信中,他指出"某些官员的撤免还是势在必行……主要是针对行为不端者,而且大部分指向司法领域"。

对于哥伦比亚特区的官员任命,杰斐逊决定将治安法官的数量限制在30名,而非亚当斯当初提议的40名。这30人中,新总统实际上允许了前总统选定的大多数(全是男性)继续留任。

得知杰斐逊的计划后,两名刚上任的"午夜法官"威廉·克兰奇与詹姆斯·马歇尔明确表示不会任由总统摆布。上任几个月后,克兰奇和马歇尔就在华盛顿特区巡回法院的第一次庭审期中,建议地区检察官以煽动叛乱罪起诉当地最有名的共和党报纸《国民通讯员报》的编辑,因为报纸刊登的一封来信大骂联邦司法机关已沦为政治工具、偏袒徇私。在要求检察官提起公诉时,马歇尔法官痛斥"媒体肆无忌惮"。因为《惩治煽动叛乱法》当时已失效,法官们要求根据"普通法"原则来审理该案。

包括马歇尔与克兰奇在内的联邦党人法官无疑知道,杰斐逊总统上任仅仅四天,就下令将根据《惩治煽动叛乱法》所课的所有罚金统统退还。一个月后,杰斐逊又特赦了两名依照该法被判有罪的人,包括所谓煽动叛乱的首犯——出版商詹姆斯·T.卡伦德。他还撤销了一起针对《曙光报》编辑威廉·杜安煽动叛乱的刑事指控。克兰奇与马歇尔也许想试探一下新任共和党政府的态度,但他们心里恐怕多半有数:让地区检察官提起公诉的建议必定石沉大海。

杰斐逊对亚当斯离任前任命的这批法官的去留没有公开表态,但在给朋友与同事写信时坦承了自己的想法。在给约翰·迪金森的信里,杰斐逊警示联邦党人将利用司法系统"侵蚀甚至摧毁共和政体……留任的这批法官将更加充实他们的阵营"。在给阿奇博尔特·斯图尔特的信中,杰斐逊更明确指出这些新任法官"将在(创设这些新法官职位的)法律被废除前"一直在任,而"废除这项法律恐怕要等到下届国会了"。尽管如此,一些共和党人还是批评杰斐逊过分软弱,以致在司法权的争夺中处于下风。来自弗吉尼亚州的众议员威廉·布朗奇·贾尔斯致信杰斐逊道,"只要联邦司法权还掌握在敌人手中,这场革命就失败了"。但令人讽刺的是,这位激进的共和党人十年前正是通过约翰·马歇尔的引荐才踏上从政之路的。贾尔斯主张"对整个司法系统彻底换血,停职所有现任司法官员,构建一个全新的体系"。著名的共和党人报纸《纽约民报》也对新总统表达了相似的失望:"那些当初将约翰·亚当斯选下台的民众当然希望将他手下那些喽啰同样赶下台。如果连这都有疑问的话,我们这段时间的努力抗争到底又为了什么呢?难道仅仅为了让亚当斯灰头土脸地离开,好让杰斐逊先生取而代之吗?"

* * *

新总统力推的司法改革在他上任几个月后便不得不暂时搁置,因为杰斐逊第一次遭遇国际事务的挑战——北非小国的黎波里的总督尤素福·卡拉曼勒对合众国宣战。北非巴巴里地区的海盗在地中海袭击了美国商船，杰斐逊首次召集他的内阁成员商讨应对方案。杰斐逊提出向对方宣战，立即遭到检察总长莱维·林肯的反对。林肯认为，尽管总统有权调动军队维护国家利益，但只有国会才有权宣战，而当时国会处于休会期。但林肯的意见被其他内阁成员一致否决，包括刚从蒙特佩利尔的家中赶到华盛顿的国务卿詹姆斯·麦迪逊。随着杰斐逊总统命令一队美国战舰从弗吉尼亚州诺福克港开往地中海，到底哪个政府机构才有权宣战这个法律议题也就搁置一旁了。

各种国际事务接踵而至。曾在法国居住并支持法国大革命的杰斐逊对拿破仑·波拿巴的举动日渐警惕：这位法兰西新霸主对扩张与权欲的野心似乎永无止境。令杰斐逊尤其不安的是，据说西班牙正与法国秘密协商割让路易斯安那领地。杰斐逊担心拿破仑借此机会控制密西西比河流域的航运贸易，进而垂涎北美大陆的其他土地。

1801年8月7日周五的《国民通讯员报》，在头版报道了来自法国殖民地圣多明戈的消息，杜桑·卢维杜尔"被当地黑人选出的民选代表"任命为终身执政官，他"与波拿巴经常通信往来"。

这份报纸还顺便提到，3天前联邦最高法院的各位大法官在国会山的康拉德—麦克蒙寄宿旅店集合，以备8月的庭期。在整个春天和大半个夏天，首席大法官都不在华盛顿；新总统就职仪式两天后，他便离开首都回到了家乡里士满，并在那里一连几个月精心完成华盛顿总统个人传记的最后部分。随后，他安排所有大法官不携家眷到华盛顿同一地点集中会合。来自北卡罗来纳州的艾尔弗雷德·摩尔大法官首先抵达，他从东海岸坐船逆流而上进入波托马克河。接着，马歇尔也从里士满骑马赶到。随后是来自巴尔的摩的蔡斯和马萨诸塞州的库欣，最后到达的是从新泽西来的佩特森，他们三人都是坐马车来的。

各位大法官安顿下来后，马歇尔首席立即着手营造一种愉悦祥和

第六章　战幕徐启

的共事气氛。斯托里大法官于1812年加入最高法院,他这样描述马歇尔主事时的场景:"[我们]共进晚餐,在餐桌上热烈讨论庭审中的争议问题。我们成了伟大的禁欲主义者,甚至滴酒不沾,除了雨天。"斯托里接着解释道,马歇尔总是让他"'走到窗前看看外面像不像在下雨……如果我告诉他屋外阳光灿烂',马歇尔大法官就会回应说,'好在我们的司法辖区如此广大,从概率上来说现在肯定有某个地方正在下雨'"。在斯托里眼里,马歇尔"在联邦主义大旗和马德拉酒香下长大,他绝不是一个跟过去一刀两断的人"。

在最高法院8月庭期,大法官们每天都在国会大厦一楼那间会议室会面。即使开庭次数再少,细心的人都不难发现大法官们身上的变化:首先是大法官们在国会大厦有了一间固定的小屋办公;更让人吃惊的是,大法官们放弃了他们的学院派袍服,转而青睐首席穿的黑色法袍。最不可思议的是库欣,这位老法官一直努力模仿英国同行的风范,喜欢华丽多彩的貂皮长袍;在1790年最高法院首批大法官第一次会面时,他甚至还头戴洒满白色发粉的法官假发。

在整个8月,最高法院只听审了一起案件:塔尔博特诉西曼案。塔尔博特案具有十分重要的意义——不仅在于案件本身,更在于它为最高法院未来形成特有的马歇尔风格埋下了伏笔。案情是一艘美国护卫舰在公海上俘获了一艘法国商船。由西拉斯·塔尔博特担任舰长的"宪法号"护卫舰扣押的商船名为"阿米利亚号",原船东是一名叫做汉斯·西曼的汉堡商人;这艘船之前被法国人俘获,改造成武装商船。由于美法之间当时正发生一场小级别的海军冲突——即所谓的"美法准战争",因此在将该船交还原来的船东(汉堡商人)前,塔尔博特舰长向他提出了海上救助求偿要求,或以整船价值的一半作为交换条件。该案引发轰动,不仅在于美法之间错综复杂的外交关系,也因为它对美国政坛的标志性意义：塔尔博特舰长在联邦地区法院胜诉，但设于该区的巡回法院却推翻了这一判决。而在上诉审中双方的代理人正是一对老冤家：亚历山大·汉密尔顿代理塔尔博特舰长，阿伦·伯尔代理汉堡商人。于是，这起案件演变成了共和党与联邦党之间又一场重要较量。

约翰·马歇尔与5位同事在厚重的大法官木椅上坐了4天，听取双方代理律师的口头辩论。在这轮审理中，塔尔博特的代理律师是众议员詹姆斯·贝亚德，而代理汉堡商人的则是最高法院在费城时的判例汇编者亚历山大·达拉斯律师。贝亚德提出，根据1799年的一项法律，在相关船只落入敌方之手时，当事人便可以实施海上救助并求偿。但达拉斯反驳道，这名来自汉堡的船东在美法争端中只是中立者，因此所谓应当进行偿付的海上救助行为并不存在。在整个口头辩论程序中，首席大法官马歇尔向代理律师提出了许多问题，其他几位大法官则鲜有开口。

8月8日，首席大法官发布了"法院意见"："宪法号"有权攻击并扣押"阿米利亚号"，因为后者悬挂了法国旗帜；美国舰长也有权主张海上救助求偿权。正如马歇尔所言，"我们无法想见这一扣押行动对那名汉堡船东而言是不可接受的，因为他正是这一行动的受益者"。毕竟，这名商人最终能取回他曾经拥有的船只。之后，马歇尔援用合同法原理对最高法院的判决做了解释："海上救助求偿权必须基于明示或默示的合同产生。"马歇尔就本案得出的具体结论是：美国护卫舰重新夺回"阿米利亚号"的行动意味着一项默示合同的成立，因此"重新夺回船只者有权主张海上救助求偿权"。换言之，因为塔尔博特舰长指挥军舰夺回了"阿米利亚号"，理应对此给予回报。

这一判决完美地体现了马歇尔在个案中平衡法律原则与政治需要

的天赋。通过对"美法处于一场准战争之中"这一外交状态的确认，马歇尔的判决显然给予了联邦党人相当的支持。但在朝的共和党人也有理由为这一判决喝彩：马歇尔清楚地指出，国会才是对外宣战的有权主体——这一判决立场不同于前总统约翰·亚当斯在任时的主张。马歇尔还将塔尔博特主张的报酬金额从整船价值的 1/2 削减至 1/6。由于马歇尔判给塔尔博特的救助报酬如此可怜，首席大法官似乎暗示：联邦党人在本案中只获得了一场象征性的胜利。

这一判决获得了媒体的普遍支持和赞誉。《曙光报》称赞马歇尔对"争议双方的主张进行了全面深入的考量"，而《国民通讯员报》则称这一判决十分"重要"并做了全文转载。

但这一判决还有另一层更重要的意义：这是最高法院首次以整个法院的名义作出一项判决。之前，都是大法官们各自出具裁判意见。这种做法导致人们难以确定大法官们在案件争议点上到底是否统一了意见：因为即便结论相同，大法官们也经常强调不同的案件事实并援用不同的法律原则或规范。马歇尔设计的最高法院判决书的新模式，灵感源自弗吉尼亚州上诉法院埃德蒙·彭德尔顿法官发明的裁判文书格式。彭德尔顿法官在弗吉尼亚州司法圈威望颇高，马歇尔还是一名年轻律师时就对他崇拜已久。通过出具唯一一份裁判意见——并由首席大法官宣读——而非由大法官们出具各自独立、不同的裁判意见，马歇尔成功树立起最高法院立场一致、果决强大的形象。马歇尔无疑是这场转变的幕后推手，他一定也很清楚：从这一刻起，"马歇尔法院"将成为最高法院的代名词。

第七章

马伯里提告

1801年12月,新都华盛顿迎来了杰斐逊治下的第一个圣诞节;当地报纸称为共和党国会下的第一次"举国同庆"。事实上,由共和党人执掌的第七届国会最近才召集,此时离竞选获胜已将近一年。从杰斐逊就职典礼那天起,国会就开始休会,参众两院的议员都回到了各自家乡。

节日气氛遍布全城,让人心醉神迷。"马萨诸塞州切希尔镇的共和党姑娘们"为杰斐逊准备了一份节日礼物——"巨型奶酪",作为对杰斐逊承诺政教分离的致敬。不管是共和党人还是联邦党人,大家都为这份奇特的礼物兴奋不已:这块奶酪至少重达1 235磅(超过半吨),直径则有四英尺四英寸长,厚达一英尺三英寸。切希尔镇的女士们用单桅帆船将这份巨型奶酪运到斯密斯码头,然后用马车拉着它穿过泥泞的道路送至总统府。

新一届国会的议员领袖们纷纷进城。参议院的共和党领袖是来自肯塔基州的约翰·布雷肯里奇。肯塔基州于1792年成为加入联邦的第15个州,而布雷肯里奇因耿直表现成为政治明星。在18世纪90年代,布雷肯里奇与杰斐逊、麦迪逊精诚合作,通过《弗吉尼亚决议案》与《肯塔基决议案》,抵制《外国侨民法》与《惩治煽动叛乱法》。他为肯塔基州立法机关最终通过《肯塔基决议案》立下了汗马功劳。

在业已成为国会少数党的联邦党阵营,来自纽约州的参议员古弗尼尔·莫里斯相当活跃。莫里斯在联邦宪法起草过程中扮演了关键角色——他在理查德·布鲁克海瑟笔下荣膺"制宪浪子"的美称。尽管身材肥胖,而且左腿装了木头义肢,这位单身汉仍然是标准的享乐主义者,对美食、美酒与美女一直兴趣高涨。他在法国大革命时期曾任美国驻法大使,并与阿德莱德·玛丽尔·埃米尔有过愉快的交情,也就是老迈的弗拉胡特伯爵那位以美貌和独立著称的年轻夫人。回到美国后,莫里斯于1800年当选为纽约州联邦参议员。在从政的大部分岁月里,他坚持每天写日记。他的日记内容繁杂,包括天气、参议院辩论、饮食、马德拉葡萄酒,以及含义隐晦的对某个女人是否"兴致不错"的臆想,其实就是能否哄上床。在华盛顿特区,他对国务卿詹姆斯·麦迪逊的夫人、光彩照人的多莉·麦迪逊尤为痴迷。莫里斯时常在日记中提及与多莉共处的时光,甚至有一次写道"麦迪逊女士……的兴致真不错,如果看到国务卿那副萎靡的样子,也就不足为奇了"。

在众议院,新任共和党人议长是来自北卡罗来纳州的内萨尼尔·梅肯。1801年12月7日,在第七届国会的首个正式议程中,梅肯以53票对26票的优势(另有2票投给了另一位众议员)击败了来自特拉华州的联邦党候选人詹姆斯·贝亚德,当选众议院议长。梅肯是一名坚定的杰斐逊主义者,力主限制联邦政府的规模与权力。他曾经激烈反对各州批准联邦宪法。而来自特拉华州的众议员贝亚德——

那位打破1801年2月总统大选僵局的关键人物——已成为了众院联邦党人的新领袖。

即便在节日的欢庆喧闹中,也很容易感受到共和党人与联邦党人之间根深蒂固的敌意与不和。共和党人春风得意,狂喜不已;联邦党人则愁眉不展,忧心忡忡。

对共和党人而言,走向光辉岁月的黎明已初现。《国民通讯员报》向"首个真正共和制议会的首个会期"致敬。费城《曙光报》的编辑威廉·杜安则宣布要在国会会期奔赴华盛顿,对"这次启动在即的重要会期进行连续准确的"报道。

但对于联邦党人,新一届国会召开带来的只有恐慌与不祥。"相比之前的任何一届国会,"《华盛顿联邦党人报》表示:"新一届国会的确值得更多关注,但同时也引发更多焦虑……风向逆转,潮流变换,民主之光幽暗沉沦,治国者只醉心于权力与欲望。"

在联邦党人看来,杰斐逊一无是处,甚至他的说话用词都时常成为《华盛顿联邦党人报》的笑柄。该报嘲笑杰斐逊在国情咨文中用"茂盛"这个有失文雅的词来表述"合众国繁荣昌盛的四大支柱"。但最让联邦党人恼火的是杰斐逊撤换联邦党人官员以及高调干预"午夜法官"的就职赴任这个问题成了两党政治较量的焦点。联邦党人指责杰斐逊在虚伪的借口与"明显的报复意图"下,基于狭隘卑鄙的党派成见裁撤了一批正直勤勉的官员或者阻止他们上任。

实际上,杰斐逊对政务官员和司法官员把握了不同的处理尺度。对非司法官员,杰斐逊认为亚当斯败选后的一切任命均属无效,因此不断行使自己的撤免权。一个著名的例子是康涅狄格州纽黑文市港口的海关关长。亚当斯在离任前两周的1801年2月19日,任命了伊莱泽·古德里奇担任这一职务。杰斐逊上任后即撤免了古德里奇,重新任命当地一个共和党人家族的掌门、77岁的塞缪尔·比斯绍普担任该职，这在联邦党人居多的康涅狄格州可谓前所未有。78位"纽黑文商人"联名向杰斐逊发去了一封言辞愤怒的公开"抗议信"，对任命比斯绍普表示不满。

杰斐逊对商人们的抗议逐条做出了回应。他以广受敬重的本杰明·富兰克林为例，驳斥他们对比斯绍普年龄的攻讦："我们敬爱的富兰克林在更老的年纪里依然代表着人性之光。"反过来，他对亚当斯任人唯亲的举措大加鞭笞，"在前任政府执政后期，那些拒绝效忠于某个政党的人被纷纷踢出政府……通过不断实施这种手段，这个政党几乎垄断了所有联邦官职"。他丝毫没有掩饰自己对亚当斯离任前夜突击任命的耿耿于怀。"前政府在下台前最后一刻所做的任命，完全不是出自实际需要，而是出于对新政府的敌视和拒绝合作的态度"，因此他坚决反对这些官员继续留任。为了贯彻"全国民众的意志"和"由当选者组阁"的原则，如果某些"撤换"势在必行，首当其冲的就应该是最后任命的这批官员。

对于亚当斯在离任前任命的最后一批法官，杰斐逊的态度则更为克制。但他只要在任命程序中找到一丝瑕疵，就会立即出手干预。有件事后来广为人知，午夜任命时有一名联邦法官的委任状因过于匆忙填错了字，他最终没能获得这个职位：因为杰斐逊拒绝重发一份经过订正的委任状。

其实，公共舆论的焦点起初并没有落在未收到委任状的治安法官身上。但在联邦党人看来，这些人的处境正好反映了杰斐逊无端阻挠合理合法获任者就职。一些执意报复的联邦党人甚至开始讨论弹劾杰斐逊的可能——尽管在参众两院都一边倒地被共和党控制的现实面前，这个可笑的想法只能沦为泡影，但也可见联邦党人的恼怒之深。

在 1801 年 12 月间，以《曙光报》《国民通讯员报》为首的亲共和党报纸对联邦党人极尽讥讽。例如，杜安就曾在《曙光报》某期头版上直呼联邦党人"傻瓜"。此外，他还得到了《华盛顿联邦党人报》一名编辑在华盛顿斯泰尔酒店不慎遗失的一批信件，并在《曙光报》头版上喜滋滋地引述了信件内容。尴尬不已、恼羞成怒的联邦党人悬赏 50 美金，希望能追回遗失的信件或者获得信件失窃的线索。

新一届国会议员们都是华盛顿本地媒体的忠实读者。在第七届国会中，有 2/3 的参议员同时订阅了《国民通讯员报》和《华盛顿联邦党人报》，有 10 人只订阅了《国民通讯员报》，而另有 7 人只看《华盛顿联邦党人报》。拒绝订阅上述任何一份报纸的参议员只有 2 名。

当然，1801 年 12 月的报纸上也并非都是严肃至极的政论。《曙光报》在攻击联邦党人的同时不忘定期刊登广告，招揽来到首都的游客去参观一头会说话、阅读、加减乘除以及报时（"不光小时，还有分钟"）的"博学猪"：这头猪绝对是"珍稀品种，一定不会让您失望"，参观者只需付出 25 美分，儿童半价。无论政治立场如何，首都各大报刊都按时刊登各种新书的出版与购买信息——包括最新的两卷本《夜访》——以及其他娱乐信息，例如赛马。熙熙攘攘的新都，每天都在催生各种商业与交易活动。"唐医生"宣布在宾夕法尼亚大道靠近战争部大楼的一处场所开始执业，专做"外科及某些专门手术"；他曾是"拉什医生[1]的私传弟子，足见他的医术如何了得"。

随着 12 月的到来，最高法院诸位大法官也都回到华盛顿准备当

---

[1] 本处应指本杰明·拉什。拉什医生是 18 世纪末美国的著名社会人物，也是一位在当时广受敬重的医生。他在美国最早认识到精神疾病的存在，同时也勇敢并积极地与当时肆虐费城的传染病（黄热病）进行斗争。他执著于采用放血疗法治疗疾病，这被后世医学研究所诟病。据称华盛顿的去世与他的放血疗法有相当大的关系。

月庭期。在马歇尔的倡议下,大法官们仍然住在国会山上的康拉德—麦克蒙寄宿旅店——没错,就是杰斐逊在总统就职典礼前居住的那间旅店。尽管斯泰尔酒店才是众多联邦党议员的下榻之所,马歇尔为大法官们挑选的住所却是共和党人的天下。这家旅店原本是一处私宅,来自弗吉尼亚州亚历山德里亚市的两位经营者凭借丰富的经验,将其打造成了一家知名客栈。旅店坐落在国会山南侧,用作家玛格丽特·贝亚德·史密斯的话说,"它矗立山巅,山峦险峻之侧皆有绿草林荫覆盖……一众美景尽收眼底"。

最高法院的庭审工作进展并不顺利。12月7日,它试图按计划开庭审案,却因到场大法官不足法定人数——6人中仅有2人到场——而被迫放弃。12月8日,大法官们在众议院楼下幽暗狭小的第二会议室再次碰头,艾尔弗雷德·摩尔大法官仍然缺席。虽然好不容易凑足了开庭人数,但由于大法官们要旁听杰斐逊总统发表第一次国情咨文演讲,又不得不在上午11点再次休庭。

杰斐逊并未遵循传统。与华盛顿和亚当斯不同,他并不亲自宣读国情咨文,而是交给众议院书记官代劳——在共和党人看来显然值得称道的这一民主之举,在联邦党人眼里却无非是哗众取宠(此后一个世纪里,美国总统一直以文字方式发表国情咨文,直到1913年伍德罗·威尔逊总统重新恢复了亲自宣读的惯例)。将杰斐逊的国情咨文送到国会的是年轻聪慧的私人侍从兼秘书梅里韦瑟·刘易斯;18个月后,杰斐逊指派他与威廉·克拉克一道,远赴当时还属未知世界的北美大陆西部进行探险。

杰斐逊的国情咨文听起来并不陌生。他以在国内争议很大、鲜有共识的外交问题开头。杰斐逊指出,目前最紧迫棘手的问题是的黎波里与北非诸国肆虐的海盗活动。杰斐逊总统对夏季将在的黎波里展开的海上军事行动进行了全面解释，以争取国会支持。

之后，杰斐逊把话题转向了国内事务。他指出，联邦政府已经过度膨胀，人浮于事，由于官僚主义而运作迟缓。他认为必须对这个大政府动手术，同时也可减少甚至取消联邦税（当时并无联邦所得税，联邦只针对货物交易征税）。这些提议令共和党人欢欣鼓舞，但着实戳到了联邦党人的痛处。联邦党人不仅反对杰斐逊给联邦政府瘦身的提议，更把杰斐逊对亚当斯以及华盛顿政府的批评视为人身攻击。但在杰斐逊自己看来，这些提议完全符合他理想的政治哲学："各州是承担照管人民、保护财产以及维护人身尊严与名誉等责任的首要主体"，"只有政府将农业、制造业、商业以及航海业彻底放手给私人企业经营，它们才会发展得最兴旺"。尽管杰斐逊政府逐步撤换在任联邦党人官员并废除相应联邦官职的动作日趋明朗，但在国情咨文中却只字未提。

杰斐逊接下来还对1801年《司法法》做了表态；在亚当斯政府下台前最后几天通过的这个法案进一步扩充了联邦司法系统的规模，并导致亚当斯在离任前突击任命了一批"午夜法官"。杰斐逊认为有必要对此做出修正："合众国司法系统的现状，特别是不久前刚通过的这部立法，值得国会再行斟酌。"杰斐逊毫不客气地表示，他要求对联邦法院的工作量以及"需要更多法院和法官处理的未决案件"情况进行调查并形成报告。总统的意思再明白不过——他正在搜集证据以证明：最近任命的这批新法官纯属多余。

与杰斐逊公开发表的国情咨文相比，他在呈交国会前删去的一段话更有意思。在这段针对联邦司法机关的话中，杰斐逊首先表示，他已收到"因所谓的惩治煽动叛乱法而遭受刑事追诉者的请愿"，之后他评论道，"我们国家被奉为合理分配政府权力的典范，三大政府分支彼此平等独立,对另一个及两个分支形成制衡之势,以全面防止任一分支侵犯宪法"。

在杰斐逊看来,政府任一分支对自身行为是否合宪的判断,都必须具有终局性并且不受复审。"为了达到制衡效果,三大政府分支在各自职权范围内,均应有权自行判断并决定其职权行为的合宪性,且不受另外两大分支的意见左右;**此决定应具有终局效力,不再受其他审查**"。杰斐逊还强调,任何一届执政机关都不应受前任政府宪法理念的约束。"对于判断某一行为是否合宪,新任执政机关享有与他们的前任相同的权力。如果新政府推翻了之前的法律文件,它就该永远无效。"杰斐逊在这段话的结尾处宣称,他发现《惩治煽动叛乱法》"与宪法有明显不合理的抵触",因此"应当无效"。

这段论述意义非凡。杰斐逊强调政府的每一分支都对自身职权行为的合宪性享有最终判定权。尽管这段论述的背景是,在杰斐逊看来违宪的行为(即《惩治煽动叛乱法》),却被其他两大分支认为完全符合宪法;但他所表述的"任一分支对自身行为的合宪性判断不受再次审查",当然绝不限于总统判断法律是否违宪。他特别提到,任一政府分支对某一法案是否符合宪法的判断都具有终局性——由此可以衍生出如下可能:即使其他分支反对,任一分支仍然可以坚持自己的行为符合宪法。写到这里,杰斐逊也许反思了一下自己对《惩治煽动叛乱法》的不满和对它违宪的猛烈抨击;他必须承认,各个联邦法院以及巡回听审的大法官们,一直在努力执行这一法律。

这段重要论述在杰斐逊的国情咨文中一直被保留到最后一刻。但在1801年12月8日他将国情咨文送交国会之前,杰斐逊最终删去了这段话。在咨文草稿的页边处,杰斐逊解释,删去它是因为担心联邦党人断章取义从中推断他的立场做文章:"删去这一整段的原因是它可能被人利用,给我们的对手提供口实。最好让所有信息都清晰准确,以免公众被误导。"

即便如此,杰斐逊发表的讲话仍然遭到了很多联邦党人的尖刻回应。汉密尔顿怒斥杰斐逊对司法机关的看法是"得了猪脑症"。马萨诸塞州的费舍尔·埃姆斯谴责"这份咨文宣告了近年来司法改革的失败……美国政府将像一艘破船一般四分五裂"。《华盛顿联邦党人报》也对杰斐逊的咨文大加指责。"对司法独立的攻击"只是"一个巨大阴谋的第一步,一旦得逞,我们业已不幸的国家会被彻底推入内战、混乱与专制的深渊"(不过,这份报纸对杰斐逊讲话中的另一内容表示了强烈支持——关于免除报纸邮寄投递费的呼吁)。也有另外一些联邦党人表现得不那么敌对,前任总统之子约翰·昆西·亚当斯就谨慎地表示,国情咨文中"党派色彩的强烈程度已经大大降低"。

随着国情咨文宣读完毕,最高法院的大法官们得以回去继续工作。列入12月庭期的案件,与大法官们4个月前审理的那起公海扣押船舶案很相似。1800年,在美法两国签署《孟特芳丹条约》之前,一艘名为"佩吉号"的法国多桅帆船被美国水手作为"战利品"扣押。《孟特芳丹条约》规定,所有"被俘获但未被最终判决收缴"的财产应当返还。该船的法国船东们据此请求美方返还船只与货物——他们提出:因为要求返还船货的诉讼尚在进行中,因此关于船货归属尚未作出"最终"判决。该案在康涅狄格州的联邦法院掀起了轩然大波。杰斐逊下令将船只货物返还给法国船东,但坐镇巡回法院的库欣大法官则判定杰斐逊的命令错误无效。现在,这个案件摆到了最高法院面前,大家都盯着新一届的马歇尔法院是否会与新一届的行政机关展开一场直接较量?

在国会大厦狭小的第二会议室里,大法官们一连数天听审该案

第七章 马伯里提告

（除了时常缺席的艾尔弗雷德·摩尔大法官，他因病完全缺席了12月的庭期）。最终，马歇尔于1801年12月21日作出了一项全体赞同判决，支持了杰斐逊的立场，但判决书中对总统只字未提。就连库欣大法官本人也改弦更张，支持了马歇尔的判决意见——该意见对国际条约进行了解释，并强调根据联邦宪法"国际条约效力优先"。至少在那一刻，杰斐逊与最高法院的联邦党人之间的一场高风险对抗得以避免。

但此案刚结束，1801年12月16日星期三，曾在亚当斯内阁中与马歇尔共事的前任检察总长查尔斯·李带着一个奇怪的诉求来到了最高法院。李代理的4位当事人都曾被亚当斯总统提名为哥伦比亚特区的治安法官，并且获得了参议院批准。丹尼斯·拉姆塞、罗伯特·胡和威廉·哈珀被任命为亚历山德里亚郡的治安法官；威廉·马伯里则被任命为华盛顿郡的治安法官。但总统委任状至今没有送达他们手上，因此一直无法上任。

4位原告都属于亚历山德里亚郡的杰出市民，而且是声名显赫的社区领袖。丹尼斯·拉姆塞在1789年曾担任亚历山德里亚市长，当年美国首任总统华盛顿将军离开弗吉尼亚赴纽约就职时，就是由他致辞送别。在那次令人激动的典礼上，拉姆塞盛赞华盛顿是"美国公民的完美典范与第一领袖"，并代表华盛顿的"社邻友好们"，祝贺他"在当选最高行政长官的过程中获得了300万自由民众同心一致的支持"。拉姆塞还作为华盛顿6位军中老友之一，获得了在华盛顿葬礼上充当护柩人的殊荣。威廉·哈珀上校则在葬礼上负责指挥一支炮兵连——这位拥有29个孩子的父亲曾是亚历山德里亚郡一名商人，在美国独立战争时担任上尉军官，并在福吉谷经受过严冬的考验。罗伯特·胡以前是费尔法克斯郡的一名治安官，后来做不动产投资发了一笔小财。

第四名原告来自马里兰州。自从 1800 年从安纳波利斯搬到乔治敦以来，威廉·马伯里已逐渐成为这座城市的商界巨子和最负盛名的联邦党人。马伯里于 1799 年被任命为哥伦比亚银行董事会成员，其后一年又成为了海军在乔治敦港口的代理人。他时常为乔治敦的社会名流和联邦党领袖组织社交舞会。马伯里的发迹离不开曾任亚当斯政府海军部长的本杰明·斯托德特的帮助，而后者手头遇到困难时马伯里也不吝解囊相助。斯托德特于 1801 年卸任后，马伯里也失去了肥差。杰斐逊上任仅仅四个多月，1801 年 7 月 9 日，新任战争部长亨利·迪尔伯恩就不再让马伯里继续担任海军代理人。当时马伯里正为一艘 74 炮战舰的营造费用严重超支发愁。迪尔伯恩 7 月 9 日向马伯里致信："本地海军代理人一职目前已无存在必要，请您将手中所有合同与政府文件留存在您的办公室中……并交还您管理的所有公共财产。您的代理权于收到本信之时即行终止。"马伯里显然气愤不已。他不仅被剥夺了治安法官的职务，现在连海军代理人的工作也被杰斐逊政府给端了。

李代表他的 4 位当事人诉请法院下达一道强制执行的司法命令——法律术语称为职务执行令（writ of mandamus）。李要求最高法院命令国务卿詹姆斯·麦迪逊将扣押的委任状送达原告四人，以便他们顺利就职。

李提交了 4 位获任者的宣誓陈述书。原告在陈述书中表示，他们获得了总统的提名，也得到了参议院批准，而且任命他们的总统委任状都已做好，但他们却没有收到委任状。原告声称，不久前曾特意求见麦迪逊，要求获得委任状。麦迪逊推说太忙，没空见他们，让他们找国务院首席书记官雅各布·瓦格纳。瓦格纳则告诉他们，他也不知道这些文件是怎么回事——如果它们还在的话——他们应该去找检察总长莱维·林肯，因为林肯曾在杰斐逊政府上任之初代理国务卿。但林肯也说不知道这些委任状的状况和去向。

随后，这4位获任者又向参议院申请提供有关这些提名的记录，以证明他们获得了任命。但参议院也没有搭理他们。现在，他们转而诉请最高法院，在痛陈种种不公遭遇后，希望通过司法救济来取得他们依法应得的职位。

但陈述书没有解释他们为什么从3月起一直拖到现在才起诉，也没有说明为什么不在最高法院8月的开庭期提起诉讼。

尽管马伯里等人没有解释起诉时间，但杰斐逊上周发表的国情咨文、共和党人控制国会的现状以及由午夜任命与职位撤换引起的纷纷扬扬的争论，都可能促使4名原告提起诉讼，以夺回这些颇具价值的职位。杰斐逊的国情咨文刚发表，《华盛顿联邦党人报》就马上警告新总统，对获任联邦党人赴任就职的粗暴干涉将会遭到强烈反抗。"在暴露您的政治野心之后"，该报严肃地写道，"先生，如果有一天，您的政治原则需要依据宪法标准重新审查，您不必感到意外……如果有一天，您与您的那伙亲信报复上届政府的行为需要接受公众意见的重新检验，并受到新的揭露批评，也请不要吃惊"。在马伯里起诉前仅几天发布这个警告，绝不会是空穴来风，很可能源于联邦党人内部的一个传闻：针对新政府的全面反击即将在最高法院上演。

12月17日周四，李代表马伯里等原告向最高法院提起了诉讼。5名大法官坐在第二会议室的高椅上，专心听取了律师陈述。李宣读了原告的宣誓证词，据其描述：原告们已经获得总统提名和参议院批准，其委任状也已制作完成并盖上国玺。李还总结了自己担任内阁官员的经历指出，根据他的从政经验，一旦委任状在国务卿办公室"完备待发",任命就应当"视为已经完成"——即使委任状在国务卿办公室搁置了很久。这里无需点明的是：9个月前，作为李的同事制作这批委任状的国务卿，正是现任最高法院首席大法官——约翰·马歇尔。

李发言完毕后，马歇尔询问李的继任者、现任检察总长莱维·林肯：作为被告的国务卿詹姆斯·麦迪逊有什么答辩态度。林肯回复，他对此事尚未收到任何指令。尽管麦迪逊前天收到了应诉通知，但新任国务卿无法立即着手处理此事。因此，林肯愿意将该案"交由最高法院自行处理"。杰斐逊政府显然根本不准备正视马伯里案，甚至没把最高法院放在眼里。

在公开庭审中，马歇尔转而征求其他同事的意见，问他们对下一步如何处理有何看法。脾气火爆的塞缪尔·蔡斯法官提议马上作出判决。他说，如果再有一些证据支持李的陈述，他倾向于立即作出判决。其他大法官则显得更为谨慎。马歇尔宣布，最高法院将审慎评议这一案件。受蔡斯大法官的意见鼓励，李也提出他将进一步完善原告的宣誓陈述书，补充对委任状已经盖上国玺的表述。

《曙光报》曾经宣称要报道最高法院的一切"重要"行动，因此大张旗鼓地报道了该案。报纸指出，这些治安法官是亚当斯政府"创设的一长串职位的最后一批"。《曙光报》毫不掩饰对4名原告和他们的诉讼请求以及代理律师的鄙视。"法庭就盖章和委任状记录的程序做了一些讨论，"该报写道，"李先生则说法律对此规定得较为模糊"。在该报笔下，马伯里"与在木材市场和金融事务中不断兴风作浪的斯托尔德、弗里斯特（华盛顿有名的投机商）那伙人是一丘之貉"。《曙光报》对该案引起的爆炸性后果也进行了报道。"这群托利[1]派还在奢谈让总统赴法院应诉甚至弹劾总统,对这些无谓之举抱有幻想。其实不难推测,这些想法和行为不过像烟雾一样让他们自寻烦恼。"

《华盛顿联邦党人报》也对这次审理进行了专题报道。该报尖锐地提醒读者,不要忘了杰斐逊阻挠委任状递送的所作所为。"据说新总统上任后,首先列入议事日程的任务就是下令禁止国务院发出任何委任状。"

听取双方辩论意见后的第二天,即12月18日周五,马歇尔宣布了最高法院的初步判决:允许马伯里等人提起的这一诉讼进入后续审理程序。马伯里及其他3名原告"经合理可信的渠道被告知"已获治安法官提名,且该提名已获参议院批准;其委任状已制备完毕并由总统签发。但这批委任状并未送达原告;麦迪逊——或者从字面上准确说是麦蒂逊(最高法院的命令总是将麦迪逊"Madison"的名字错拼为麦蒂逊"Maddison")——拒绝递送这批委任状,也未对这一立场做出"令人满意"的解释。最高法院要求麦迪逊提出"任何可能的理由"来解释:最高法院为何不应下达职务执行令。换而言之,麦迪逊——以及杰斐逊——必须对阻挠已获参议院批准的治安法官上任这一行为做出合理解释。在判决书的精彩结语中,马歇尔宣布将在最高法院下一个开庭期(即1802年6月)的第4天,听取本案双方的口头辩论。

在很多共和党人看来,最高法院的初步判决可谓胆大包天。这家

---

[1] "托利"源于爱尔兰语,原义为"不法之徒",在18世纪英美均有贬义。托利派在英国演变为后来的保守党。在北美殖民地,反英人士用该词指称那些效忠英王、反对殖民地斗争的殖民地人。此处应是借用该词攻击联邦党人热衷独裁统治,有如当年的托利派。

法院竟敢要求新一届行政机关的领袖杰斐逊与麦迪逊就官员任免问题做出解释！在当年平安夜，参议员约翰·布雷肯里奇向杰斐逊的密友、弗吉尼亚州长詹姆斯·门罗提出警告："司法权胆敢以如此方式侵害行政权，未来必然会目空一切地膨胀扩张。"布雷肯里奇还说，尽管本案对政治实践也许并不能带来什么严重影响，但决不能忽视其中的象征意义："此人意在给行政机关罗织罪名，并给反对派提供侮辱与中伤新政府的口实……他们也许认为通过这种伎俩可以提升司法部门的地位，但我认为他们大错特错。"在布雷肯里奇看来，共和党人现在不该有丝毫犹豫，应当对狂妄的司法机关给以迎头痛击。他认为，在午夜法官引起的这场政治交锋中，共和党人应当拿出所有力量全面应战。

《曙光报》简明扼要地报道了最高法院的初步判决。它还刊载了一封严厉批评判决的来信，写信人怒斥最高法院的判决反映出"司法权目空一切的自我膨胀"，但报纸编辑并未公开作者的真实姓名。该报指出，最高法院这个判决可谓"对政府行政机关的悍然挑衅"，"其实大家都知道，（涉案的那批委任状）早已跟国务卿办公室的其他废纸、垃圾一道被处理了"。

对联邦党人的一举一动都非常警惕的杰斐逊，也对这一判决怀有不便告人的担忧。就在最高法院作出判决的次日，即1801年12月19日周六，杰斐逊给约翰·迪金森写信道，"联邦党人现在龟缩到司法权背后把它当做堡垒，我们为实现共和付出的所有努力都可能被他们反扑击碎，以致完全破灭"。在12月20日周日，杰斐逊还告诉本杰明·拉什医生，尽管他对自己与新国会之间的合作非常满意，但他对联邦司法机关以及撤换官员引发的麻烦感到担忧。"我们在今冬展开的行动比我预想的要顺利。为了避免因对某些问题作答而必然引发的

第七章 马伯里提告

政治冲突,我没有在国会会期开幕时到场发表演说……迄今为止还未出现特别令人不快的争执。"但同时,关注局势发展的杰斐逊指出,"削除"午夜法官以及"清理冗余官员"将会引发严重冲突。

相反,联邦党人并未对最高法院的初步判决立即做出反应。《华盛顿联邦党人报》在头版刊登了最高法院的这一判决结果,但并无任何评论。相反,该报的关注焦点依然集中在国会可能废除刚在10个月前获得通过的1801年《司法法》。在报道马伯里案初步判决的同期报纸中,还开辟了一个专栏,斥责新国会废除原有立法是"意图颠覆宪法的系统阴谋的一部分","对政府分权原则的彻底践踏","将腐化堕落的种子埋进了正义的圣地"。

联邦党人与经自己人提名的联邦法官来往热切而频繁。12月18日周五,也就是马歇尔作出初步判决要求杰斐逊政府解释其行为的当天,古弗尼尔·莫里斯参议员抵达华盛顿。第二天晚上,他上门拜访了佩特森大法官,并自陈很高兴看到那个"卓尔不凡的法庭"——以佩特森为代表的司法界盟友——正开始与詹姆斯·贝亚德众议员联手。但莫里斯并未提到当晚是否探讨了最高法院前一天的判决。

1801年注定不同凡响,它以一场难解难分的总统大选开场,还见证了这个新生国家的首次民主政权过渡的最终落幕。杰斐逊最终成为了总统官邸的主人。在与巴巴里诸国的海上冲突中,美国战舰"企业号"也成功俘获了"的黎波里号"。随着与法国的紧张关系进一步加剧,杰斐逊总统任命罗伯特·利文斯顿为新任美国驻法公使。在国内,杰斐逊则在悄悄筹备一项探索北美大陆广袤的西部地区的探险计划。

在华盛顿,众议院议事厅的建筑合同终于在6月签字敲定。杰斐逊总统在三个备选方案中选了花钱最少的那个,"长94英尺、宽70

英尺的椭圆形大厅,设有 16 座拱门与 14 扇窗户"。当年 11 月,主体结构完工;但由于工期紧张,建筑工艺上处处显现着粗制滥造的痕迹。

当贝亚德、莫里斯和几位大法官正为新年到来欢欣庆祝之际,一场激烈的政治博弈已经山雨欲来。约翰·马歇尔大法官针对詹姆斯·麦迪逊国务卿作出的初步判决,意味着最高法院很可能对杰斐逊总统在治安法官任命问题上的决定说不;同时,共和党人也将反击目标锁定在亚当斯突击任命的午夜法官身上。美国政坛的新一轮交锋,即将在首都上演。

第八章

危 机 爆 发

参议员威廉·普卢默步履匆匆地赶到总统官邸,砰砰敲打着硕大的门闩。几分钟后门才打开,普卢默惊奇地看到堂堂美利坚合众国的总统,"披着一件褐色的旧外套,里面穿着红色背心和一件明显过小的旧灯芯绒衫,脚上套着脏兮兮的羊毛长袜和一双拖鞋"。在来自新罕布什尔州的这位生性严谨的联邦党人看来,杰斐逊先生这副尊容实在有失总统身份。

那天杰斐逊一定起得很早,这已经成了他的习惯。住在这栋阴冷透风、尚未完工的屋子里,他穿成这样纯粹是为了暖和随意。在刚刚来临的1802年,阿奎亚砂岩墙上的白漆终于干透,但总统官邸仍未竣工;不过,杰斐逊终于可以用上官邸顶层带马桶的卫生间,不用再跑到屋子外如厕了。他还跟建筑师本杰明·亨利·拉筹博再三商议,希望将官邸一层向外扩张,加设两个柱廊用于遮掩马厩与储藏间。

普卢默参议员上门见到的杰斐逊那身穿着并不反常,这位总统一贯喜欢休闲装扮。尽管有人觉得他的穿戴有失总统尊严,但他仍不愧为一位精力充沛的执政领袖。他后来将在总统府度过的这段日子称为

"一成不变的固定模式"。据杰斐逊自己估算,他"每天伏案工作十到十二三个小时",另有"四小时用于骑马、吃饭和伸懒腰"。尽管他作风勤勉令人叹服,但杰斐逊在总统任上第一年的表现多少有些平淡。他行事低调,总是尽量避免在盛大的场合亮相。

曾经担任过外交官的杰斐逊一直注重营造和平的外交局面,这是他治国方略的重要一环。作为总统,他特别重视与内阁成员、有影响力的国会议员以及外国达官显贵之间的私交。他还与华盛顿的各色权力掮客保持交往,给他们写小纸条,或在白宫设宴款待。他后来解释道:"通过与议员们建立良好的个人关系,我们彼此能增进了解,有机会消除那些因缺乏沟通可能造成的有害公益的嫉妒与猜忌。"玛格丽特·贝亚德·史密斯是《国民通讯员报》老板兼出版人塞缪尔·哈里森·史密斯(特拉华州众议员詹姆斯·贝亚德的堂兄)的夫人,也是总统官邸的常客。在她眼中,杰斐逊"每天都要接待客人,但他摆的桌子从来不超过12张"。有天晚上总统坐在她身边,从此她便被他"随和坦诚的个性和绅士风度"所倾倒。但不管总统的个人智慧与魅力有多么强大,也无法阻止1802年那场源于联邦司法权的政治危机的最终爆发。

杰斐逊毫无疑问是天生的政治家,他在权力舞台上似乎永远游刃有余。"他不点头,任何一项立法都不可能通过;凡是他举手反对的议案,绝不可能成为法律。"在杰斐逊领导下,共和党人从去年12月新一届国会开会之始就牢牢控制着参众两院,让新总统如虎添翼。参议院由18名共和党人与14名联邦党人组成,众议院则有69名共和党议员、36名联邦党议员。尽管共和党占有明显优势,但党内也有不同派别。联邦党一样难以免俗:当年亚历山大·汉密尔顿领导的"激进派联邦党人"与追随亚当斯的人数占优的温和派之间的斗争导致的党内裂痕，至今未愈。

杰斐逊总统从未预想过，要把国会和自己的总统生涯拖入一场与司法权的对决中。尽管他对亚当斯离任前的突击任命极为反感，对亚当斯执政期间整个联邦司法系统竟没有一名共和党人耿耿于怀，但他也并没有表露出全面重组司法系统的决心。但威廉·马伯里的提诉却让这位总统警觉到一场宪政危机正在逼近。因为联邦司法机关仍为联邦党人控制，杰斐逊担心这场危机会导致他本人与国会的权力被双双压制。他认为当下必须先发制人，确立国会的宪法权威：立法机关有权通过立法方式来决定下级司法机关的存废。

来自肯塔基州的参议员约翰·布雷肯里奇也许是杰斐逊总统在参议院最得力的盟友；他于1802年1月6日在参议院提出议案，要求废除1801年《司法法》。这份被称为"总统提案"的法案获得了来自弗吉尼亚州的参议员斯蒂文斯·汤姆森·梅森的支持。这位众议院多数党领袖也是现任总统的密友与热情支持者；他不仅出身于美国当时最显贵的家族之一，还是约克镇战役中华盛顿将军身边为数不多的青年副官中的一员。梅森斥责1801年这部立法在本质上是政治报复行为。尽管这部法案在1800年就已通过，但直到联邦党人在总统竞选与国会议员竞选中大势已去，才付诸施行。在梅森看来，绝望的联邦党人幻想将司法机关作为最后和最好的堡垒，以抵抗汹涌而至的共和浪潮。

参议员们在历史上首次表决允许一名速记员进入议事厅，以实时记录每天的议事情况。根据这份记录，全国各大报纸纷纷全面报道了这场辩论，参议员发言的长文摘要频频见诸报端。《国民通讯员报》很早就发表社论，强调这场辩论的重要性："合众国的司法权早已成为公众话题，即将在议会进行公开辩论，这是当前的头等大事。"

第八章 危机爆发

在针对废法提案的辩论开始前,参议院议长起立宣读了一封由托马斯·廷格利以及"代表华盛顿新教教区的牧师长们"发来的信件。这封信请求将"现由最高法院占据的那间国会大厦会议室"腾出一部分给教会。曾在英国海军服役现已成为美国公民的廷格利在信中请求,可否将这间房子腾出来"在天气恶劣时"做周日礼拜用。当时国会大厦附近仅有两座小教堂——据玛格丽特·贝亚德·史密斯说——位于F街的一间"简陋逼仄"的天主教堂以及位于国会山脚的一间曾是烟草仓库、"以最不堪的方式勉强搭建"的圣公会教堂。廷格利、史密斯与杰斐逊总统都是后者的常客。由于没有任何异议提出,参议院批准了这一请求。

从1802年1月8日至19日,参议院就废除1801年《司法法》的提案进行了辩论。作为参议院的共和党人领袖,布雷肯里奇参议员的辩论意见呼应了杰斐逊总统在国情咨文草稿中提出的观点,即:在认定国会之前的立法违宪这一问题上,国会与总统享有与最高法院平等的权力——《惩治煽动叛乱法》的最终命运就是明确的证明。随着最高法院正式开审马伯里诉麦迪逊案,两党的政治较量已经变换了战场:之前杰斐逊因为担心引起分歧而在国情咨文中删去的那段话,现在成了这场全国性政治辩论的核心问题。布雷克里奇以美国宪法第三条为依据,强调国会有权就各级联邦法院机构,设置相应的规范与程序;他主张,如果说这次废法提案违反了宪法,那么1801年《司法法》同样不能幸免:因为那部法案废除了大法官巡回审理制度,从而篡改了原有的法院体制。

在这场辩论中,半数以上的参议员都发表了意见,有些人还多次发言。共和党人废除《司法法》的核心理由有三:第一,共和党人以布雷克里奇的发言为纲,强调国会有权决定法院的命运;其次,他们还主张，由于进入法院的案件数量在减少，因此根本没有必要增设法官；最后，共和党人还认为，最高法院大法官在全国巡回审理的工作机制，显然要好过一年两次在远离民众的首都私下会面的做法——在共和党人看来，大法官们应当主动接近并了解地方惯例与习俗。

联邦党人的看法截然相反。来自纽约州的参议院联邦党人领袖古弗尼尔·莫里斯首先提出：现任政府不应打着改革司法体制的旗号，以废除职位的方式撤免已获终身任命的新法官。联邦党人的主张是，国会如果每对一项判决不满就可以撤免作出判决的法官，司法独立将沦为一句空话。对于共和党人积极拥护的大法官巡回审理制度，一名联邦党参议员反驳道，"研究法律的最好方法就是疲于奔命的四处听审——这种说法实在难以令人置信"。由于绝大部分案件都基于英国——以及正在发展壮大的美国——普通法进行审理，法官并无熟悉地方惯例与习俗的迫切需要。南卡罗来纳州的联邦党众议员小约翰·拉特利奇认为可以从共和党的温和派入手，令共和党内部失和——"让他们自身发生冲突与分歧"。在此前的一次政治公关策划中，拉特利奇就提议将这场辩论包装成"弗吉尼亚党人与宪法拥护者"的一场对决。

马伯里诉麦迪逊案自始至终是这场博弈的关注焦点。最高法院计划在6月开庭期听取双方辩论，而该案的核心争点——最高法院对麦迪逊（实际当然指向杰斐逊）是否应该下达职务执行令，是背后那场事关司法权的大较量的导火索。联邦党人坚持最高法院有权否决行政机关的非法行为，共和党人则反驳：非经选举产生而又无需对任何人负责的法官，绝不应享有不受限制的权力。共和党人主张，对立法权最有效的制衡力量并非联邦党人青睐的司法权，而恰恰是有权投票选出立法者的美国人民。梅森参议员直斥在马伯里诉麦迪逊案中，大法官们对詹姆斯·麦迪逊的专横态度无异于欧洲的专制君主。这与共和党人早先对亚当斯的批评一脉相承：从本质上来说，联邦党人仍然是君主主义者，而非民主主义者。

共和党中的强硬派希望与最高法院做个了断，一劳永逸地解决司法权问题。"激进派联邦党人"同样希望如此，甚至扬言：如果共和党人继续挑衅司法权，联邦将面临分裂甚至可能发生武装对抗。但此时，最高法院的首席大法官约翰·马歇尔却舒适地躺在里士满的家中——这座两层半高的美式宅邸，坐落在弗吉尼亚首府最负盛名的社区。马歇尔多半在通过报纸关注国会辩论的进展，但他决定暂时保持沉默。

* * *

最高法院有权宣告国会立法无效的见解并非天方夜谭。翻开《联邦论》第78篇，亚历山大·汉密尔顿以"普布利乌斯"的笔名写就的这篇著名政论，早就清楚地预言了最高法院的这一角色。"任何立法行动……只要违背宪法，均属无效"，汉密尔顿写道，"解释法律是法庭的应有之义，也是专属之职。法官必须首先将宪法视为根本大法，实际也如此。因此，确定宪法含义之责自当归属法官"。实际上，在1788年弗吉尼亚州讨论是否批准联邦宪法的会议上，约翰·马歇尔也表达了完全一样的见解。他在呼吁批准联邦宪法时力陈，"如果[国会]逾越宪法授予的权力而擅自立法"，"以捍卫宪法为天职的司法者便应认定这是在挑战根本大法的权威。他们应当否决立法者在这种行为中所倚仗的权力，并明确宣布该法无效"。一些州法院曾以违宪为由否定过某些州法的效力，而下级联邦法院以及在全国巡回的最高法院大法官们也曾表示，联邦法院同样享有此项权力。

遗憾的是，这个观点并未被广泛接受。随着杰斐逊政府的上台，反对声倒是更趋激烈。在共和党人看来，联邦司法系统现在已成为联邦党人负隅顽抗的政治堡垒，而联邦法官恰恰代表了集权、反民主的联邦威权。

再说了，从建国到现在，软弱的最高法院从未否决过国会任何一项立法。就算放眼全世界，当时也从未有任何国家的法院否决过民意机关的立法。

* * *

在华盛顿的总统官邸里，托马斯·杰斐逊正为国会对于废法提案的辩论分歧越来越大而担忧。他担心，一些共和党议员的支持立场可能正在软化。更令总统不安的是有两名共和党参议员竟然在此时缺席：纽约州参议员约翰·阿姆斯壮意外地宣布辞职，尚未有人继任，而佛特蒙州的参议员斯蒂芬·布莱德利则在家中照料患病的夫人。好在也有两名联邦党议员暂时缺席，因此共和党阵营并无太大损失。新泽西州参议员艾伦·奥格登与宾夕法尼亚州参议员詹姆斯·罗斯尚未赶到首都——但不日即可抵达。杰斐逊表面上依然呼吁两党团结，并保持着一贯和蔼可亲的态度；但古弗尼尔·莫里斯察觉到了总统心中的焦虑。多莉·麦迪逊曾带莫里斯在总统官邸用过下午茶，来自纽约州的这位胖参议员发现，"总统的一切言谈举止都十分得体，很有分寸，但显然他在有意克制与掩饰什么"。两周后的1月21日，莫里斯在与杰斐逊总统共餐时再次察觉到，"他在主持聚餐时言行拘谨"，透露出内心深处的"敌意……与忧虑"。

由于担心两名联邦党参议员比共和党的缺席者先赶到国会，以及某些内心矛盾的共和党参议员可能临阵倒戈，布雷肯里奇参议员于

第八章　危机爆发

1月19日抛出一项提议，试图结束这场看不到头的辩论：委任一个特别委员会来制定一份废除1801年《司法法》的法案。由共和党人掌控的这个委员会很快草拟出了这份法案。根据国会议事程序，法案必须提交参议院全体议员三读审查后方能表决通过。在前两读中，这份废除1801年《司法法》的法案都获得了通过，因为作为参议院议长的副总统伯尔力挺共和党一方，打破了对峙僵局。但在最后的第三读时，伯尔却投票支持将法案退回特别委员会再行斟酌。从表面上看，伯尔改变主意似乎是为了缓和愈演愈烈的两党冲突：他想再给联邦党人一次机会，在正式投票前仔细考虑是否要坚决反对这一法案。但伯尔的变卦反映出他的内心冲突：他并不怀疑国会拥有变更司法系统的权力，但他怀疑"这种做法在宪法上是否符合道义"。正如一些温和派共和党人和大多数联邦党人一样，伯尔显然也担心：国会如果基于政治风向而强行改变最高法院的既定体制，将很可能铸成一项非常危险的政治先例。

但伯尔的选择无疑也暗含着个人的政治动机。尽管总统刻意安排与他定期共进晚餐，但伯尔终究不属于杰斐逊亲信的智囊团成员。在所有重要决策的讨论中，他都被完全排斥在外，而他提出的官员任免意见也备受冷落。两周以前，古弗尼尔·莫里斯就在日记中写道，"伯尔先生在司法权问题上倾向于站在我们［联邦党人］一边——但还无法与其所在党派决裂"。一些共和党人对伯尔的真实动机表示怀疑，认定这不过是精于政治投机的副总统的又一次变脸。不到三周之后，联邦党人在华盛顿诞辰纪念日集会，缅怀合众国首任总统，伯尔是唯一出席集会的共和党人。尽管伯尔声称到会时并不清楚集会性质，但很多人由此断定他在党派问题上已经变节。

但即便伯尔对联邦党人暗中支持，也无法阻止这部法案瓜熟蒂落。两天后，在法案退回特别委员会不久，佛特蒙州的共和党参议员斯蒂芬·布莱德利便回到了华盛顿特区。尽管他错过了早期的一系列辩论和三读投票，但却坚定不移地站在多数共和党人一边。当2月13日法案再次提交表决时，布莱德利取代伯尔投出了打破僵局的关键一票，法案以16票赞成15票反对的结果获得通过。这次行动最清楚不过地表明了共和党人控制的国会何等藐视联邦党人控制的司法系统。罗杰·金斯伍德指责共和党人为"摧毁司法独立"绞尽了脑汁。他还预言，共和党人对司法权的侵害将导致"不亚于法国大革命的暴力场景再现"。

现在，废除1801年《司法法》的法案摆到了众议院面前。与参议院的情形一样，在名为改革司法机关的激辩背后，马伯里诉麦迪逊案的影子无处不在。《曙光报》全文照登了弗吉尼亚州共和党众议员威廉·布兰奇·贾尔斯的发言：在他看来，马伯里案的关键问题无非是"……一项强制程序造成的……行政机关职权上的矛盾与冲突"。贾尔斯对不受约束与过度膨胀的司法权充满担忧："难道握于法官之手的这种权力，还不够野心勃勃吗？"贾尔斯的反问充满了讽刺。他于1798年从国会议员任上辞职，回到弗吉尼亚州议会担任议员，但两年后又回到国会，并力主废除《司法法》。尽管贾尔斯并不以雄辩见长，但他聪敏坚毅、富有激情。古弗尼尔·莫里斯听完贾尔斯的发言后在日记中写道，他的演说正如媒体报道所言"十分巧妙"，但却"不难反驳"。

众议院的辩论如火如荼之际，一小批共和党人却在幕后策划一份具有妥协性的法案。众议员贝亚德发现共和党内部的温和派对废除1801年《司法法》的法案不乏"反对之声"，"一旦有机会做出妥协让步，他们很乐意放弃这一法案"。古弗尼尔·莫里斯也在日记中记录到,一名共和党人曾写信给家人说,"如果以匿名投票来表决这份提案,他们必败无疑;但现在每个人都要做非黑即白的表态,因此他们就可以从每个人那里获得想要的结果了"。获知这些内情的杰斐逊总统气愤不已。他终于可以肯定,的确有一些党内温和派试图弱化这份法案,他私下里将这些人称为"刚愎自用的怪胎"。

尽管存在一批不听话的共和党议员,但众议院最终在3月3日以54票赞成、32票反对通过了废除1801年《司法法》的法案。5天后,杰斐逊总统签署了这份法案,使它正式生效。该法将亚当斯总统新设的16个法官职位全部废除,并将本由新设巡回法院法官审理的案件转交大法官巡回审理管辖。《华盛顿联邦党人报》惊呼:"这一毁灭性法案终获通过。宪法精神从此不再。"同声同气的《纽约邮报》则为"我们神圣的宪法遭受致命重创"悲恸不已。在坚守联邦主义的学者看来,宪法最核心的制衡原则在这次废法事件中遭受了致命一击。但具有讽刺意味的是,自从宪法生效以来,联邦党人基本上都在打造一个强大的行政分支——待杰斐逊当选总统,联邦党人终于自食其果。

尽管在废法问题上共和党人大获全胜,他们依然担心这个刚生效的法案会遭到法院的阻击,并被明显偏向联邦党人的最高法院推翻。为了避免这种可能成为现实,参议院的共和党人提出了另一个法案,即1802年《司法法》。

这一法案将全国重新划分为6个巡回审区。每位大法官与一名联邦地方法官配对组成一个巡回法庭,并将庭期设为一年两次。例如,首席大法官马歇尔就在他家乡弗吉尼亚州和相邻的北卡罗来纳州审区进行巡回审理。当时,佩特森大法官正为重建毁于火灾的新泽西学院拿骚堂的重建筹款向马歇尔写信求助,马歇尔在回信中简要评论了国会的新法案:"我的确注意到了参议院刚提出的法案对我们未来职责的安排。相比以往,我们的工作负担有所减轻,至少比我预想的要轻。"

但这一法案的真正影响在于完全改变了最高法院的预定庭期,这正是首席大法官马歇尔不愿看到的。1801年《司法法》将开庭期从原来的每年2月与8月改为每年6月与12月。新法案撤销了这一改变,最高法院的开庭期重新变回2月和8月,法案同时规定最高法院在1803年2月之前不能开庭。这个规定的实际后果是:最高法院在未来的14个月都将关门。这样一来,无论谁在此期间想对废除1801年《司法法》的立法行动提起诉讼,最高法院都无法听审,甚至可能无法继续听审已经受理的马伯里诉麦迪逊案——这个后果恐怕绝非巧合。

恢复大法官巡回审理制并改变最高法院庭期(将下次开庭期延迟到1803年)的第二个法案于4月8日在参议院获得通过,转交众议院审查表决。现已成为众议院联邦党人领袖的贝亚德议员反应迅速,他试图为质疑第一个法案的合宪性争取时间。他对当前这份法案提出了一项修正案,将该法案的生效时间延迟至1802年7月1日——以使最高法院在当年6月的开庭期不受影响。在众议院的辩论上,贝亚德直截了当地质问同僚们:"难道各位在害怕这些法官吗?是在担心这些法官推翻原来的法案并宣布它无效吗?"他指责共和党人玩弄政治伎俩,不过是企图"阻止法院对前一法案的有效性作出任何裁决,直到它被全面实施,民众的关注度也随之降低"。

贝亚德的修正案没能获得通过。两周后的4月23日,众议院通过了1802年《司法法》,6天后法案正式生效,最高法院于是停摆。2月开庭期虽然恢复了,但最高法院在1802年6月、8月以及12月都将不会开庭。共和党人主导的国会不仅成功推迟了马伯里诉麦迪逊案的听审程序，而且还强行夺走了最高法院就废除 1801 年《司法法》做出及时回应的任何机会。在这一刻，联邦政府的司法分支比它短暂历史中的任何时候都显得更加无力。

4月，众议员詹姆斯·贝亚德与首席大法官马歇尔在亚历山德里亚市一家小酒馆共饮，讨论司法机关未来的发展。马歇尔从里士满的家中赶到亚历山德里亚，准备用一周时间将他在国务卿任内的各种公文存档备案。他与贝亚德会面的地点十有八九是亚历山德里亚市皇家街西南角的加得斯比酒馆。这是全城最有名的酒馆，华盛顿地区的政商精英和社会名流经常在此云集。这家酒馆距离查尔斯·李与马伯里案中两名共同原告丹尼斯·拉姆塞与罗伯特·胡的住处仅有几个街区，肯定也是他们经常光顾的地方。华盛顿曾在这家酒馆庆祝了他最后一个生日，并与夫人玛莎共舞。酒馆老板约翰·怀斯还让首席大法官的弟弟詹姆斯·马歇尔在此寄宿过。

马歇尔与贝亚德从众议院共事以来就成了亲密好友。贝亚德于 1796 年作为联邦党候选人当选特拉华州在国会的唯一一名众议员。他的妻子是安·巴西特，岳父理查德·巴西特正是亚当斯总统离任前突击任命的午夜法官之一。马歇尔从曾任联邦财政部长的奥利弗·沃尔科特那里拿到了废除 1801 年《司法法》的法案全文副本，此君同样也是一名午夜法官。

贝亚德与马歇尔一样思想独立，富有自信。作为国会议员，他曾是 1798 年《外国侨民法》和《惩治煽动叛乱法》的全力支持者，在 1800 年总统大选时也曾力挺约翰·亚当斯。尽管贝亚德的关键一票最终打破众议院僵局，将托马斯·杰斐逊送上总统宝座，但亚当斯总统对他并无怨恨。亚当斯在下台前四面楚歌之际，依然提名贝亚德担任驻法大使。这一提名虽然获得了参议院批准，但贝亚德自己最终决定放弃，他担心要么被杰斐逊马上召回，要么被人误解靠支持杰斐逊换得留任。

在亚历山德里亚市这家舒适而嘈杂的小酒馆里，马歇尔向贝亚德坦陈，他非常怀疑废除《司法法》的立法行动的合宪性，并希望最高法院有机会听审针对这一问题的案件。他认为，根据联邦宪法的意旨，最高法院的大法官与巡回法院的法官应当分别选任。尤其令他气愤的是国会强制最高法院停摆的粗暴做法。但他也告诉贝亚德，国会的行动令最高法院陷入了两难困境：如果大法官们向国会屈服，同意重新开始巡回审理，这就意味着默认之前的废法行动合宪；如果大法官们拒绝低头，就会与杰斐逊总统以及共和党人控制的国会直接冲突，但这种对抗无异于以卵击石。马歇尔表示，他将征询其他大法官的意见以确定最恰当的应对方式。

贝亚德众议员将马歇尔大法官的观点转达给了联邦党的各路领袖，包括其岳父理查德·巴西特、亚历山大·汉密尔顿与古弗尼尔·莫里斯。巴西特力主最高法院在此问题上必须立场鲜明。他出版了一本小册子，名为《巴西特法官的严正抗议》，篇幅还不短，强烈呼吁最高法院明确拒绝巡回审理制，并直接宣布废除1801年《司法法》的法案违宪。亚历山大·汉密尔顿则对贝亚德提出，最高法院应"尽快"受理相关案件并审查废法法案的合宪性。但由于最高法院已被迫停摆，因此汉密尔顿的建议不具有可行性。就在几天前，莫里斯还曾与首席大法官共进早餐，他对马歇尔刻意模糊的表态有些不屑，并在日记中表示："根据我对这位大法官的一贯看法，我既不惊讶也不失望。"莫里斯发誓联邦党人不会善罢甘休，"这事没完"。除了把时间花在多莉·麦迪逊女士身上，莫里斯一直与格里斯沃德、奥格登等"激进派联邦党人"联络，商量如何迫使最高法院直面司法审查的问题。

1802年4月19日,首席大法官马歇尔致信给其他大法官,询问他们对应否遵从新法、恢复巡回审理的意见。深谙政治艺术的马歇尔明白,如果最高法院果真要跟杰斐逊总统或国会对峙一场,首先必须确保内部一致:"此事绝不能轻视,拒绝实施新法的后果将十分严重。"马歇尔告诫其他大法官:"若无十足把握,绝不可仓促应对。"他承诺将"遵照[各位大法官的]共同意见"行事。

佩特森、库欣、华盛顿3位大法官分别给首席大法官回了信,但内容大同小异:由于以前的大法官都进行过巡回审理,因此这一制度肯定是合宪的。华盛顿大法官认为,这一问题"早已解决,不宜再生枝节"。库欣大法官也写道,"从保持一致出发……我们应该遵循旧制"。佩特森大法官则认为,"宪法的含义是通过实践来确定的,现在改变为时已晚"。持不同立场的只有"老培根脸"——来自马里兰州的塞缪尔·蔡斯大法官。蔡斯坚持认为废法法案违宪,因为各巡回法院已经任命了法官。蔡斯声称,如果最高法院大法官代行巡回法院法官之职,"司法独立将荡然无存"。蔡斯还认为,在国父们的预想中,巡回法院享有初审管辖权,最高法院只是上诉审法院,"新法剥夺了多级审理赋予公民的权益,当事人在诉讼程序一开始就不得不面对最高法院"。他希望同事们能在8月会集开庭,拿出一个回应总统的方案,不仅要拒绝巡回审理,而且要呼吁给午夜法官补发薪酬以重申态度。尽管蔡斯坚称大法官巡回审理制违背宪法,扩大了最高法院的初审权。但他还是表示,如果其他大法官"与我的意见相左",他愿意服从大家的想法。马歇尔与蔡斯一样,一方面确信废法法案违宪,同时也愿意服从多数大法官的意见:为了确保最高法院的一贯性而默许巡回审理制的恢复。

对杰斐逊政府而言，成功废除 1801 年《司法法》并最终通过 1802 年《司法法》，均属十分辉煌的胜利；但至少有一位著名的共和党人——詹姆斯·门罗——对这一胜利心怀疑虑。作为杰斐逊的密友与亲信，他曾专门致信给总统，对取消最高法院的既定庭期表示不安。门罗担心，这个做法"可能被视为立法机关打压司法权的违宪之举……大法官们完全可能不顾延期决定，坚持依照旧法规定的庭期会面，进而否定整个立法行动的合宪性。我以为这种做法将会授人以柄，给联邦党人更充分的借口，并让他们在未来得到更大的翻盘机会"。这正与蔡斯大法官向马歇尔的进言如出一辙。

关于最高法院与司法体制改革的国会口水战总算告一段落，杰斐逊这才有机会将注意力转向其他事务。18 个月前，即 1800 年 10 月 1 日，西班牙将路易斯安那全境割让给了法国。但欧洲两强间的这次交易秘而不宣，合众国政府直到 1802 年春天才明确获知交易内容。杰斐逊总统早就敏锐地认识到这一区域的重要性——它所拥有的出海口与通往北美内陆的要道，对美国未来的国家安全与国民经济，价值非同小可。曾经因崇拜法国饱受批评的总统，现在却为法国备受困扰，他对法国人的真实意图充满怀疑与警惕。1802 年 4 月 18 日，杰斐逊给美国驻法大使罗伯特·利文斯顿写信道，"放眼全世界，有一个地方无论谁占据，都将不可避免地成为我们的敌人。这就是新奥尔良……法美两国在如此敏感的地域狭路相逢，注定我们不能成为永久的朋友"。国务卿麦迪逊此前也提醒过利文斯顿，在新奥尔良"每个人……都把自由利用［密西西比］河水视为不可剥夺的天赋人权"。

在此期间，杰斐逊总统还做出了一项非同寻常的举动。此举既有个人原因，也饱含政治考虑。杰斐逊知道马歇尔正为乔治·华盛顿写作一部个人传记，此事令他颇为不快。马歇尔不仅是首任总统的忠诚拥趸，现在更有充分的途径接触华盛顿生前的文件档案，因此他的作品也是美国建国初期的历史记录。杰斐逊对马歇尔将如何记录这段历史深怀戒心，因此他与国务卿麦迪逊暗中寻找另一位写手，从更有利于共和党人的角度来书写这段历史。他们最终确定的人选是乔尔·巴洛——这位曾求学于耶鲁的诗人最后成了一名外交官，旅居巴黎。1802 年 5 月 3 日，杰斐逊给巴洛致信，邀请他"写作一部自独立战争以来的合众国历史"；杰斐逊承诺，他与麦迪逊国务卿均"掌握丰富的史料，可以向您公开一切政府档案与文件"。杰斐逊还建议巴洛尽快赶回美国着手写作，因为"约翰·马歇尔正依据华盛顿将军的档案为他写作传记，预计赶在为下届总统大选造势时推出。因此，作品中的观点必定重在拉票"。尽管华盛顿总统在许多问题上的智囊是前任首席大法官约翰·杰伊，但杰斐逊一直把他的远房表侄、现任首席大法官马歇尔视为政治劲敌。

1802 年 8 月，杰斐逊总统离开华盛顿，赴蒙迪塞洛度假两个月。在夏末秋初之际，一桩政界的老传闻重新发酵，引发人们关注。联邦党系的报纸《合众国公报》刊发了针对杰斐逊总统婚外情的指控，宣称他在 25 岁时"向邻居约翰·沃克美貌的妻子公然示爱"。但最令人震惊的一项指控来自爆料大王詹姆斯·T. 卡伦德，此公在 1800 年总统大选时就是风云人物。卡伦德已从费城搬到了里士满，并在当地出版发行《记录报》。

以反联邦党著称的大嘴卡伦德，不仅是个酒鬼，更是狂热的共和党信徒，在亚当斯执政时曾因触犯《惩治煽动叛乱法》被投入监狱。总统大选结束后，他被杰斐逊赦免。随后，他向新总统写信，要求任命他为联邦邮政总局局长。杰斐逊拒绝了，卡伦德于是跟他翻脸，在 1802 年宣称"大家都知道，[杰斐逊] 这么多年以来一直蓄有私奴并保持着奸情……这个女人还为我们的总统生下了孩子……这个非洲女人据说就在蒙迪塞洛做着总统的管家"。

* * *

同样在1802年秋，在大法官巡回审理制被废止两年后，最高法院的大法官们不得不再次跨上马背。但从一开始，争议就未曾停息。9月18日，布什罗德·华盛顿大法官与搭档法官理查德·卢抵达哈特福德市开庭审案。联邦党参议员罗杰·格里斯沃德在他代理的案件中提出动议，直接质疑法庭对该案的管辖权。格里斯沃德主张，该案提起诉讼的最初时间是1801年，当时旧《司法法》仍然有效；因为对原任法官的委任状并未依据合宪的方式撤销，因此该案应由原任法官继续审理。新组成的巡回法庭驳回了这一抗辩。数周后，联邦党人又在波士顿提起了一个类似的申请，审理该案的是大法官库欣与搭档法官约翰·戴维斯。两人也很快驳回了这一诉求。随后，在12月2日，大法官约翰·马歇尔主持的第五巡回法庭在里士满开庭。法官听审了斯图尔特诉莱尔德一案，曾任检察总长的查尔斯·李同样对审理法院的合法性提出了挑战；李质疑国会将巡回法院的审理职权交由最高法院大法官行使是否合宪。马歇尔驳回了这一动议，并作出了有利于原告的判决。

马歇尔一直尽力避免最高法院卷入党争漩涡，但他发现局势日益严峻，令人失望。1802年11月12日，他给老友查尔斯·平克尼写信说："政界种种丑恶之处，令诚实君子每每心寒不已，我对此已厌恶至极；这甚至让我对世事人心的看法都比原来更加悲观。"

第九章

法庭鏖战

　　1803 年元旦，托马斯·杰斐逊在总统府的八角房间里，一连几个小时向络绎不绝的来宾挥手致意。总统府在新年开放日举办招待会的传统，由乔治·华盛顿在费城首创，约翰·亚当斯随后从之，杰斐逊如今继续。

　　总统府招待会向公众完全开放。来访者包括参众两院的议员、联邦党与共和党的大佬、各个行政部门的首脑以及外交使节，还有当地居民，（正如《国民通讯员报》所说）甚至包括"为数众多的女士"。看上去，华盛顿全城的居民仿佛倾巢出动了。人们纷至沓来，都想争相一睹杰斐逊两位掌上明珠的芳容。玛丽·杰斐逊·伦道夫和玛丽亚·杰斐逊·艾普斯首次造访首都的行程即将结束。她们俩在总统官邸度过了愉快的七周时光，将于 1 月 5 日动身，经过 4 天的颠簸回到弗吉尼亚州南部的家乡。两姐妹都没有携丈夫同来，总统的两位佳婿正忙于公务，不久后双双当选国会议员。

　　首都人民对总统的女儿充满好奇。杰斐逊膝下仅有这两个孩子（考虑到 DNA 测试显示杰斐逊的女奴确实育有他的后代——因此准确地说，是得到杰斐逊承认的）。总统这对千金在华盛顿过得很愉快，但看到父亲孤身住在官邸顶层，玛丽担心这种生活方式"既不安全又过于封闭"。

新年招待会异彩纷呈。法国大使"一身金色花边"；突尼斯大使则脚踏银拖鞋，头包长巾，猩红色的夹克上"绣着耀眼的宝石"；印第安原住民代表自豪地拿出本族特有的长毯，穿上鹿皮鞋，还在头上插着翎毛。记得一年前由马萨诸塞州切希尔镇的女士们特制的那个重达半吨的"巨型奶酪"吗？这座庞然大物现在还没吃完，成了白宫访客们争相品尝的对象。

年仅 26 岁的梅里韦瑟·刘易斯上尉是杰斐逊在总统府的晚餐常伴和私人秘书。年会嘉宾们还不知道这个年轻人已加入了一个秘密项目。他与杰斐逊一直在筹划一项野心勃勃的探险计划。这个年轻人将作为领队，带领一支探险队深入广袤的北美大陆。几周之后的 1 月 18 日，杰斐逊向国会发出了一份加密函件，要求国会拨款 2 500 美元资助这一计划。这项计划在当年晚些时候得到公布，刘易斯招募了一个探险军团，其中包括他的亲密战友威廉·克拉克，他俩共同谱写了这场探险传奇。正是在 1803 年新年招待会的歌舞升平中，刘易斯开始为这场史无前例的危险旅程进行筹备。

约翰·马歇尔没有在华盛顿欢度新年，他在北卡罗来纳州的首府罗利市。拜共和党人通过国会废除了 1801 年《司法法》所赐，大法官们不得不重新登上马背，继续他们厌恶的巡回审理之旅，马歇尔此时正在途中。马歇尔以他受人称道的好心态，积极愉快地接受了巡回审理之责。威廉·沃特在 1803 年发表的一篇著名文章中写道，马歇尔看上去总是"喜笑颜开，心情好得没法再好"，眼睛里散发着"熠熠生辉的光芒"。

圣诞节后不久，马歇尔就抵达了这个仅有700个居民的小城。从里士满出发到这里有165英里，路上经历3天。马歇尔住在亨利·H. 库克的旅店里。这座简陋的房子弱不禁风，却令马歇尔情有独钟。此后的34年里，他每到罗利市巡回审理都在此安顿。

在给妻子波莉的信中，马歇尔用轻松的笔调讲述他如何苦中作乐。他发现自己的腰袋里少了15个银元——这在当时可不是一个小数目。马歇尔叫自己的奴隶男仆皮特打开行李箱，皮特却发现马歇尔没带马裤。他只带了西裤，显然不太符合主审法官的形象。马歇尔想在当地定做一条新马裤，却发现罗利市的裁缝都忙得不可开交。他们对合众国最高法院首席大法官的需求一点儿也不上心。"一开始我想顶多一天没马裤穿"，马歇尔给波莉写信讲述他的"诸多不幸"："结果在整个庭期我都弄不到这么重要的行头，实在太丢人了"。

在华盛顿，随着一月将近，两院议员们纷纷开始准备投入国会的新会期。共和党人与联邦党人对立依旧。《国民通讯员报》特意在头版刊登了一个新词："联邦谬论"，讥笑联邦党人的种种伎俩。反过来，联邦党人的报纸则对杰斐逊任命詹姆斯·门罗为特使跟法国与西班牙媾和一事大加嘲讽。《华盛顿联邦党人报》讽刺门罗是"西班牙，法国，布瓦塔维亚，以及那些只有上帝才知道的地方的大使⋯⋯这位朋友的最终希望恐怕在阿勒格尼以西"。《曙光报》则尖刻地予以回击，"再也找不出哪个党派像联邦党人一样靠如此下作的手段来维持"。

共和党人的眼中钉、联邦党旗帜性报纸《纽约晚报》主编亚历山大·汉密尔顿，被《曙光报》怀疑正与合众国副总统伯尔合谋反对杰斐逊。"汉密尔顿将军肯定出于党争需要密谋了这一切⋯⋯据此我们推测，伯尔上校与汉密尔顿将军必定达成了秘密协议，最好的证据就

第九章 法庭鏖战

是两人的共同行动总是配合得恰到好处。"

南卡罗来纳州的联邦党众议员小约翰·拉特利奇开始声名鹊起。他父亲约翰·拉特利奇在1790年被乔治·华盛顿任命为联邦最高法院首届大法官。拉特利奇于1793年辞职，转任南卡罗来纳州最高法院首席大法官。但当参议院否决他担任联邦最高法院第二任首席大法官时，他竟然差点自尽。1803年元旦过后没几天，小约翰·拉特利奇公然袭击了罗德岛的共和党参议员克里斯托弗·埃勒里，他用手杖猛击埃勒里，并揪拽他的鼻子与耳朵。此前，埃勒里曾指控拉特利奇写匿名信诽谤杰斐逊。

此事在华盛顿传得满城风雨，古弗尼尔·莫里斯当然不会在日记中漏掉。《曙光报》的编辑威廉·杜安也很兴奋，他高调开展了对此事的调查，力图证明拉特利奇正是匿名信的幕后主笔。

古弗尼尔一如既往地扮演着一个不折不扣的中间派。尽管在亲共和党人的报纸上，他一直是个不受欢迎的联邦党领袖，但莫里斯与杰斐逊竟然在1月初的一个雪夜里共进了晚餐。杰斐逊看上去"相当郁闷"，在莫里斯这位偷情高手看来，杰斐逊心情不好可能源于"他知道写给沃克女士的私人信件即将曝光"，卡伦德将借机大做文章，指责杰斐逊数十年来一直垂涎于友妻。莫里斯还愉快地提到"当晚与麦迪逊夫人在一起"。但他日记中没有提到梦中情人的丈夫——国务卿詹姆斯·麦迪逊，正是最高法院即将开庭的一起大案的被告。

在1803年的整个一月，首都人民非常重视个人健康，报纸上充斥着治疗疑难杂症的偏方广告。《国民通讯员报》大肆吹捧"汉氏万能药"，奉为治疗"伤寒、久咳不止……及疑似肺痨"的特效良药。《曙光报》则兜售"勒鲁医生"研制的"全新上市"并已"取得专利的印第安蔬菜特效药"，专治"花柳"，可将花柳病毒素有效"驱出体外"。"汉氏杀虫糖药丸"能有效杀灭"绦虫""蛔虫"及其他"小型肠道寄生虫"。"被寄生虫感染的症状包括：口臭——尤其是清晨时牙龈溃烂——鼻内瘙痒……抽搐或癫痫，偶有丧失语言表达能力，以及牙齿松动、磨牙等"。这种"经过验证的眼疾疗法"不仅能治愈"最顽固的眼科疾病"，"也是治疗牙疼的特效药，还能保持牙齿洁白、预防牙龈坏血。它还对皮疹、丹毒等细菌或真菌感染以及四肢僵硬等疾病具有疗效。这一疗法对脓疮、溃疡以及其他即便已经生疽的创伤都极具疗效。福音牧师威灵顿医生正就这一疗法的功效及其喜人的治愈效果撰写一部专著"。

华盛顿成为合众国首都不足3年，特区居民开始发现他们的自治空间被不断挤压。"特区目前的情况大概如此"，《国民通讯员报》在1803年1月14日报道："居民们被剥夺了一切政治权利，只保留了由国会恩准享有的那些权利，当然也随时可能被国会收回。这些还能享有的政治权利，也远远不足以确保居民们获得本该拥有的福利……政治权利在整个特区被剥夺一空。对于一个真正的美国人而言，心中一定存有一份骄傲，正是这份骄傲令他鄙视政治堕落与失格之举，同时珍惜平等的权利。"这篇文章呼吁国会通过一个宪法修正案以确保华盛顿特区居民的政治权利；否则，不如把首都迁回马里兰或弗吉尼亚。

最高法院的新一届庭期即将在2月到来；这是自1801年12月以来的第一个庭期，也是最高法院在马伯里诉麦迪逊案中发出陈述理由令[1]以来的首次开庭。此外，这还是国会废除1801年《司法法》并

---

[1] 陈述理由令（Order to Show Cause）是指法官针对一方当事人下达的出庭命令。其内容一般是要求该当事人就对方当事人或法官自己（较为少见）提出的某一主张进行反驳、说服法庭驳回上述主张。

第九章　法庭鏖战

取消最高法院在 1802 年一整年庭期后，最高法院的首次回归。

目前待审的两个案件都涉及政治问题，最高法院计划在 2 月开庭并作出终审判决。在马伯里案中，最高法院需要裁决的问题是：托马斯·杰斐逊与詹姆斯·麦迪逊阻挠午夜法官获得委任状的行为是否合法。斯图尔特诉莱尔德案则从位于弗吉尼亚州巡回法庭上诉而来，最高法院要回答的问题是：在国会中占据多数的共和党人不顾联邦党人的反对，废除《司法法》的立法行动是否合宪。如果最高法院认定这一立法行动违反宪法，那将是美国联邦最高法院首次以违宪为由否定一项国会法案。

在华盛顿与亚当斯内阁中都曾担任检察总长的查尔斯·李（马歇尔任国务卿时的同僚），将同时担任两案的申请方代理律师，使得这两起案件的政治意味更加浓厚。

随着开庭临近，共和党人对最高法院有权宣布立法违宪的抨击也日益猛烈。《国民通讯员报》登载了一篇名为《民主主义者》的文章，怒斥上述观点不过是"前任政府中一群联邦党徒为庇护司法机关编造的拙劣借口"。该文讥讽"司法分支"动辄以"宪法裁判者"自居。此外，该文的匿名作者还尖锐批评了另一种观点——"依据这一权力，他们有权宣布立法机构通过的法案无效，由此也有权令废除的法律重新生效，恢复取消的官职——不仅完全无需人民同意，即使民意代表明确反对，他们也仍可一意孤行"。

《民主主义者》一文直接驳斥了最高法院有权判定国会立法违宪的主张。"无论这一主张多么荒诞至极，都不是什么新鲜玩意——冰冻三尺，非一日之寒。"该文还援引英国普通法称："这一鼓噪由司法权控制立法权的主张，正是布莱克斯通法官特别强调的将颠覆一切政府形式的祸首；每个人都知道，它如此荒唐，毫无理性可言。"

这篇文章指出，从来没有哪个法院以违反宪法为由宣布一部法律无效。"实际上，这种想法不过是无政府主义与政治乱局的化身，背离了当下政府治理、法律和秩序蕴含的所有原则与信念……我相信，即使将人类的所有冲动、鲁莽与不幸集于一身，也不会产生出将如此荒诞的理论付诸实践的先例。"但是，此文却对一些州法院判定州法违宪的判例只字不提。

1803 年 1 月末，随着最高法院庭期将至，两份火药味很浓的请愿书被提交到国会。一份来自 12 名赋闲的午夜法官，他们要求补偿薪俸，因为原本任职的上诉法院因 1801 年《司法法》废止而不再存在。这些赋闲法官认为，即使国会有权改造法院系统并废除他们任职的法院，他们也有权根据宪法对于联邦法官终身任职的保障获得薪俸（除非遭弹劾免职）。另一份请愿来自一批本应走马上任的治安法官。威廉·马伯里及其他原告共同要求参议院提供他们的任职已获批准的证据。这两份请愿都在国会引起了激烈的辩论。辩论不仅深刻反映了共和党人对联邦党人控制的司法系统的反感，更彰显了他们否认最高法院享有违宪审查权的坚定立场。

如前所述，国会收到的第一份请愿来自要求补偿薪俸的 12 名午夜法官，其中包括前任财政部长奥利弗·沃尔科特以及菲利普·巴顿·肯。1803 年 1 月 27 日周四，这份请愿书被提交到众议院后，立即引起一场轩然大波事关一年前争议巨大的废除《司法法》行动，由此展开的辩论基本成了两党相互攻讦谩骂的战场。共和党领袖们纷纷对最高法院宣布法律无效的权力提出挑战。"如果最高法院的大法官们篡夺这一权力，据此宣布我们通过的法案违宪"，来自马里兰州的共和党人约瑟夫·尼科尔森威胁道，"我们将采取行动。对此，我们义不容辞。"共和党的著名鹰派人物、来自弗吉尼亚州的约翰·伦道夫也声称,由于目前的争议涉及"一项重大的宪法问题",因此必须"通过众议院来解决",而不是通过最高法院做裁判。

在参众两院,赋闲法官们的诉愿被极富党争色彩的表决结果所否定:所有共和党人都投了反对票,而所有联邦党人都投了赞成票。

在赋闲法官的诉愿被众议院拒绝的第二天,1803年1月28日周五,参议院也收到了马伯里等人提交的诉愿。由威廉·马伯里、罗伯特·胡、丹尼斯·拉姆塞三人共同提出的诉愿要求参议院秘书作出一项声明,证明该三人(原本在案的第四名原告威廉·哈珀似乎因为某种未知原因而退出了原告阵营)已经总统提名、参议院批准等程序,被任命为哥伦比亚特区的治安法官。尽管诉愿人没有明说,但这显然与即将在最高法院拉开战幕的那场诉讼有关。由于总统与国务卿拒绝合作,马伯里、胡与拉姆塞急需获得支持诉讼主张的基本事实证据。按照常例,参议院都是在内部会议审核这些治安法官的提名,因此最后的批准决定并未记录于任何公开档案中。

与那些赋闲法官一样,未能赴任的治安法官提交的诉愿也将参议员们推入了针锋相对的党争之中。如果说赋闲法官的诉愿旨在赋予最高法院宣布立法违宪的大权(斯图尔特诉莱尔德案),治安法官的行动则意在明确:最高法院有权认定行政机关的行为非法(马伯里诉麦迪逊案)。来自佐治亚州的共和党参议员杰克森对此怒不可遏。他直斥马伯里案纯属"对行政机关的攻击",因此,这位参议员"已经一如既往地做好准备,将采取各种手段反击"。布雷肯里奇也加入了批评者的行列。他宣称,批准马伯里提出的诉愿等于为"针对行政机关的攻讦"铺平了道路,因此他坚决反对参议院对请愿者伸出援手。"在司法权大肆侵蚀行政权之际,参议院绝不应助纣为虐。"

《曙光报》对马伯里的嘲讽反映了共和党人对他普遍的蔑视态度,

该报称这位乔治敦商人不过是"甘为托利派利用的马前卒",讥笑马伯里愚蠢地充当了联邦党人刁难新政府的工具。《国民通讯员报》也借机挪揄了一把最高法院。在报导马伯里等人的诉愿时,该报故意将公众眼中羸弱不堪的最高法院称为"那至高无上的法庭"。最高法院于1801年12月发出的陈述理由令依然是共和党人的心头之恨,"对这起精心策划、为一党之私而侵害行政权的闹剧,最高法院本不应提供任何帮助。但直到现在,他们依然放任纵容,甚至发布陈述理由令让被告来说明法院为何不应下达职务执行令……从近来试图打破立法机关平衡的种种迹象看,司法权潜在的政治影响绝不亚于他们的现实力量"。参议院以15票反对13票赞成否决了马伯里的诉愿——参院所有共和党人都投了反对票,而联邦党参议员除一人之外都投了赞成票(部分共和党参议员因缺席错过了这次表决)。

共和党人与联邦司法机关的仇怨还在进一步升级。弹劾联邦法官的言论一时蜂起。1803年2月4日,杰斐逊在众议院通报了约翰·皮克林法官德行失范的消息——这位就职于新罕布什尔州的联邦法官是乔治·华盛顿在第二届任期届满前任命的。皮克林显然闹过头了:他一幅醉汉姿态主持的庭审完全成了一场闹剧,沦为笑柄。他不仅在法官席上胡言乱语、满嘴脏话,甚至还未听取证人证言就妄下裁判。尽管杰斐逊没有明确提出要对皮克林采取什么措施,但他的意图再明显不过——皮克林应当成为第一个被弹劾免职的联邦法官(或联邦官员),以儆效尤。尽管皮克林显然不适合担任法官,但在参众两院很多议员看来,针对皮克林的弹劾绝不会是孤立个案,只是即将涌现的弹劾大潮的序曲。

关于弹劾马歇尔与最高法院其他大法官的传言也开始不胫而走。《联邦党人报》幽幽反讽道,共和党人甚至会将詹姆斯·门罗的马车陷在泥淖里动不了也归咎于联邦法官,并"立即弹劾",因为他们绝不会放过这样一个绝佳的机会,"让我们的国家不再受制于一小撮贵族精英"。

杰斐逊向来自新罕布什尔州的联邦党参议员威廉·普卢默坦言,他一直想找到一种简单直接的方式罢免法官,而弹劾是一种"最笨的办法"。杰斐逊认为,既然许多州都允许州长在州议会批准下直接罢免州法官,总统也应有权依据国会批准直接罢免联邦法官。

1803年2月7日周一,此时距杰斐逊当选总统已近两年,最高法院在蛰伏许久之后,终于要重回国人视野,开始新一季庭期。如果回顾一下最高法院并不漫长的历史,我们就会发现:每当历史性的关键时刻来临,这家最高司法机关总能不负众望地掉链子。这一次,最高法院竟因大法官人数未达法定要求而无法开庭:除了佩特森大法官能按时出庭,包括马歇尔首席在内的其他大法官,全都耽搁在回华盛顿的路上。

1803年2月10日周四,回到最高法院的大法官终于达到了法定人数。一切准备就绪:首席大法官马歇尔,3名联席大法官威廉·佩特森、塞缪尔·蔡斯以及布什罗德·华盛顿,均能出庭听审。威廉·库欣大法官不得不错过2月份的开庭期,而从北卡罗来纳州赶来的艾尔弗雷德·摩尔大法官还要再缺席一周。在参议院底层的第二会议室里,首席大法官马歇尔传令听审马伯里诉麦迪逊案。马伯里终于等来了属于他的时刻。

前检察总长查尔斯·李作为剩下3名原告威廉·马伯里、罗伯特·胡以及丹尼斯·拉姆塞的代理人出庭。李在卸任后成了弗吉尼亚州最负盛名的成功律师。他出生于弗吉尼亚州一个显赫之家;在11个孩子中排行第三,是被誉为"闪电驹亨利"的李将军之弟。李将军是独立战争的英雄,他劫掠敌军粮食分给饥寒交迫的美军士兵的故事广为传颂。查尔斯·李毕业于新泽西学院,在回弗吉尼亚前,他在费城师从贾里德·英格索尔学习法律;1795年华盛顿总统任命他担任检察总长。李住在弗吉尼亚州亚历山德里亚市,与首席大法官约翰·马歇尔私交甚笃。他俩的职业生涯颇有交集:都曾在弗吉尼亚州众议院担任议员,并同时任职于亚当斯总统内阁。

代表原告在最高法院出庭的李,面临一个简单却头疼的问题。这是一场庭审,因此他必须提出证据,证明他的当事人确已根据法定程序获得了任命。他必须证明,在总统提名与参议院批准后,确实存在宣布原告获得任命的正式委任状,他还必须证明这些委任状并未送达获任者。然后,他才能提出法律上的主张,即:委任状未被送达不能剥夺原告任职的权利;行政机关阻挠原告赴任的行为违法;最高法院应当判令现任国务卿麦迪逊遵照法律要求,确保原告应有的权利。

* * *

李的继任者、现任检察总长莱维·林肯,则在第二会议室中凝神关注着案件进程。本案被告国务卿詹姆斯·麦迪逊始终未见踪影。在整场诉讼中,他都尽可能避免与这场挑战他行为合法性的官司扯上任何关系,让自己离得越远越好。

两名国务卿秘书——秘书长雅各·瓦格纳及其助手达尼尔·布伦特,颇不自在地坐在这座临时充作法庭的房间里。他们被作为证人传唤出庭。如果收到传票后拒绝合作,他们将面临333美元的罚款。即便如此,他们也更愿意坐在国务院那些兔子洞一般的小隔间里,管理全国各种文件档案流转通行的工作。在庭审中面对曾任国务卿的老上司约翰·马歇尔,并为他当年担任国务卿时的言行作证,不言而喻令两位证人尴尬不安。

在1801年该案开审后,李已向法院提交了原告的宣誓陈述书,表明了原告一方对一系列基本事实的了解与认识,包括获得提名、提名获得批准以及委任状未能送达等。但詹姆斯·麦迪逊及其在国务院的副手拒绝向李提供任何证据,参议院也同样拒绝了提供证据的请求。由于李代表原告提出的诉请是要求最高法院签发职务执行令——一种强制行政机关履行特定职务行为的特别命令,因此听取、审查相关证据并作出最终事实性判断的主体就不是陪审团,而是最高法院本身。

李向法庭表示,他首先询问的证人将是国务院的两位秘书:瓦格纳与布伦特。庭审中,没有任何律师代理本案中的行政机关——坐在会议室的莱维·林肯只是一名观察员以及可能情况下的证人。杰斐逊政府拒绝派出任何官方代表或聘请律师代理政府出庭,以此表达对这一庭审程序的蔑视。

瓦格纳与布伦特对李的作证要求提出了异议。他们声称,作为政府行政机关雇员,他们享有拒绝就工作内容作证的特权。"他们拒绝立誓作证",最高法院书记员记录道,"理由是:他们身为国务院秘书,并不负有义务披露任何有关工作职事的信息"。这是美国庭审史上首次依据"行政特权"提出的抗辩。

李起身对这一抗辩做出了反驳。他向前任国务卿马歇尔执掌的最高法院提出,国务卿"以两种相互独立的身份履行职责:其一是合众国政府内行使行政权的公共官员,其二则是总统的代理人。在第一种身份里,他必须对合众国以及本国公民负责;而在另一种身份里,他必须对总统负责"。李进一步指出,国务院秘书尽管并无义务披露国务院向总统提供的机密建议,但有义务就国务院行使"行政"职权的情况作证，例如有关委任或任命官员的情况。

马歇尔接受了李的反驳，果断驳回了两名国务院秘书提出的拒绝作证理由。他要求两名国务院秘书出庭作证，因为他们的确负有这一义务。马歇尔指出，他们可以在庭审中就任何单个问题提出异议，但某个特定问题是否需要回答将由最高法院决定。

至此，瓦格纳终于立誓作证。瓦格纳是一名联邦党人，在共和党人入主白宫后本想尽快离职。但麦迪逊却劝他留下，约翰·马歇尔也有同样表示。由于瓦格纳与最先任用他的前国务卿蒂莫西·皮克林有亲戚关系，因此他起初想赶紧"［让自己］离开这个每况愈下的窘境"，但马歇尔却劝他"从公共利益出发"继续留任。瓦格纳或许是联邦政府最早的职业雇员，他称自己"很快便同意继续这一光荣的事业"，并答应麦迪逊：他将"恪守中立"，继续尽忠职守。

瓦格纳作证道，在政府换届的关键时段，他正担任杰斐逊的私人秘书（这个临时差使正是马歇尔所派，但瓦格纳出于礼貌并未点明）。李在庭上询问他，对马伯里、胡以及拉姆塞获得治安法官委任状一事知道多少。瓦格纳解释道，"时至今日"，他已经想不起自己是否见过涉案的3份委任状。他还提出，马伯里与拉姆塞曾为委任状一事专门找过麦迪逊，但麦迪逊将他们打发给了瓦格纳；他"将他俩带到另一个房间，告诉他们其中有两份委任状已经签署，但仍有一份尚未签署"。

李终于等到了机会：如果能从这里打开僵局，他不仅能获得证明原告主张的事实证据，甚至还能管窥杰斐逊政府在此事上的内幕。李问瓦格纳：有关委任状签署情况的信息，到底是谁告诉他的？

瓦格纳拒绝回答这一问题。作为一名饱经世故的政府雇员，他当然知道，此时如果泄露老上司的名字，多半会引火烧身。

第九章　法庭鏖战

马歇尔支持了瓦格纳的主张。这一问题"与本案无关",他裁决道。马歇尔允许双方按照各自的计划继续推进庭审,但他也尽可能地把握事态发展的方向,避免双方在任何时候陷入胶着的对峙。

李接下来传召布伦特上证人席。布伦特的证言是,他并不"确切记得亚当斯所签署的治安法官委任状上的任何一个名字"。但他"相信",并且"几乎可以肯定,当时马伯里先生与胡上校的委任状都已制备完成,而拉姆塞先生的则尚未制成,因为国务院秘书们在制备委任状时依据的名单正出自他手"。拉姆塞的名字显然"因为失误"被遗漏在名单之外,但布伦特的确记得名单中有马伯里与胡的名字。很多细节都没有逃过这名年轻的国务院秘书的眼睛——根据布伦特向法庭做出的描述,在治安法官的委任状制备完毕后,是他将这些委任状带到亚当斯那里做最后签署。等亚当斯签署完毕后,他"再将这些委任状带回国务卿办公室"——即约翰·马歇尔当时的办公室——"并在那里盖上合众国国玺"。他相信,"这些治安法官的委任状都没有最终发出或送达获任者;他也不清楚这些委任状的最终去向,也不知道这些委任状是否仍在国务卿办公室"。

布伦特的证言对李有如雪中送炭,它证明至少马伯里与胡二人的委任状均已依照法定程序签署完毕并亟待送出。

李终于使出了他的杀手锏。他传召现任检察总长莱维·林肯出庭作证。众所皆知,当马歇尔于1801年3月4日卸任国务卿一职后,代理国务卿职务的正是林肯。这一代理职责直到1801年5月2日詹姆斯·麦迪逊正式到任后方才结束。

林肯在阴冷的会议室中缓缓站起,向法庭陈述自己的主张。他告诉在座的大法官,他拒绝作证。他尊重"贵院的司法管辖权",但他仍然"肩负维护并确保政府行政权的职责"。"在本案争议问题出现时"，他正代理国务卿一职。因此，他个人坚持认为，他"并无义务，也不应就代理国务卿任内因职务关系而知晓的任何事实或信息出庭作证"。林肯还特别指出，"他本人十分尊敬的一些人也这么认为"。他指的到底是谁？是本案被告麦迪逊？还是总统杰斐逊？林肯并未点明。他只是提出，如果法庭坚持让他出庭作证，他可以接受书面提问并自行决定是否愿意作答。

李立即通过书面写下了他提出的问题并交给林肯过目。但林肯依然提出不得披露"在担任代理国务卿时涉及职务的任何信息"的抗辩。除此之外，林肯还提出了另一个拒绝作证的抗辩理由。他"不应被强迫回答任何有可能令其背负罪名的问题"。这一抗辩的提出实在令人震惊。现任内阁官员在最高法院的庭审中依据合众国宪法第五修正案主张不应自证其罪的权利，这恐怕是史上空前的头一遭。林肯到底在担心什么？难道他销毁了那些构成政府财产的委任状？还是他知道另有其人销毁了这些委任状？或者他只是为了以防万一而提出一个不应被强迫作证的依据，以试探自己的处境？林肯并未作出任何解释。

李起身做出了回应。他想将在瓦格纳与布伦特身上运用的分析故伎重施："国务卿的职责"同时对应"两种身份"——其一是"公共行政官员"，另一则是"总统代理人"。作为一名公共行政官员，现任或前任国务卿均有义务在法庭作证。针对林肯提出的"并无义务披露任何可能令其背负罪名的信息"，李并无异议；相反，一再向法院重申林肯对自证其罪的担心，无疑令李倍感痛快。

林肯再次从座位上站起来。他提出抗议，认为"要求每一任国务卿在任何时候都负有就其在办理公务中掌握的信息到法庭作证的说法，实在太过偏激"。林肯强调，他此时正夹在"对法院负有的义务"

与"对政府行政机关负有的义务"之间,"处境微妙,左右为难"。他再次激动地向法院要求,至少给他"一些时间来考虑这些问题"。

马歇尔与其他大法官不得不斟酌林肯的抗辩主张。马歇尔尽管态度坚决,但在作出最终裁决前依然小心谨慎。《国民通讯员报》这样概括他的说理:"如果林肯先生希望有时间来考虑如何作答,大法官们将愿意给他时间;但大法官们坚信,林肯先生无权拒绝作证。"接下来,马歇尔逐步分析了林肯所提出抗辩的实质,并对法院所愿意认同的任何一处抗辩理由都特别做出了强调:"我们并不要求林肯先生披露任何机密信息。如果作证问题涉及此类信息,他当然无义务作答;如果他认为他知道的某项信息属于机密,他也没有义务披露。"同时林肯也"不负有义务披露任何可能令他背负罪名的信息"。至此,马歇尔终于转向了问题的核心:"本案所争议的委任状是否仍在国务卿办公室,并不涉及任何机密;相反,世人都有权知道这一问题的答案。"当然,如果林肯认为在庭审中提出的某些问题不恰当,"他可以提出异议"。蔡斯与华盛顿大法官也都认为,林肯必须作证。

林肯又问在座的大法官,他是否可以明早再来回答这些问题。理由是:他要出席一个国会委员会会议以讨论佐治亚州对合众国政府提出的一项诉求,同时他也想有时间仔细考虑庭审中问到的问题。马歇尔同意了他的请求。

翌日,林肯回到了法庭。马歇尔、蔡斯和华盛顿也回到了大法官坐席,同时就座的还有大法官佩特森。林肯表示,他只对一个问题持有异议——"这些委任状最终被如何处理?"林肯称,他可以"毫不犹豫地"保证,他"从不知委任状曾交到麦迪逊处",他也不知道"麦迪逊就任后这些委任状是否仍在国务卿办公室"。但他不愿"披露这些委任状最终是如何处置的"。

此刻，第二会议室里的所有人都在静候最高法院的裁决。它会下令林肯说出委任状的处置结果吗？那些委任状都销毁了吗？是不是总统干的？林肯并未对他的异议提出任何理由，这是否他担心自证其罪的真正原因？而如果最高法院真的要求他必须回答，他会听从吗？

马歇尔在推进庭审的同时，一如既往地努力避免冲突。他宣布，林肯并无义务披露委任状的处置结果。"如果它们从未被送至麦迪逊先生处，那么其他人如何处置这些委任状，对本案而言不具有实质意义。"

在解决了这个问题后，林肯对其他问题迅速做出了回答。他的确看到过"由亚当斯先生签署的哥伦比亚特区治安法官委任状，并盖有合众国国玺"。他"走进国务卿办公室时"，看到"有几份特区治安法官的委任状已经制备完成"，他"不知道有没有向获任者送出过委任状，但他认为这些委任状中没有任何一份最终被送出"。他还作证，他后来的确看到杰斐逊颁发"集体委任状"任命多名治安法官，"以取代之前逐一颁布的法官委任状"，并且新政府已将任命结果通知了集体委任状上的所有人。

林肯终于可以退下证人席。《华盛顿联邦党人报》对他的表现大加嘲讽。该报奚落道，这位"了不起的先生"，"面对一个如此简单的问题却无法当场回答，非得写成书面，还要离开法庭花一天一夜的时间……闭门思考。最后想起的竟然是：原来他什么都忘掉了"。

李在提出自己的法律主张前，获得了另一份可供呈交法院的事实证据：由詹姆斯·马歇尔（现任哥伦比亚特区法官）所做的宣誓陈述。几乎所有人都能一眼看出此刻的尴尬，尤其是证人马歇尔法官的哥哥、目前主审的首席大法官。或许还包括布什罗德·华盛顿大法官：他之前曾在一次诉讼中为詹姆斯·马歇尔做过一份有利

第九章　法庭鏖战

于后者的宣誓陈述。在那场土地纠纷案中，华盛顿大法官宣誓证明：本案中乔治·华盛顿（即他叔叔）的签名真实。最高法院当时已开始审理马伯里案，但华盛顿大法官绝没料到，有一天自己参与审理的案件将用到詹姆斯·马歇尔的证词，甚至将作为判决依据之一。

李向最高法院宣读了这份陈述。根据这份陈述，"1801年3月4日，亚历山德里亚市来人告知他，当晚城中很可能爆发骚乱，因此他赶紧回家并前往国务卿办公室，以便尽快送出治安法官委任状"。在当时的情况下，显然亟须治安法官来应对"骚乱活动"。"手握12份治安法官委任状"的他很快意识到无法"一次带齐全部委任状"，因此他"将一些委任状放回了办公室"，并在办公室一张名单上"用笔划去了这些放回的委任状上的名字"。他确定，在放回办公室的那批委任状中就有胡与哈珀。

此时，查尔斯·李开始向最高法院陈词。他提出，他已提供证据证明了引发本案争议的"委任状的存在"，现在他要提出自己在法律上的理由和主张，以支持"下达职务执行令"的诉请。李阐释道，他的法律主张针对三个关键问题。第一，"最高法院是否有权在任何案件中下达职务执行令"。第二，"这一令状在任何案件中是否都能约束国务卿"。最后，"在本案中，最高法院是否可向现任国务卿詹姆斯·麦迪逊下达职务执行令"。

李的策略看来正一步步奏效。首先，最高法院显然有权下达职务执行令。国会在第一届会期，就明确规定了最高法院有权对"……奉合众国之名担任公职者下达职务执行之令状……"——麦迪逊当然是一名"奉合众国之名担任公职者"。

其次，执行令职务一旦下达，对作为政府行政官员（而非总统代理人身份）的国务卿就产生法律约束力。李之前主张的国务卿具有双重身份给他带来了胜利的曙光，现在更要趁热打铁。他当然明知共和党人将本案视为在野党对现任总统的泄愤式攻击，为了瓦解这种批评，他宣称总统本人并不受制于这一令状。"我个人认为"，这位前检察总长说道，"基于对此问题的整体考量，总统在行使最高权力时没有义务考虑司法机关的意见，他只需依据宪法规定为他的决策承担责任"——即被众议院弹劾以及由参议院审判。

这一主张看似尊重总统权威，实则绵里藏针：当国务卿以执掌公权力的政府官员身份行事时，他必须遵照法律的要求或规定。李在这一点上毫不手软："国务卿无疑属于政府高官，但他仍是法律的臣仆。如果有任何执掌公权力担负公共职责的政府官员，在行使权力执行职务时凌驾于法律之上，显然有悖于我们的国策大政以及合众国的公民精神。"李还对国务卿之类的高官违反法律的后果提出了严厉警告："作为一名政府官员，他当然负有法定义务履行职责；如果他拒绝这一职责，就应对他提起公诉。提起公诉自然可以作为对此等官员的惩戒，但因其拒绝履行公职而遭受侵害的当事人只有在获得法院下达的职务执行令后，才能得到相应的民事救济。"

李提出了刑事追诉的可能；相形之下，下达职务执行令倒像更为温和的手段。

佩特森大法官伸长了脖子问李，他是否知道"只有在总统下令的情况下，国务卿才负有义务递送委任状"。李回答道，一旦总统签署了委任状并交给国务卿盖印封装，国务卿就"负有义务在委任状上盖上国玺、做成记录并根据总统命令递送委任状。在这种情况下，委任程序随着委任状获得总统签署并被盖上合众国国玺而正式完成；此时如果国务卿扣留委任状不予递送，当属违法。"

现在，李转向了他的最后一项主张——在本案中，最高法院应对现任国务卿詹姆斯·麦迪逊下达职务执行令，要求他依法将委任状交付本案的诸位原告。

李承认，治安法官这个职位并非多么显要。他说："本案看似不足挂齿，但在原则问题上却事关重大。我当事人所关心的，根本不是治安法官那点可怜的薪水和低微的地位；相反，他们认为自己是经过正当程序任命的治安法官，因此他们相信自己有责任去捍卫这份职业的权利，而不应任由权力之手粗暴践踏。"李认为，这些治安法官"行使着合众国司法权力的一部分"，"因此他们的独立地位应当得到保障"。他最后总结，因为原告已经获得合法委任，因此他们有权赴任履职，"如果申请人提出了一个正当的请求，法院就应当予以支持。因为，在任何人面前，正义皆不可剥夺"。

李结束发言，坐了下来。这位技艺精湛的律师，辩词铿锵有力，全场无人起立反对。作为合众国政府一方，林肯简短地表示，他"没有收到出庭应诉的任何指示"，因此他不会加入法庭辩论。看到传统的对抗式辩论无法展开，马歇尔与其他大法官看来颇不满意；马歇尔环视了小会议室一圈，他表示"如果有任何人希望发表意见，本庭愿意听取"。无人回应。

庭审到此结束，现在轮到大法官们来做最后的决定。

第十章

深 思 熟 虑

塞缪尔·蔡斯大法官患有痛风症,发作起来疼痛难忍。自从马伯里案庭审结束后,"老培根脸"一直深受其苦。

大法官们都回到了斯氏酒店。这家酒店口碑极佳,为庞修斯·德莱尔·斯特尔所有,于1800年秋在新都开张营业。与大法官们从前光顾的康拉德—麦克蒙寄宿旅店一样,斯氏酒店也正对国会大厦,只不过位于东侧(现在国会图书馆所在地),这对求宿用餐的国会议员非常便利。酒店房间十分别致,配有壁炉、"白色温莎椅""铜版纸式的红色窗帘"以及"宽敞、精美的客厅",还有作为主人的庞修斯·斯特尔在酒店大堂向每位来宾奉上和蔼可亲的微笑。

从1803年2月15日周二起,马伯里案庭审过后才几天,蔡斯大法官就为痛风所扰,无法再从斯氏酒店一瘸一拐撑到国会山了。在最高法院那间阴暗压抑的会议室里,只能见到首席大法官约翰·马歇尔与联席大法官威廉·佩特森、布什罗德·华盛顿的身影。由于威廉·库欣大法官在马萨诸塞州养病,艾尔弗雷德·摩尔大法官也抱恙在身,最高法院根本没法开庭。当天最高法院的官方记录只是简单提到,"由于 3 名大法官因病缺席,最高法院无法达到审理案件的法定人数"。

次日,即 1803 年 2 月 16 日周三,蔡斯大法官再次因痛风无法从酒店赶到国会山。但马歇尔灵光一闪:如果蔡斯确实没法来最高法院办公,那么不妨将法庭搬到蔡斯的住处。当天,最高法院对此忠实记录:"大法官因病缺席的状况依旧,其他大法官从国会山迁至斯氏酒店,以便法院开庭理事。"自此,最高法院成了流动法庭,在一家酒店的客厅里摆开了阵势。当然,比起国会大厦那间阴暗简陋的会议室,斯氏酒店的条件与装潢反而豪华了不少。

2 月 17 日周四,大法官在他们舒适的临时办公地点听审了四场言词辩论。当晚,就在最高法院听审的那间宽敞的酒店客厅里,华盛顿舞蹈大会还举办了一场高调宣传、堪称首都社交界热点的盛大舞会。在斯氏酒店,大法官们有位邻居叫"芬德尔医生"。他从年初住入酒店,在他房间里向患者提供各种名目的牙医诊疗服务;他还出售一种特制的"牙膏",据说能令使用者"口气清新怡人"。

人们开始猜测马伯里案可能会无限期拖延下去。很多观察者此前都预计最高法院会一如既往地迅速裁决本案;他们还猜测哪些因素会拖延最终判决的作出。在马伯里案询问证人与律师言词辩论结束后 3 天,即 1803 年 2 月 14 日周一,《曙光报》就刊文爆料,"人们预期最高法院今天将对是否下达职务执行令得出结论。据说,如果不是摩尔与库欣大法官一直因病无法参审,作出裁决的日子会比今天更早"。但此后一周,大法官们尽管照常审理其他案件,并作出裁判,却对马伯里案始终未置一词。

就在"是否下达职务执行令"被最高法院搁置之际,共和党人与联邦党人的斗争却未有一刻缓和。这次,联邦党人指责杰斐逊,在应对西班牙人强行关闭新奥尔良港一事上过于软弱。来自宾夕法尼亚州的联邦党参议员詹姆斯·罗斯提出议案,要求杰斐逊总统从各州征招5万民兵占领新奥尔良。两党就这一问题舌战不休、互不相让,激烈的争论在参议院一连持续数日。

随着第七届国会会期将在3月结束,一些熟悉的面孔即将告别两院。共和党系媒体一直关注的对象——参议员古弗尼尔·莫里斯——不久将离开参议院,这个消息引发了长篇累牍的报道。莫里斯没有寻求连任。在纽约,联邦党人溃败得如此彻底,以至于没有一个联邦党籍候选人挺身而出,力图继任莫里斯在国会的席位;这使得纽约州议会只能在两名共和党候选人之间选出下一任联邦参议员。《国民通讯员报》难抑兴奋之情:"让我们祝贺共和党人以及纽约民主政府的朋友们,不久他们将推出一位真正的代表进入参议院,以取代莫里斯先生;在过去的时间里,莫里斯先生不仅没有代表人民的呼声,却几乎忠实地充当了选民的叛徒。"

来自特拉华州的众议员詹姆斯·贝亚德也在连任竞选中败给了凯撒·A. 罗德尼,美国独立宣言一位签署者的侄子,也是杰斐逊看中的政治新星,由此获得了全国共和党人的支持。尽管罗德尼仅以15票的微弱优势取胜,但这足以将贝亚德送回特拉华州的老家。

但马萨诸塞州没有顺势成为共和党人的福地。该州选出了一名新的联邦党人接替现任联邦参议员,这位新贵的名字并不令人陌生。"经麻省参议院批准,约翰·昆西·亚当斯当选为本州新任联邦参议员",《国民通讯员报》于1803年2月21日发出这份报道,"在26席表决票中获得19票赞成"。短短两年前,就在杰斐逊总统举行就职典礼当天,约翰·亚当斯在黎明前悄悄离开新都;如今,他儿子将以胜利者的姿态重返首都,成为参议院反对党的重要一员。

2月22日，乔治·华盛顿的诞辰，在两党共识下已经成为纪念美国首任总统一生功绩的节日。距离马伯里案庭审结束已有11天，该案依然悬而未决；参众两院的联邦党人领袖在当天举行集会，纪念他们无比尊崇的先行者与创始人。住在斯氏酒店的首席大法官约翰·马歇尔欣然加入了这一活动，与他同行的还有大法官威廉·佩特森以及已故总统的侄子布什罗德·华盛顿大法官。

依照惯例，纪念活动以碰杯仪式开始，一共举杯17次。第一次是向"诞辰日"——即华盛顿的生辰——致敬，为"于我们亲切、于子孙神圣"的日子干杯。接下来的致辞肯定令在座的3位大法官竖起耳朵：向"独立的司法机关——民权自由的保障者"致敬；共和党人挂在嘴边的"司法权乃是联邦党人最后的权力堡垒"那套说辞，在这里没人提起。此后的祝酒对象还包括"我们祖国最为宝贵的财富——合众国的荣耀""国民大众应该铭记于心的革命英雄"以及"华盛顿的真知灼见——治国平疆靠的是经验而非理论"。

然后，轮到每个人分别举杯致辞。贝亚德众议员首先起立，怀着对美国广袤领土的自豪，他举杯向"合众国的自然边陲、海疆、海峡、伟大的密西西比河以及不计其数的湖泊"致敬。詹姆斯·罗斯参议员紧随其后，他就新奥尔良问题一直在向杰斐逊总统施压，在祝酒词中暗示这场较量会在国会继续——"让我们至少希望，为密西西比河流域人民提供的保护总不至于比羊皮纸更薄吧"。最高法院的大法官佩特森也举起了酒杯。不出所料，这位沉迷于老调陈词的大法官，致敬的对象还是"纯洁的观念、光荣的手段与崇高的目标"云云。

轮到约翰·马歇尔举杯致辞，当即成了众人瞩目的焦点。尽管绝大多数人还蒙在鼓里，但此时距马歇尔宣布马伯里案判决结果已不到48小时（最高法院公布最终判决结果是2月24日周四上午）。当晚来斯氏酒店一醉方休的嘉宾们之中，只有马歇尔、佩特森和华盛顿 3 位大法官知道这个结果。在灯火通明的大厅中，在众人瞩目之下，马歇尔谨慎地决定向"那些少有的、因深爱国人而勇于告诉他们真相的真正爱国者们"致敬。此刻，马歇尔、佩特森与华盛顿一定曾会心地彼此微笑。

次日，2 月 23 日，最高法院在斯氏酒店再次开庭办公。除了库欣大法官以外，所有大法官全都出席；摩尔大法官已经基本痊愈，因此也能加入庭审。法院对一些案件作出了处理，同时又听取了另外 3 个案件的口头辩论。其中有个案件的特别之处在于被告代理人是菲利普·巴顿·肯。没错，正是因为 1801 年《司法法》被废而丢掉了法官工作的那个肯。

当天上午审理的第三个案件是斯图尔特诉莱尔德案。本案涉及一个极为重要的宪法问题：由共和党人控制的国会废除了"午夜法院"，并强迫最高法院的大法官重新开始巡回审理，由此导致肯以及其他"午夜法官"不得不脱下法袍——这一立法行动是否符合宪法？该案的口头辩论将从 2 月 23 日周三开始，并持续到次日。

查尔斯·李是休·斯图尔特的代理人。他认为废除《司法法》的立法行动违反了宪法。约翰·莱尔德曾在 1801 年早期因为一起合同纠纷对斯图尔特提起诉讼。在 1802 年，莱尔德请求法院下达命令执行胜诉判决。但这些所谓的"午夜法院"却因国会废法行动而被撤。因此本案退回到里士满新建的巡回法庭重审，主审法官正是重新开始巡回审案的约翰·马歇尔。李当然不会放过这个机会，他主张：重新建立的巡回法庭违反宪法，因为重建所依据的立法——即废除 1801 年《司法法》的法案——本身违宪。但马歇尔认为，李对建立巡回法院的立法行动的合宪性挑战，诉由"不充分"，无法成立，最终作出

第十章　深思熟虑

了有利于莱尔德的判决。

当案件来到最高法院后,李调整了他对法案合宪性的攻击策略。他依然基于两项理由坚持国会的立法行动违宪;因为马歇尔主持的巡回法院是根据 1802 年《司法法》所设立,因此该法庭并无管辖权可言。李向大法官们提出的第一个理由是,国会废除 1801 年《司法法》的立法行动,以违宪方式剥夺了 16 名依法新任联邦法官的职位。李指出,根据联邦宪法的规定,这些法官的终身任期应获保障:"宪法这一条款,旨在确保法官不受向存嫉妒之心的行政官员的干扰,也免受向来借民粹成势的党争政治的攻讦。"此处,李还极富针对性地援引了约翰·马歇尔与詹姆斯·麦迪逊(别忘了,这正是李手上另一个宪法案件的被告)在争取弗吉尼亚州批准联邦宪法时发表的精彩演说。

李接着说道,废法行动违宪的第二个原因是要求最高法院大法官恢复巡回审理。"这些新通过的法律同样违宪",李解释道,"因为他们对最高法院大法官课以新的义务,因此侵犯了法官独立;同时也违背了由行政机关而非立法机关指定特定法院之法官的宪法原则"。接下来,李还不动声色地将自己的密友——正坐在法官席上曾主持巡回法院审理的首席大法官约翰·马歇尔——拉进了辩论中。"正是 1802 年 4 月 29 日通过的立法,指定当时'最高法院首席大法官'担任由该法所创设的法庭的法官。按照这一逻辑,他也可能被指定为……密西西比领地巡回法院的一名法官。"李还提出,如果一名法官已经在巡回法院主审案件,那么该案进入最高法院上诉审程序后,这名法官对自己作过的判决就无法保证不偏不倚——在本案中,这无疑就指马歇尔本人。"本院所审理案件的所有当事人,均有权要求 6 名大法官同时听审",李又进一步阐释道,"无论这 6 名大法官是否悉数出席庭审，都应确保审理案件的法官的中立与公正。在下级法院已经审理过同一案件并作出裁判的法官，必然无法避免一定程度上的偏见：因为他会期望自己曾经作出的判决获得维持"。

被告方代理人则提出：宪法赋予了国会广泛的权力以规范联邦司法权；大法官亲自巡回审理的要求，不仅早有传统，也并非难以接受或不可行的设置。李在结辩陈词中，对此提出了言简意赅、十分犀利的反驳意见："1802年《司法法》瞬间剥夺了16名联邦法官的职务，将他们踢出自己的办公室，将他们的职权分派给他人。其实错误早在1789年《司法法》就已铸成，当时那件法案就有违宪法。正是1801年通过的法案（创设了'午夜法官'）将司法体系重新拉回了宪法轨道。"

看到老友在最高法院一再慷慨陈词，马歇尔必定心中暗喜。在2月开庭期，李除了马伯里案，还代理了最高法院审理的好几起案件。当时打到最高法院的诉讼案件几乎被少数人包办。不仅同一律师代理多个案件，甚至为不同案件出庭辩论的律师都是同一人。马伯里案的原告之一罗伯特·胡，同时还是最高法院审理的另外两起案件的当事人，那两起案件涉及他的商业利益。

最高法院对国会废除1801年《司法法》是否合宪究竟持何态度，确实引发过公众猜测，但斯图尔特诉莱尔德案却并未引起公众的关注或评论。一直悬而未决的"职务执行令案"——即马伯里诉麦迪逊案——才是目前的焦点：人们都在翘首期待，上演一场杰斐逊与最高法院对决的好戏。

1803年2月24日周四，早晨10点，首席大法官约翰·马歇尔召集所有大法官在斯氏酒店大堂集合。年事已高的联席大法官威廉·库欣不出意外地缺席，但其他4名大法官——威廉·佩特森、塞缪

第十章 深思熟虑

尔·蔡斯、布什罗德·华盛顿以及艾尔弗雷德·摩尔——与马歇尔一道按时现身。首席大法官宣布，最高法院今天将作出马伯里诉麦迪逊案的终审判决。全场所有人都在拭目以待：杰斐逊与麦迪逊正面临一场前所未有的巨大挑战，但两人力拒"午夜"任命的治安法官就任的决心似乎坚若磐石；面对如此激烈的对峙，居中裁判的最高法院将会作出怎样的判决？

第十一章

一 锤 定 音

在宣读最终判决之前，首席大法官约翰·马歇尔环视了斯氏酒店大堂一周。无论是到场的听众，还是此刻的时间，都堪称完美。

47岁的马歇尔，担任最高法院首席大法官刚刚两年。作为首位在政府三大权力机关均有任职经历的大法官，他一直在努力提升最高法院的地位，使之真正与另两大机关平起平坐。他接掌的合众国最高司法机关，既乏尊严也难言声望，常常沦为笑柄。正因为此，约翰·杰伊当年轻视最高法院，并最终拒绝了亚当斯重任首席的邀请。马歇尔首先采取的行动是从内部强化并团结这个机构——最高法院的裁判立场开始变得强硬。在他的安排下，大法官们在同一住所起居生活；他还引领了大法官们在庭上着黑袍的风尚。当然仅有这些并不能令他满意，他在寻求一次质变的机会。但马歇尔也清楚地看到，如果最高法院总是作为政党政治的附庸出现，那么它永远不可能真正崛起。不摆脱这一点，最高法院的声望只会日益沉沦。

马歇尔对最高法院的权威非常重视，将之视为原则攸关的大事。在成为最高法院大法官之前，马歇尔就一直主张打造一个独立的有权审查法律合宪性的司法体系。早在 15 年前的 1788 年，在弗吉尼亚州召开的应否批准合众国宪法的集会上，他就对此发表过极具影响的演说。当时，就连与他意见不一的大人物帕特里克·亨利也深为所动。

马歇尔坚信，这个年轻的国家亟须一套完整的国家权力体系。这个在独立革命的硝烟中历经枪林弹雨的军人回忆往昔，"我如此执著坚定地视美利坚为自己的国家，视国会为自己的政府"。

马歇尔又是一位才华卓著、能力超群的政治家。他似乎具有某种天赋，能将身边的人团结在一起又各得其所，同时本能地善于抓住事物的关键，与他人求同存异。在几乎一边倒支持共和党的弗吉尼亚州，他作为联邦党候选人竟能击败对手当选该州联邦众议员，首先要归功于他坚持务实、不走极端的政治路线。在国会中，他一直是约翰·亚当斯总统折中主义路线的忠实拥趸与开路人，因此他在激进派联邦党人与杰斐逊派共和党人中间都能赢得朋友与伙伴。当然，唯一的例外是他的远房表叔——托马斯·杰斐逊。

现在，马伯里诉麦迪逊案就像一场完美风暴，马歇尔上述所有的性格特征——全新司法机关的缔造者、力主司法独立与法院违宪审查权的领袖、民族主义者与政治家，甚至包括他性格中反感杰斐逊的一面——在这电光火石的一刻集中爆发。面对这场政治考验，在受理案件后那漫长的 14 个月中不为人知的某一个时刻，马歇尔有如神助一般地创造出这份判决：认定一部法律违宪，以名义上的自我否认，实际大大提升最高法院的地位；既直接批评了杰斐逊与麦迪逊的行为违法，又使党争双方各有得失，让判决成功避免了政治极化的陷阱。

在最高法院之外，没有人知道这个伟大的判决即将来临。这份判决显然是经过深思熟虑精心写就的，它的长度与复杂程度都足以证明，马歇尔确实将此案当做一个千载难逢的机会，为此投入了巨大的心血与精力。这一判决涉及的复杂问题，迥然不同于最高法院此前所做的那些简短强硬的判决。在马歇尔眼中，马伯里案对于最高法院的意义如此重大，因此他下定决心要将此案载入史册。

* * *

马歇尔以亲切温和的口吻开始宣读判决。在场的大多数人肯定不曾想到，他们将要听到最高法院并不漫长的历史中最为冗长的一份判决：判决有 164 段，将近 9 400 字。约翰·亚当斯 33 岁的外甥威廉·克兰奇（他母亲与艾比盖尔·亚当斯是亲姐妹）不仅担任哥伦比亚特区上诉法院的法官（同样是前总统约翰·亚当斯在下台前那个午夜任命），还兼任最高法院的书记官。随着马歇尔开始宣读判决，他也健笔如飞地展开了速记。

马歇尔在开篇首先提醒他的听众，"在上一庭期"——这是指 14 个月前，国会通过立法取消最高法院在 1802 年一整年庭期之前——"本院曾作出裁决，要求国务卿就以下问题做出解释：为何本院不应当下达职务执行令，并要求他向获得委任的哥伦比亚特区华盛顿郡治安法官马伯里送达委任状"。或许是出于避免混淆或突出重点的考虑，马歇尔在判决中从未提及本案除马伯里之外的其他原告：罗伯特·汤森德·胡、威廉·哈珀以及丹尼斯·拉姆塞。用马歇尔的话来说，这个案件的实质无非是有人对国务卿执行总统命令的行为提出了异议。

马歇尔写道，"申请人请求本院下达职务执行令"；他继而强调了法院下达这一令状的关键性程序要件，"鉴于本案特有的敏感性"，"案情之奇特以及所涉问题之疑难，本院必须对最终判决结果所依据的原则做出透彻说明"。斯氏酒店里的每个人都清楚，马歇尔判词中"特有的敏感性"指的是什么。一向地位低下、弱势甚至遭人耻笑的最高法院，如今要变脸对万众拥戴的总统和备受敬重的国务卿说"不"了。此刻，马歇尔亲手搭好舞台，拉开了这场政治与司法大戏中引人入胜的关键一幕。

接下来这段判词一定让酒店大堂中的杰斐逊拥戴者揪心不已：马歇尔的口风仿佛倒向了马伯里的代理律师、他的朋友及前内阁同事查尔斯·李一边。他读道，"申请人一方在庭前有力地提出了关系本案的基本原则"。他随后的话让人感觉最高法院似乎赞同李的主张，这或许是一个爆炸性的进展。"本案的最终判决"，他解释道，"虽然在形式上将有部分结论不同于原告主张的要点，但究其实质并无太大差异"。难道最高法院果真会根据李的主张，否决杰斐逊与麦迪逊的行为？

马歇尔终于读到了判决的主体部分。最高法院在本案中将回答三个问题：第一，"申请人是否有权获得他所主张的委任状"；第二，"如果他有权获得委任状，并且这一权利遭到了侵犯，我国法律是否为他提供了救济途径"；第三，"如果这种救济途径确实存在，是否就是由本院下达职务执行令"。斯氏酒店里的听众明白，如果最高法院对上述三个问题都说"YES"，最高法院与杰斐逊之间一场火星撞地球的对决就不可避免了。

马歇尔首先回答了第一个问题：威廉·马伯里是否有权获得任命他为治安法官的委任状？首先需要查明的问题是，马伯里是否依法获得了委任。"这是因为，如果他确实获得了委任，则应依法保障其5年任期；与此相应，他也有权获得证明该职务的文件；这些文件也应完整地成为他的个人财产。"马歇尔在此特意提到"财产"二字，这对他的听众其实大有深意。因为当时的司法判决（特别是最高法院的判决）极少能对联邦事务产生重大影响，因此在很多人看来，法院的

大法官与总统的对决

主要作用就是保护财产权不受非法侵犯,尤其在涉及商业纠纷时。马歇尔将马伯里的主张塑造为一项财产性诉求,以期获得最大程度的理解与同情。

马歇尔强调,在马伯里获得亚当斯总统提名并经参议院批准后,亚当斯的确签署了委任状,同时也盖上了合众国国玺。在马歇尔领导的最高法院看来,一旦委任状经由法定程序制备完毕,马伯里就获得了赴任就职的权利。"需经总统之手的最后一道任命程序,就是亲自签署委任状。在经参议院咨议与同意后,他要对自己的提名做出最后确认。总统一旦签署委任状,就不再有斟酌的余地。他已经做出了决定。在总统提名经过参议院审查并获得最终认可之后,总统签署委任状就意味着任命行为的完成。"

马歇尔不厌其烦地重申这个观点,以确保每个人都清楚无误:在委任状得到签署之后,行政机关就失去了对任命程序的控制,也不得对此施加任何干预或阻挠。"对于一名不能基于行政首长意志随意任免的官员,必须从时间上明确,行政机关对他的任职程序从何时起丧失了干预权。这一时点必定是宪法所规定之任命程序完成之际。而任命程序的完成之际,就是享有任命权之人完成最后一道法定手续之际。在本案之中,这最后一道手续就是签署委任状。"

因此,杰斐逊发出不得向马伯里递送委任状的命令——以及麦迪逊对这一命令的服从——有悖于法。将经过法定程序制备完成的委任状送交受任者,是国务卿作为政府行政官员应负的法定义务,不得自行更改;总统对此也无权干预。

随后,马歇尔转弯抹角地抨击了行政机关拒绝参与本案司法程序的做法。他强调,为了寻找任何足以推翻上述结论的论据或观点,最高法院做了细致的考察。"尽管本院努力搜寻了任何可能与上述结论相悖的论据,但最终并未找到任何足以说服本院改变上述结论的理由。本院亦反复考量了种种可能的反对理由,并从最有利于这些理由的角度来考虑其对本案结论的影响。即便如此,依然无法撼动已经形成的结论。"很明显,尽管政府拒绝委聘律师出庭应诉,最高法院依然"反复考量种种可能的反对理由"来挑战现有结论。

马歇尔近乎不厌其烦地强调,在本案第一个问题上——即马伯里是否有权获得被杰斐逊与麦迪逊扣留的委任状——最高法院完全站在马伯里一边。"由于马伯里先生的委任状已经得到总统签署并由国务卿加盖国玺,因此他已经正式获得了任命。根据创设该官职的法律之规定,其任期为5年且不受行政首长之任意任免。因此,这一任命结果不可撤销。被任命者完全有权依据本国法律主张并维护其就职的权利。因此,本院认为,扣留委任状的行为有悖于法,并侵犯了一项业已依法确立的权利。"这就是说,马伯里的合法权利确实受到了侵犯。

第一个问题尘埃落定,还有两个需要解决。马歇尔此时转向了第二个问题。如果——诚如最高法院前述所见——马伯里"的确享有其所主张的权利、且该权利确实遭到侵犯",那么"他是否可依据本国法律获得救济"。马歇尔从高屋建瓴的理论出发切入第二个问题:"公民自由(civil liberty)的要义在于,任何个体在权利遭受侵害之时,均有权请求法律保护。"当问题提到"公民自由的要义"这种高度,马歇尔的用意就无人不晓了。"我们一再宣称,美利坚合众国政府乃是法治政府,而非人治",但"如果我们的法律甚至不能为一项业已确定的合法权利提供救济,我们的政府就不配再享有这一美名"。"法治政府,而非人治"这句名言正是出自鼓动马萨诸塞州批准联邦宪法的约翰·亚当斯之口,马歇尔对此无疑心知肚明,但在马伯里案判决中他只字未提老上司的名字。马歇尔着重指出,即便是英格兰国王,

"也从未拒绝执行法院作出的判决"——这个国家20年前刚从英王手中争得独立，最高法院这番话多少有些讽刺。

在占据了政府必须遵从法律这一道义制高点后，马歇尔反过来又强调，行政机关作出的某些决定纯属政治性决策，因此这类决定不属于最高法院司法审查的对象。"合众国宪法赋予总统特定的政治权力，并授权他自主裁量行使；总统行使此类权力进行政治决策时，仅以其政治身份对国家负责，对个人良知负责。"此外，如果行政官员协助此类政治决策的执行，那么该官员的行为同样不受法院审查。因为此时，"他仅仅是总统意志的传递与表达者。以此身份做出的任何职权行为均不受法院审查"。

但同时，如果国会指定行政机关的官员承担一项职责，而公民个人权利的实现又依赖于该官员履行这一职责，法院便有权审查该官员的行为是否符合法律要求。"若其职权乃基于法律之明确规定、而该职权行使又关系到公民个体权利时，认为自身权利因该职权行使而遭受侵害的公民当然有权寻求法律救济。"

那么在本案中，杰斐逊与麦迪逊被诉的行为究竟属于上面哪种情形？究竟是不受法院审查的政治决策，还是涉及法院有权审查的具体公共职责？

此时，马歇尔将矛头对准了行政机关，甚至总统本人。做出提名以及任命均属于"政治权力，皆由总统依自由裁量而行使"；但一旦某人获得提名并经参议院批准，最终依照法定程序获得任命，将已经签署的委任状递送给获任者这一义务就不再属于总统个人自主裁量的范围，总统不得再行干预，因此可由法院下令执行。"如果该官职依法不得由总统基于意志随意任免"——由于法律明确规定治安法官任期为5年，因此最高法院认为总统无权基于个人意志撤换马伯里——

"其因为获得任命而取得的诸种权利也就获得了法律保护,不再受总统干预。行政机关无法剥夺上述权利"。

由于马伯里已经依法获得了亚当斯总统的委任,因此他"有权赴任并完成 5 年任期……享有就职之法定权利,其也就享有取得相应委任状之权利;而拒绝递送委任状的行为显然侵犯上述权利,马伯里应获得相应法律救济"。

这个结论对共和党人犹如晴天霹雳。截至目前,在司法机关是否有权下达职务执行令强制要求麦迪逊不顾杰斐逊的反对而向获任者递送委任状这一问题上,最高法院几乎全盘倒向了马伯里。此时,最高法院也走到了悬崖边缘:一场与行政机关的历史性对决似乎在所难免。不过,这倒符合大多数人的预期——这将是一场全面的大决战:一方是由亚当斯与华盛顿执政时期任命的联邦党人司法官员控制的司法权,另一方则是由杰斐逊政府掌控的行政权——后者将亚当斯卸任前的突击任命视为恶行并拒受其制。

马歇尔与他最高法院的伙伴们已经解决了三个问题中的两个,结论均有利于马伯里。如果最高法院就第三个问题——马伯里是否有权获得由最高法院签发的职务执行令——继续保持这种姿态,那么它与行政机关的对抗将一触即发。

* * *

马歇尔将第三个也是最后一个问题,切分为两个子问题来回答。第一个子问题是,"当事人请求法院下达的令状是何种性质";第二个子问题则是"本院是否有权"下达这一令状。

在分析第一个子问题时,马歇尔再次抓住机会反驳了对最高法院僭越行政权的批评。他解释道,"合众国总统与各行政部门长官之间密切的政治关系自然使得针对这些高官的任何法律调查都不受欢迎，并且难于开展；由此也让人心生犹疑，开展这类调查是否明智"。马歇尔表示，也不必惊讶（surprising）——马歇尔实际上用的是"奇妙"（wonderful）一词，但依其古义也可表示意外或惊讶，"总有人将本案中公民个体向法院主张合法权利——而法院恰有义务依法回应——这一事实视为对政府内阁之侵犯、对行政权之干涉"。不错，这正是国会和媒体界的杰斐逊支持者一向所持的偏见——最高法院企图侵犯内阁、干涉行政权。

在点明了这种对法院不当干预行政权的批评后，马歇尔掉转笔锋展开了毫不留情的批驳。"对于这类案件，法院不必一概放弃管辖。法院一刻也未曾怀有上述荒谬过分的越权企图。法院的管辖范围仅仅在于划定公民个体的权利，而非审查行政机关或行政官员在其自主裁量权内如何履行职责。"他向斯氏酒店里的听众们承诺，他所领导的最高法院不会涉入政治事务："政治性问题，或者根据宪法和法律规定当由行政机关决断的问题，均不受本院审查。"

但马歇尔坚持，本案并非政治性问题。行政机关的不作为侵犯了马伯里本应享有的权利，而后者要求的救济无非是递送一张纸质文书。"如前所述，申请人享有一项在法律上业已成立的获得委任状的权利，行政机关无权剥夺这一权利。他已经获得担任特定职务的任命，且这一职务不得基于总统意志而随意任免。根据这一任命结果，经由总统签署并交给国务卿的委任状，应当交给获任者。尽管国会的确未立法要求国务卿向申请人交付委任状，但国务卿保管委任状的目的是服务获任者。因此，国务卿与任何其他人一样，都不能违法扣留委任状。"

为了表明最高法院对本案的周密思考，没有疏漏任何法律细节，马歇尔在判词中还分析了申请人寻求另外一种法律救济的可能——即基于"返还不当扣押物之诉"(detinue),提起返还标的物的请求,是否也能恰当地保护权利并实现原告诉求。但他最终否定了这种可能。在返还不当扣押物之诉中,返还判决乃是"针对标的物本身或其价值"而做出的;但在本案中,返还标的物并非委任状的价值,而是法官职务本身。"只有取得委任状或该委任状的登记记录,他才能赴任就职。"

对于马歇尔而言,本案是非曲直一目了然。"因此,本案并不复杂。一旦本院下达职务执行令,国务卿就必须交付委任状或交付委任状登记记录的副本。最后的问题只是在于:在本案中,本院是否有权下达职务执行令。"判决到此已经写了 117 段,句句对马伯里有利。最高法院已多次指出:马伯里享有上任就职的法定权利,他有权获得救济,而由法院下达职务执行令则是恰当的救济途径。看上去,最高法院只差最后一句话要说:本院可以下达职务执行令,要求杰斐逊政府履行法定义务。

* * *

马歇尔非常清楚,如果作出这样一个判决,马上就会引发一场国家危机。在本案庭审辩论结束后的那 13 天里,马歇尔终于找到了两全其美之策:不仅可以避免宪法确定的两大政府分支陷入灾难性的对抗,而且可以由此建立一项长期适用的重要原则。但令人称奇的是,为了实现这一目的,最高法院必须先拿自己开刀。尽管从未有人提出这项主张,马歇尔和其他大法官却得出一个结论:最高法院可以推翻国会的法案,恰恰是因为该法违宪地授权最高法院作为一审法院审理申请职务执行令案。在马歇尔看来,宪法缔造的最高法院是一个上诉法院；只有在明确规定的极少数例外情况下，最高法院才能充当初审法院。最高法院可以不具有一审资格为由，否认自身对案件的管辖权，因而无法为马伯里案作出判决，如此最高法院虽然输掉了马伯里案这场战斗，但却赢得了一场意义远远重要得多的战争。尽管最高法院承认无权为马伯里下达职务执行令，但却不妨碍它认定杰斐逊与麦迪逊的行为非法并记录在案；更为重要的是，从长远来看，它在美国历史上将首次确立这样一项原则：最高法院有权宣布国会的立法违宪。

没有人可以肯定，这个策略究竟是出自马歇尔的深思熟虑、苦心经营，还是显示了他化腐朽为神奇、在绝境中创造机会的天赋才能，或者只不过是他从各种角度思考本案后自然得出的答案。同样不得而知的是，这个绝佳的点子究竟出自马歇尔自己，还是众位大法官在斯氏酒店的房间或大堂集体讨论的智慧结晶。

唯一可以肯定的是，自从马伯里在1801年12月向最高法院申请下达职务执行令以来，到1802年两党分歧白热化，最高法院当年的庭期被全部取消，再到参议院讨论并拒绝马伯里于1803年1月提出的诉请，最后到1803年2月最高法院重新审理马伯里案，在这整个过程中，没有任何记录显示有人就最高法院对本案的管辖权提出过异议。即使在共和党人指责最高法院僭越行政权最激烈的那段日子里，也没人提起过。华盛顿的所有人或多或少都对本案做出过评论或表态，国会辩论也总是自然而然提到本案，但却从未有人关注过最高法院对本案的管辖权问题。最高法院的大法官们在马伯里案庭审的几次提问和发言中，也从未提到管辖权。只有马伯里的代理律师查尔斯·李，在辩论意见中曾就最高法院对本案的管辖权做过阐释，他认为最高法院在申请职务执行令案中，既可以行使初审管辖权（因为国会已对此明确授权),也可以享有上诉审管辖权(因为这是一起针对行政机关行为的上诉案件),但没有任何迹象显示最高法院以及本案的观察者们认为这里存在什么问题。尤其值得注意的是,即便那些一直反感最高法院的共和党系媒体,在他们连篇累牍的大肆批评中也没有任何针对管辖权的攻击。

马歇尔随后读出的判词一定让酒店大堂的听众大吃了一惊:就在这份判决将紧张气氛一步步推向最高点——最高法院与总统的全面对抗一触即发之际,却突然来了一个180度的急转弯。马歇尔首先指出,1789年《司法法》(大部分由联邦宪法的缔造者们起草)授权最高法院作为初审法院"对……担任公职者下达职务执行令状",而不要求申请人先向下级法院提出救济请求。然后,马歇尔笔锋一转,指向了宪法。马歇尔解释道,合众国宪法规定,"最高法院对一切涉及驻外大使、其他高级外交使节及领事的案件以及以外国为当事人的案件享有初审管辖权。**对于其他一切案件,最高法院享有上诉审管辖权**[强调标记为作者所加]"。马歇尔还明确地指出:宪法对于最高法院享有"初审管辖权"案件类别的列举,不可再由国会进行任何扩充。"宪法文本的含义再清楚不过:最高法院对于某一类案件享有初审管辖权而非上诉审管辖权;而对于另一类案件,则享有上诉审管辖权而非初审管辖权。"如果原意并非如此,如果最高法院的初审与上诉审管辖权完全交给国会去安排与变更,宪法条文中"对于其他一切案件,最高法院享有上诉审管辖权"这句话,就"毫无实际意义可言"了。马歇尔还否定了另一种可能性:在本案并非从下级法院上诉至最高法院的实际情况下,将最高法院对本案的管辖权视为一种"上诉审管辖权"。马歇尔解释道,"上诉审管辖权的本质在于修正或纠正已经发动之司法程序的结论,而不是发动一项程序"。因此,国会立法授予最高法院对申请职务执行令案的初审管辖权，违背了宪法第三条对最高法院管辖权的规定。

现在，决定性的时刻终于来临，它将把马伯里案推向人类法律史上最重要的判例之一，并成为美国法治的一座不朽丰碑。当最高法院认定国会的立法违宪，将会发生什么？

马歇尔紧紧抓住这一问题。"抵触宪法之立法能否成为本国的有效法律，这一问题与合众国的利益息息相关；但令人庆幸的是，这一问题的复杂程度远远低于它的重要程度。"宪法是"人民"的意志，也是"美利坚合众国成立之基石"。"作为政府权源并具有至上权威之宪法，是组织政府与分配政府职权的依据所在……宪法对立法机关之权力划定了明确的边界，在白纸黑字的宪法条款之下，这些边界不容误解或遗忘……如果宪法规定之权力边界毫无约束力，或者突破此边界的立法依然有效，那么一个权力受限的政府与一个权力无限的政府又有何分别？"

马歇尔提出了一个二选一的命题："到底是宪法的效力优于任何与之抵触的国会立法，还是立法机关通过一个普通法案就足以修改宪法。""以上两者之间"，他接着写道，"不存在任何中间地带。宪法要么是至高无上的根本大法，不得通过一般立法进行修改；要么就与任何普通立法属于同一层级，可由立法机关径行修改"。

马歇尔就此提出了两个名垂青史的著名论断：第一，当宪法与国会立法发生冲突时，宪法的效力必须优先。"在成文宪法的缔造者眼中，宪法显然是本国至高无上的根本大法。因此，宪政政府的核心理念必然是：抵触宪法的立法法案当然无效。这一理念是这部成文宪法的必然产物，因此也被本院视为我们这个社会的一个根本准则。"

同样重要的第二个论断是：解决宪法与法律之间冲突的最终裁决

者是司法机关。这一结论并非不证自明。例如,用一名评论者的话来说,在大不列颠王国,议会通过的立法是"本国至高之法","即便司法机关也无权审查其合宪性"。此外,合众国宪法创设了国会与总统这两大权力分支,同时明确要求二者的任职者均须向宪法宣誓。在国会和媒体界就有人提出过这个问题:为什么国会议员或者总统本人不能成为合宪性问题的裁决者?

马歇尔没有理会这些异议,在这份令最高法院得以与另两大权力分支平起平坐的伟大判决中,他断言违宪审查的职责属于法院。"解释法律,正是司法机关的职权与责任所在。"马歇尔断言。"法官适用法律决断纷争,必然要对法律规则进行阐述与解释。如果两部法律相互抵触,法院必须对它们各自的效力作出决断。"

马歇尔以铿锵有力、掷地有声的话语为判决作结。一旦案件涉及国会立法的合宪性问题,判断立法是否合宪的最终裁决者只能是司法机关。"司法机关与立法机关皆需遵行……抵触宪法之法律当然无效,法院与其他政府部门均受这一原则约束。"

于是,威廉·马伯里注定要输掉这场官司。尽管早在近两年前,他已被总统提名并经参议院批准担任治安法官,但他最终无法通过这场诉讼获得职务执行令,要求国务卿麦迪逊递送委任状。随着判决书的最后一句"撤销初步判决"[1],申请人一方的诉请就此落败——因为授予最高法院对本案初审管辖权的立法,被认定违宪。

这一结果令所有人震惊。最高法院认定杰斐逊和麦迪逊扣留马伯里委任状的行为违法,并严词痛斥,堪称最高法院历史上对总统及行

---

[1] 本处的"初步判决"是指判决书开头提及的最高法院在上一庭期1801年12月18日所作的、要求国务卿麦迪逊陈述理由的初步判决。

政机关最严厉的批评。但同时，最高法院又成功避免了与总统直接对峙必败无疑的风险。杰斐逊与麦迪逊也许早就做好了准备。只要最高法院下令要求向马伯里递送委任状以就任治安法官，他们就会迎头痛击。

对于最高法院以至美国法治的发展而言，最为重要的是最高法院第一次宣布一项国会立法因违宪而无效。有趣的是，最高法院是通过推翻一项扩张最高法院管辖权的立法，在限制自身权力的语境下运用了这项新权力。因此，最高法院以一种表面上的自我否定，为自己确立了违宪审查终决者的地位。

原本党派立场分明的报纸陷入了困惑与迷茫，不知该如何评判和回应。杰斐逊与麦迪逊的行为虽然遭到了痛斥，但在技术上，他们却赢得了这场官司，或者至少没输。马伯里的诉求得到了支持，却输掉了结果。最高法院认定了国会一项立法违宪——却是通过限制自身权力来实现的。在马歇尔的如花妙笔下，这份判决似乎在向世人显示：赢即是输，弱可为强。

3月，最高法院的书记官威廉·克兰奇向新闻界公布了判决书。《华盛顿联邦党人报》《国民通讯员报》等多家报纸，分两到三期全文刊发了这篇冗长的判决意见。部分报纸摆脱政治站队，赞扬了马伯里诉麦迪逊案充满睿智的裁判方法。《联邦党人报》称赞这份判决"引发了读者的极大关注与由衷敬佩"；每个人都应当在这份"满怀激情为公民权利与自由大声疾呼的"判决书中感受到"一份真正的骄傲"。马伯里案的判决结果还戳穿了那些"毫无根据的阴谋论"：大法官们"为了政党斗争和扩张自身权力"，"煽动和支持"申请职务执行令案，把它当做"攻击行政机关的恶毒手段"。"［这份判决］将会成为最高法院智慧、公正与独立的永恒象征，而那些巧言令色的谩骂

第十一章　一锤定音

者的名字转眼就会被历史遗忘。"同时，几乎在所有议题上都与《联邦党人报》针锋相对的《曙光报》，也为首席大法官马歇尔对马伯里案的判决大声叫好："您的威严声望一锤定音……平息了这场党派纷争。您已经成为并将一如既往地成为，夜空中那颗最闪亮的星星"。无论属于联邦党系还是共和党系，这几家报纸都认为最高法院这次表现得真正像一家**法院**，而非许多人此前预料的不过是又一枚政治棋子。

其他报纸对这份判决的反应就刻薄得多，它们站在各自立场对杰斐逊或马歇尔极尽苛责。比如，亚历山大·汉密尔顿主编的《纽约晚间邮报》欣然使用了"总统违宪"的大标题挖苦杰斐逊，"那位温和谦逊、毫无权欲的先生！……他的政府上任以来的头等大事就是不受限制地攫取权力"。一些共和党写手则反过来大骂马歇尔，指责他妄加评判杰斐逊总统的行为，完全无视他以限制司法权来解决本案。弗吉尼亚州《百眼巨人报》刊登的一篇文章广受转发，作者"利特尔顿"奉劝担任首席大法官的这位弗吉尼亚州同乡，"为了从那些众口一词的恶评中拯救您的名节，至少在短期之内，您应该放下身段，坦然承认您并非圣子显灵"。利特尔顿将马伯里案恶喻为"一头奇丑无比的可怕怪兽；长着巨大的胎盘……头尾相缠，腿脚奇长，内脏流于体外而皮毛藏于体内"。在这套夸张的修辞之外，利特尔顿的攻击直指最高法院，"在毫无管辖权的情况下，对一项争议问题粗暴作出判决"。共和党人主办的《独立纪事报》上，一名记者也批评最高法院，对"一个并未正式提交审理的问题擅自作出判决"。富有意义的是，这些来自共和党阵营的批评都没有针对最高法院宣布国会立法无效的新权力。相反，他们正是基于最高法院宣布授予其管辖权的法案无效，才强烈反对最高法院对案件中的问题继续表态。

在新闻界和国会，也有一些利益相关的旁观者批评最高法院以宣布立法无效窃取这项新权力。一名北卡罗来纳州的共和党领袖气愤地质问该州众议员，"你们哪根筋搭错了，竟然支持法官享有如此巨大的新权力"。有个人自称"一名孤陋寡闻之村夫"，在《华盛顿联邦党人报》发文强烈反对最高法院"据有这项危险至极的权力"，强调"法官一旦握有这项权力，必将带来危险与混乱"。据约翰·昆西·亚当斯所述，来自弗吉尼亚州的共和党众议员威廉·布兰奇·贾尔斯也表示，他"对**独立**的司法机关这种想法极为不屑，[并]说宪法中没有任何地方提到这种独立地位[强调标记为原文所有]"。

输掉官司（却获得正名）的原告威廉·马伯里，对本案没有留下任何有记录的评论。胜诉（却被最高法院批评）的詹姆斯·麦迪逊，同样未对本案发表过任何见解。但有大量记录显示，本案没有具名的真正被告托马斯·杰斐逊总统，多次强烈抨击了这个判决。当然，杰斐逊没有第一时间回应。但接下来的那年，杰斐逊在给阿比盖尔·亚当斯的信中，批评"这个判决不仅逾越法官自身权限，而且越过立法机关和行政机关授予法官裁判法律合宪性的权力，必将使得司法机关成为专断蛮横的权力分支"。他解释道，尽管法院完全支持《惩治煽动叛乱法》的效力，但他一直认为该法案违宪，因此才会赦免那些因触犯该法而遭处罚者。不久，杰斐逊对马伯里案（及其远房表侄约翰·马歇尔）积蓄已久的怨恨彻底爆发了。1807年，阿伦·伯尔叛国案在马歇尔主持的巡回法庭开审，杰斐逊严令时任美国检察总长乔治·黑不得援引马伯里案，哪怕该案确是最高法院作出的判例。杰斐逊愤怒地表示，他"一直都在等待一个恰当的机会，让公众看清马伯里诉麦迪逊案的判决多么荒谬至极，根本不能遵循"。在杰斐逊看来，这个判决一无是处。"审理此案的法官们首先主动承认自己并无管辖权,接着却大费口舌地说明,如果他们有管辖权会如何判决。"而且,最高法院对委任状的认识是完全错误的,"无论委任状、契据还是债券,送达都是生效的必备要件"。最高法院对宪法设计的政府权力结构的认识同样漏洞百出,"宪法本意是确保政府三大权力机关地位平等,相互独立。因此,任何一个权力机关作出的决定或行动,其他机关均无权干涉或控制"。

杰斐逊在其信中信中毫不掩饰马伯里案是他多年以来的心头之恨:三大权力机关"在各自职权内的事务中都有平等的释宪权";"我认为送达是完成这项法律行为的必备条件……因此扣留这些委任状不许送达";联邦法院"无权向总统、立法机关及其下属官员下达职务执行令";如果非要确定一个"宪法的唯一解释者",那也只能是立法机关而非司法机关;"马伯里诉麦迪逊案现在不断被法官和律师当做生效判例援引,却没人指出它不过是我们的首席大法官偶然创作的一篇论文而已";"马歇尔法官神游案外,在一起根本不归最高法院管辖的案件中建立规则",这种做法"极不合法,应受谴责"。

在同时代人里,杰斐逊对马伯里案的鄙夷程度首屈一指——在他看来,该案对未经送达的委任状的生效判断是错误的,对法院能否对行政机关下达职务执行令的判断也是错误的,最高法院对一个不享有管辖权的案件擅自判决的做法更是错误的——而错上加错的是,最高法院竟然将自己视为判定国会立法合宪性的最高权威。

马伯里案判决之后没几天,最高法院就不得不对废除 1801 年《司法法》的立法行动再次进行违宪审查。1803 年 3 月 2 日是最高法院本次庭期的最后一天,距马伯里案判决不到一周,大法官们齐聚一堂对斯图尔特诉莱尔德案等几起待决案件作出最后判决。马歇尔因为曾主持该案的上诉法院审理而回避了这一程序。威廉·克兰奇在官方记录中描述，"首席大法官马歇尔因在下级法院审理过本案而选择回避"。由于库欣大法官依然抱恙缺席，佩特森大法官成了此时最资深大法官，因此由他代表最高法院宣布了仅有4页的判决意见。在这份简短的判决中，最高法院认为国会废除1801年《司法法》的立法行动并不违反宪法。首先，"国会有权在其认为适当时设立本院以下各级司法机构，并调整其管辖范围"。对于反对大法官巡回审理的意见，最高法院一笔带过，因为这项制度自合众国诞生起即已存在："自合众国司法系统组建以来，大法官巡回审理制度已运作多年，鲜有异议。这一实践传统本身即驳斥了被告新近提出的抗辩；这是对我国司法体制本质并不过时的解释，除此之外别无他解……显然，这一问题已不存争议，不必再受其扰。"

通过斯图尔特诉莱尔德案，最高法院完成了历史上第二次创举。一个全部由联邦党人组成的最高法院竟然判决支持一个由共和党人主导的法案，而这一法案不仅为联邦党人深恶痛绝，它的打击对象也正是联邦党人政府任命的"午夜法官"。如果说马伯里案确立了最高法院宣布国会立法违宪的权力，那么斯图尔特诉莱尔德案则是一个庄重有力的宣言：最高法院绝不会运用这项权力来介入赤裸裸的政治争端。

值得注意的是，马歇尔以曾主持该案在巡回法院的审理为由做出了回避。那么他曾深度涉入马伯里案，是否也应当选择回避？作为前任国务卿，递送委任状正是他的职责所在。恰恰因为在他任职期间未能送达委任状，才导致这桩争议案件的出现——此外，马歇尔还有一项基于个人关系的回避理由：他的弟弟詹姆斯正是负责送达委任状给获任者的当事人。但当时的法官回避主要针对所审案件涉及个人经济利益时；涉及其他利益则无妨，例如本案中的个人关系。但在几乎同时开审的斯图尔特诉莱尔德案中,马歇尔却坚持回避,这多少暗示些什么。该案同样不涉及他个人经济利益。此外,其他大法官也都大方地参与审理在巡回法院审过的案件。这更加证明:除了"涉及个人经济利益时必须回避",回避原则其实弹性极大,完全取决于法官自己。不管怎样,马歇尔显然不想放弃审理马伯里案的机会。

通过马伯里诉麦迪逊案的伟大判决,马歇尔为最高法院建立了推翻违宪法律的权威。通过本案和斯图尔特诉莱尔德案的判决,最高法院一路披荆斩棘,终于实现目标;它也向世人显示:最高法院绝不卷入政治争斗,由此让批评者的抨击一再落空。但同时,饱含敌视的政治纷争却未曾停息。在最高法院本次庭期的最后一天,也就是宣判斯图尔特诉莱尔德案那天,马歇尔给亚当斯执政时的财政部长奥利弗·沃尔科特写信。他向这位前内阁同事表示,攻击沃尔科特管理财政部时失职是"现任政府最卑鄙的行为之一"。一向乐观积极的马歇尔也显得无比失望。"我们已经落入邪恶的时代",他在斯氏酒店的房间里下笔沉重,"难以看到更好的未来在哪里"。

在这激动人心的时刻,最高法院的开庭期落下帷幕;就连马歇尔自己恐怕也未能充分意识到,他在几天前判决的马伯里诉麦迪逊案,将成为美国法律史上一座关键性的里程碑。

第十二章

深 远 意 义

1958年9月一个秋高气爽的日子里,在马伯里案判决已过一个半世纪之后,最高法院召开特别庭期。此时,最高法院早已搬进那座大理石构筑的新址中,这座恢弘大气的建筑坐落在华盛顿市第一大街与国会大厦东街的交界处,离斯氏酒店旧址不远。

首席大法官厄尔·沃伦宣布法院开庭。与他共事的8位同僚,堪称一时之选。以资历排序,首推富兰克林·D. 罗斯福总统任命的3位大法官——雨果·布莱克,来自阿拉巴马州的前参议员,坚定的宪法捍卫者;生于澳大利亚的费利克斯·法兰克福特,这位前哈佛法学院教授对马歇尔领导的最高法院研究成果颇丰;威廉·O. 道格拉斯,曾任证券交易委员会主席,被罗斯福总统钦点为大法官时年仅40岁,年纪轻轻便登上大理石神殿。然后,是杜鲁门总统任命的两位大法官——哈罗德·伯顿,来自俄亥俄州的共和党人,曾任联邦参议员;汤姆·克拉克,杜鲁门时期的司法部长。除了沃伦自己,还有3位大法官——约翰·马歇尔·哈伦二世,这位谦和威严、智慧超群的大法官是19世纪时最高法院一位大法官的孙子,其名字不仅与祖父相同,还包含了约翰·亚当斯卸任前任命的那位首席大法官的名字;威廉·布伦南,这位天性乐观的爱尔兰人在最高法院任职不到两年;还有刚上任不久的查尔斯·惠特克,曾是一名商务律师。

最高法院此刻面对的问题,意义极为重大。1954年布朗诉教育局案是最高法院最重要的判决之一。最高法院在该案中判定:在公立学校实施种族隔离制度违反宪法。当时美国南部的一些城镇与州,如位于阿肯色州的小石城,公然拒绝执行最高法院的判决。该州奥维尔·范儿巴斯州长召集阿肯色州国民警卫队,封锁了黑人孩子进入小石城中心高中的道路,白人民众则包围了学校,咆哮着对远在华盛顿的"九块顽石"发出威胁。尽管艾森豪威尔总统派出美国陆军护送黑人学生进入学校,但该州议会及州长仍然拒不妥协。最新通过的州宪法修正案甚至要求该州坚决反对"联邦最高法院于1954年5月17日与1955年5月31日所做的有悖宪法的反隔离判决",大规模抵制行动仍在继续。现在,最高法院必须面对又一个根本性宪法问题:州政府或地方政府是否有权抵制最高法院对宪法做出的解释?

最高法院听取了诉讼双方的口头辩论。18天之后,也即1958年9月29日,最高法院宣布了对库帕诉阿伦案的判决。这个判决果然不同寻常,所有大法官全都亲自签署了这份全院一致的判决意见。

在这份判决中,最高法院毫不动摇地全力维护了自己在违宪审查上的最高权威。"早在1803年",法院指出:"首席大法官马歇尔就代表最高法院全体大法官为著名的马伯里诉麦迪逊案写下全院一致意见,将联邦宪法奉为'我国至高无上的根本大法'……在该案中他指出,'解释法律正是司法机关的职权与责任所在'。这一判决确立了一项基本原则:联邦司法机关是解释合众国宪法的最高权威;自此之后,本院以及合众国政府一直恪守这一原则,它已成为我国宪政体系不可或缺的永恒标志"。最高法院接着指出,"在布朗案中对宪法第十四修正案的解释,已经成为我国至高无上的法律的一部分……每位州议员、州行政及司法官员都曾依据宪法第 6 条第 3 款的规定庄严宣誓'效忠合众国宪法'……任何州议员、州行政及司法官员只要对抗宪法,就是违背曾经的誓言"。马伯里案是最高法院最辉煌的历史时刻之一,这为时下的大法官们注入了充分的理由与自信:他们坚持要求州政府无条件尊重最高法院对宪法做出的权威解释。

除此之外,马伯里案在合众国其他重要的历史时刻也发挥过关键作用。1974 年,水门事件风波正酣,美国不得不面对一场新的宪政危机。联邦地方法院法官约翰·西里卡发出法庭命令,要求时任总统的理查德·尼克松服从特别检察官提出的要求,交出总统与阁僚谈话的录音带及文件。尼克松明确拒绝。他宣称,根据他对宪法的理解,总统享有绝对的行政权;法院强令总统按照检察官的传票行事,在他看来完全违背了宪法。

紧要关头,马伯里案成了最高法院的救星。1974 年 7 月 24 日,首席大法官沃伦·伯格在全院一致意见中指出:解决合宪性争议的权柄握于最高法院之手,而不是总统。合众国诉尼克松案的判决指出,"在依照宪法行使职权时,政府各大权力机关对宪法含义做出初步判断在所难免,任一权力分支对自身权力的理解也应获得其他权力分支的尊重……本院在多份判决中……均已清楚无误地重申了马伯里诉麦迪逊案的结论——'解释法律正是司法机关的职权与责任所在'……鉴于我国政府体制的分权现实,'联邦法院对宪法做出的解释与另一权力机关对宪法的理解发生冲突,并不鲜见且在所难免'……因此,对于本案中有关总统行政特权的主张,我们必须再次重申,'解释法律'是法院的职权与责任所在"。在马伯里案的鼓舞下,最高法院拒绝了总统提出的主张,要求他必须服从特别检察官传票的要求。这一判决引发了一连串事件,最终导致尼克松总统在两周后辞职。

前任首席大法官威廉·伦奎斯特将马伯里案誉为"合众国最高法院最著名的判决"。正如伦奎斯特所述,在马伯里案中确立的"联邦法院有权依据宪法宣布国会立法违宪"这一原则,"随着马伯里诉麦迪逊案的尘埃落定而成为了我国宪法的中枢所在"。最高法院前大法官桑德拉·戴·奥康纳也同样强调了马伯里案对于美国法治发展非同寻常的深远意义:"由于马伯里案将法院,尤其是联邦最高法院,确定为判断政府行为是否合宪的最终裁决者,这意味着:任何一个遭受上述行为侵害的个体,都可能通过在最高法院赢得诉讼而夺回自己的权利,同时不必担心国会或行政机关会卷土重来。"

从最高法院大法官约翰·保罗·斯蒂文斯(他是最高法院历史上任职时间最长的大法官之一)在 2008 年 5 月接受的一次访谈中,也可感受马伯里案的持续影响力。斯蒂文斯坐在办公室的座椅上,身体前倾着接受访谈。他的办公室摆满了各种纪念品与收藏品,包括 1932 年世界职业棒球联赛的计分卡(他当时仅有 12 岁,现场目睹了贝比·鲁斯那记著名的"预告本垒打"),还有约翰·马歇尔的全套传记。这位老人激情洋溢地表示,在美国宪政体系中,马伯里案就是"宪法的根基所在"。他坦承,鉴于马伯里案在美国法律体系中的崇高地位,"但凡有机会",他就会援引该案,并引述判决原文。这绝非客套之词:在联邦最高法院 2007—2008 年庭期中,无论是人身保护令是否适用关塔那摩监狱的囚犯,还是如何理解宪法第二修正案的含义,斯蒂文斯都绝不错过援引马伯里案的机会。

斯蒂文斯眼中闪出的光亮似乎暗示,马伯里案对他个人同样意义重大。斯蒂文斯于 1945 年考入西北大学法学院,在第一学年教他宪法课程的纳撒尼尔·内森桑教授后来成为他的导师；在内森桑教授的课堂上，斯蒂文斯得以从各个角度深入研习马伯里案。与他前后数以千计的法学院学生一样，斯蒂文斯认为，"马伯里案是我在法学院学过的最难忘的判例"。笑逐颜开的斯蒂文斯甚至翻出了他在法学院第一学年花了好几个月研究马伯里案的笔记，高兴地大声朗读起来。斯蒂文斯对马伯里案在美国宪政体系中的巨大贡献，做了精辟总结。他指出，无论哪个大法官，在哪个问题上，与同事有多少分歧，但对马伯里案的核心论点都坚信不疑——"一切法律都应臣服于宪法之下，宪法至上"。

在马伯里案判决横空出世后的两个世纪里，最高法院在超过200个判决中对其进行了援引。马伯里案的非凡意义——确立最高法院有权认定国会的立法违宪——令最高法院代表的司法权从此能与立法权、行政权分庭抗礼，平起平坐；而在此之前，这一已成常识的权力格局一直被视为笑谈。

当然，最高法院行使司法权也并非总是英明智慧、引人称赞。尤其值得注意的是，马歇尔领导的最高法院，在马伯里案之后就未曾再宣布过一起国会立法因违宪而无效（但在数起判决中否定了几部州法的效力）。而当最高法院于1857年再次祭起违宪审查大旗时，却产出了臭名昭著的德雷德·斯科特案：罗杰·坦尼首席大法官主笔的这份判决，宣布国会通过的《密苏里妥协案》无效（并未援引马伯里案），最终酿成了美国内战的催化剂。在19世纪末至20世纪初，随着联邦立法的种类与范围大幅增长，最高法院在权力运用上更为频繁与大胆。最高法院在20世纪初针对社会与经济立法做出的多项违宪审查判决，都极富争议和不得人心。

但是，问题的关键不在于最高法院是否在每起个案中恰当运用了

第十二章 深远意义

违宪审查权。相反,马伯里案的不朽意义正是在于:它确立了这样一种宪政体制,由享有独立司法权的法院来充当宪法的权威解释者与法律是否合宪的最终判断者。正如已故的最高法院前首席大法官伦奎斯特所言,"将合众国最高法院确立为一家宪法法院,并授予它作为宪法条文——尤其是保护个人自由的规定——捍卫者的神圣地位,是合众国在人类政府治理艺术上举世无双的卓越贡献"。马伯里案以及该案彰显的司法权在美国宪政体系中的地位,正是这一卓越贡献的核心所在。

马伯里案产生的影响远远超出了美国国界。尤其是在新兴民主国家试图为初生的个人权利与自由提供更有力的保护之际,它犹如一盏明灯,引导世界各地的法官、律师与法律改革者向前奋进。著名宪法学家、弗吉尼亚大学法学教授 A.E. 迪克·霍华德,在向参议院考察法治发展的一个委员会作证时指出,"在现代社会……越来越多的国家开始在宪法中将司法审查作为落实宪政的关键手段。约翰·马歇尔在马伯里诉麦迪逊案中的洞见,已为全世界立宪主义者所熟知。因此,如果评论美国对立宪主义的贡献,该案的深远意义与重要地位首屈一指"。

传统的英国模式——由议会而非法院来最终判定立法效力——现在不得不让位于美国模式,依靠享有独立司法权的法院作为违宪审查的最终裁决者以保障自由、守护法治。很多国家在美国模式的基础上,做出了一定调整——有权裁决涉宪问题的不是享有一般司法管辖权的普通法院,而是专门成立的宪法法院;基于司法权,宪法法院可以直接解决涉及法律合宪性的抽象问题,无需再以实际案件中出现合宪性争议作为违宪审查的前提。但无论如何,马伯里案所确立的核心原则——地位独立的法院有权依据宪法确定立法的有效性——已经成为世界共识。

现任首席大法官约翰·罗伯茨总是津津乐道于一个俄国法官在欧洲开会的故事。这名俄国法官表示他对美国司法体制很感兴趣，一名欧洲法官则嗤之以鼻："如果你指望的只是一罐可口可乐，又何必长途跋涉来这里？"这名俄国法官回答道，"可口可乐其实非我所好。我沉迷于法国红酒，也喜欢德国啤酒，对俄国伏特加更是爱不释手；但美国的司法制度同样令我神往"。马伯里诉麦迪逊案为司法机关一手打造的权柄——有权否决一项立法的效力或决定不予适用，已成为美国司法体制最根本的特征。

马伯里案在美国法律发展脉络中无疑具有崇高的地位，但正因为此，有关本案的争议也从未断绝，尤其在学术圈，激烈的争论总是一触即发。*

但这些质疑与争议，都无法减损也不应掩盖马伯里案在美国宪政进程中的重要地位。在美国宪政体系的制衡精神下，马伯里案彰显了司法独立的根本原则；正是基于这一原则，涉宪争议才得以通过具体诉讼程序获得最终解决。在美国独具特色的宪政体制下，总统、国会

---

* 针对马伯里案及其对美国政治生活的意义，有五种主要批评。可以将其归纳为：刻意求工（craftsmanship）、操控诉求（manipulation）、让步投降（capitulation）、夸大意义（exaggeration）与异化滥用（distortion）。批评马伯里案"刻意求工"者认为，大法官们显然挑拣了最高法院有关初审管辖权的判例，明明认定自己对本案缺乏管辖权却又就该案实质问题作出判决，其对于释宪权威的解读也过于绝对。也有批评指马歇尔操控了马伯里的实际诉求，该案实际服务于其——为最高法院夺权、或打击杰斐逊、或二者兼而有之——的政治目的。同时，也有批评者结合斯图尔特诉莱尔德案，认为马伯里案判决上反映了马歇尔在杰斐逊主义者面前让步投降、让司法机关臣服其权威之下的本质。还有人认为，马伯里案判决对于确立司法审查制度的意义被严重夸大——这些批评者指出，在马伯里案之前在联邦与州层面都早有动用司法审查的判例，且公众早已接受这种司法实践。最后，还有批评者指出，马伯里案已经沦为同时为左派和右派所用的司法能动主义的理论温床。这些批评者认为，马伯里案的本质是一个克制的司法机关拒绝适用违反宪法的立法规定，而不是以库帕诉阿伦案为代表的"司法至上主义"。——原注

以及各州政府，都必须服从最高法院在涉宪问题上的裁决。这意味着，司法机关才是裁决合宪性问题的最终权威。

必须再次强调的是，对马伯里案重要意义的肯定，并不意味着每个人都会对最高法院作出的每个涉宪判决信服有加：无论是 20 世纪初对构筑社保体系的一系列立法的否决，还是如今对禁止堕胎立法的否定态度，最高法院的诸多判决都很难说广受欢迎。但它的确意味着，一个由最高法院公允地裁决涉宪争议的宪政体制能获得所有人的尊重。正如前美国司法部副部长（首席政府律师）西奥多·奥尔森所言，在马伯里案中，"马歇尔将司法审查的种子深深植入了美国人的政治生活中，从此无法再抹去……从此，解释法律成为了司法机关的职权与责任所在。这一判决赋予了司法机关一种强大的力量，使其永远能在关键时刻挺身而出，对总统和国会说不"。

在最高法院大法官的专用餐厅里悬挂着两幅画像，它们如此醒目，以致任何身处此地的人都不会错过。其中一幅，就是那位坚持要求获得治安法官职位、桀骜不驯的联邦党人威廉·马伯里；另一幅，则是马伯里案的缺席被告、被尊为"宪法之父"的合众国第四任总统詹姆斯·麦迪逊。在矗立于国会大厦对街的最高法院，再找不出另一对诉讼当事人的画像，能如此醒目地悬挂于这座气势恢弘的法律殿堂中。这对画像代表着一种永恒的记忆：那个令最高法院崛起于两强之下、真正在美国实现三权分立的伟大判决，已成为美国政府以及美国人民政治生活中不可或缺、最具特色的部分。这是美国在人类探索法治之路上做出卓越贡献的不朽证明——地位独立的司法机关享有并行使着解释宪法的权威，由此缔造的制衡机制犹如一道坚不可摧的壁垒，为公民自由提供最坚实的保障。

后　记

在19世纪初，美国人民见证了全国性政党的崛起，旧殖民地的居民展开了西进的步伐，与此同时，一条最重要的宪法原则也得以诞生——由最高法院掌控司法审查权。那时的华盛顿，是座小城——城里那些政治圈人物，无论派别如何，相处如何，大家都彼此熟悉。因为这座小城实在没有什么文化生活、社交生活可言，政治是它唯一的符号。即便像最高法院这样在成立之初毫无权威可言的机构，也会门庭若市：每当最高法院宣读判决，总有几十个人簇拥在狭小的办公室聆听结果。

随后的20年里，这座新都的规模与声望一天天挥别旧时光景。之前来到华盛顿倾力打造新首都、新政府的那些人——比如在影响深远的马伯里诉麦迪逊案中粉墨登场的那些人物——已经成为当时政商两界的主宰。

托马斯·杰斐逊始终坚信，司法机关应当服从于人民意志，在这一点上他从未低过头；尽管他无法将联邦党人法官赶出法庭，却对一场高调的弹劾行动表示了支持：在马伯里案判决作出一年后，众议院对"老培根脸"塞缪尔·蔡斯大法官的弹劾调查赢得了总统的欢迎；调查指称蔡斯在法官职位上抱有偏见、缺乏中立，证据包括了他在初审法官任上依据《惩治煽动叛乱法》对詹姆斯·钱德勒（在8个月前溺水身亡）作出的不公判决。

1804年，众议院以八项事实理由为根据，正式启动了对蔡斯大法官的弹劾程序。表决结果自然逃不出党派窠臼。以威廉·布兰奇·贾尔斯为首的一批众议员投票弹劾，无非是为了在马伯里案余波未息之际向最高法院发出警告。来自弗吉尼亚州的共和党人贾尔斯向前任总统的儿子约翰·昆西·亚当斯公开表示，如果"最高法院的法官们敢于宣布国会的立法违宪，或者竟敢向国务卿发出职务执行令，众议院当然有权弹劾他们，参议院自然也有权罢免他们，因为无论这些法官做此判决是否出于诚意，他们都是在玩火自焚"。

在副总统阿伦·伯尔的主持下，撤换蔡斯大法官的听审程序在参议院启动。仅仅在数月之前，伯尔在决斗中杀死了亚历山大·汉密尔顿。杰斐逊随后不再与伯尔合作参与全国性竞选，而伯尔又在纽约州长的竞选中铩羽而归。关于伯尔主持参议院听审，当时有个流行的笑话：以前"由法官传讯凶手出庭受审……现在则由凶手审判法官"。但伯尔在听审程序中公允与专业的表现，却赢得了两党参议员的一致称赞。一位参议员评价主持听审的伯尔，"有如天使般公正不阿，又如魔鬼般冷酷无情"。

弹劾蔡斯大法官的听审程序几乎耗去了1805年整个2月。参议员们让首席大法官马歇尔作证，后者谨慎小心地为蔡斯在任职中的言行举止做了辩护。最终，参议院高票认定蔡斯无罪。这一结果帮助确立了一项原则，即：法官不得因不同政见，也不得因判决引发不同意见，而遭弹劾——这一原则成为了确保司法独立的又一枚关键利器。

　　1804年，托马斯·杰斐逊高票连任总统。在这次竞选中，他横扫了康涅狄格与特拉华以外的所有州。在杰斐逊第二届任期里，梅里韦瑟·刘易斯与威廉·克拉克率领的"探索"远征队最终抵达太平洋海岸，并于1806年成功返回美国东部；他们带回西部大陆大量的地理、文化与科学信息，令美国民众震惊兴奋不已。但1805—1809这4年并不让杰斐逊省心，各种突发事件与问题令他应接不暇，尤其是在欧洲不断挑起事端与冲突的拿破仑。杰斐逊原本试图在英法两强间保持中立，但英国人与法国人却不时骚扰美国商船，前者甚至"强制征用"美国海员——他们强行登上美国商船，逮捕并带走他们认为属于逃兵的水手。当英国人悍然在弗吉尼亚海面扣押美籍商船切萨皮克号，并杀害3名、重伤18名美国船员，杰斐逊下令将所有英籍船舶驱逐出美国港口，征招10万人组建民兵武装，并同时针对英国与法国下达了禁运令。但总体而言，这次禁运令并没有严格执行。在第二届任期届满前数天，杰斐逊又签署了《禁绝往来法案》，该法案废除了之前的禁运令，代之以一套较为温和的经济制裁。离任前两天，杰斐逊致信给一位友人，"摆脱这副权力的枷锁让我如释重负，就算一个重获自由的囚犯也体会不到我这份轻松"。杰斐逊回到了蒙蒂塞洛的乡村农庄，醉心于收藏珍酿善本，并致力于写作，同时还在弗吉尼亚州创办了一所州立大学。

　　杰斐逊的同乡兼密友詹姆斯·麦迪逊，尽管在马伯里诉麦迪逊案中作为胜诉者饱受了最高法院的批评，但并未妨碍他在杰斐逊之后当选美国第四任总统。此时美国开始一步步卷入英法两国的对抗中，最终导致麦迪逊总统向国会发出战争警告，并在1812年与英国交恶。在国内经济政策上，麦迪逊总统沿袭了联邦党人在18世纪90年代的

后　记

做法。与杰斐逊不同的是，麦迪逊并不认为法院应当代表人民意志；作为一名更加纯粹的宪政主义者，他认为司法机关乃是分权政府平等的三大权力分支之一。

威廉·马伯里在败诉之后，继续着他在乔治敦风光的商贾与创业生涯。他将自己所有的财产一售而光——从不动产到奴隶再到干货，一点儿不剩。大概在1806年，他在乔治敦的布里奇街上开了一家成衣店，出售"上好的伦敦高档布料与外衬，伦敦双缩绒的裙装毛呢……精纺羊毛及羔羊毛紧身袜"。同年，他被再度选任为哥伦比亚银行的董事。30年后，这家银行倒闭，并落了个"奶牛"的名号——高管们对银行资金的掠夺榨取，就像无节制地挤牛奶一般，直至"奶源"彻底枯竭。

马伯里案的两名律师莱维·林肯与查尔斯·李，在此后的法律职业生涯中都一帆风顺。麦迪逊总统在1810年提名林肯担任最高法院大法官。尽管参议院批准了这项提名，但林肯终因视力不断下滑以及健康状况堪忧，不得不谢绝任命。麦迪逊对这位老友与同事多有挽留，甚至劝慰林肯，"虽然我不清楚困扰你双眼的病症有多重，但对担任大法官而言，眼疾并非什么大碍吧"。但林肯最终没有受命，他在马萨诸塞州伍斯特市的农场安度余生。

查尔斯·李依然是弗吉尼亚州最负盛名的律师；在马伯里案之后，他又多次作为代理律师在马歇尔主持的最高法院出庭辩论。他是1805年弹劾蔡斯大法官案的辩护律师之一；两年后，他又为阿伦·伯尔叛国案的一名共同被告进行辩护。1809年，他的侄子罗伯特·E. 李出生；52年后，这名新生儿成为美国内战中南部联盟的领军大将。

在决斗中杀死亚历山大·汉密尔顿之后，阿伦·伯尔成了一枚政治弃子，地位一落千丈。他策划了一次顺密西西比河而下的远征，很多人认为这次行动是为了在田纳西与肯塔基州煽动叛乱，借机让两州脱离联邦。在得知这个行动后，杰斐逊发兵阻止了这次计划。潜逃的伯尔最终被逮捕归案，并因叛国罪在弗吉尼亚州受审，主审法官正是约翰·马歇尔。

在杰斐逊眼里，对前任副总统的这场审判彻底证明了司法机关有多可恶。在一系列判决中，马歇尔多次下令杰斐逊向法庭提交有关该案的证据，后者则总是报以怨恨地拒绝。在1807年5月给女婿约翰·艾普斯的一封信中，总统抱怨道，这场审判再次证明："绞尽脑汁地创设独立于人民意志的司法机关从一开始就是一个错误，他们总能假借法律的幌子调转枪口，打击那些他们本应保护的对象，还总是按照个人好恶，肆意操纵和更改司法程序"。果不其然，尽管伯尔早已声誉扫地，法庭最终仍然判他无罪。

马伯里案这一历史性的判决尘埃落定之后，马歇尔五位大法官同事的命运也大有不同。1803年末，在巡回审理的返程途中，威廉·佩特森大法官乘坐的马车滑出道路，落下十英尺高的河堤，造成佩特森重伤，从此一直未能痊愈，但他在最高法院仍然供职到1806年去世。来自北卡罗来纳州的艾尔弗雷德·摩尔大法官一直默默无闻，在马伯里案判决后不到一年，1804年1月因身体长期不适辞去了大法官职务。6年后，他在北卡罗来纳州的女儿家中溘然长逝。威廉·库欣，在审理马伯里案的大法官当中是唯一由乔治·华盛顿任命的元老，尽管巡回审理让这位老人不堪重负，但他在最高法院一直待到1810年，同年在马萨诸塞州赛图尔特去世，享年78岁。

塞缪尔·蔡斯大法官从1805年的弹劾案中全身而退后，在最高法院又度过了6个年头。痛风一直纠缠着他，时常让他无法出庭。

1811 年,他在巴尔的摩因"心脏硬化"去世。

华盛顿的侄子以及约翰·马歇尔的挚交——布什罗德·华盛顿大法官,在最高法院一直供职到 1829 年,成为马伯里案后与马歇尔共事时间最长的同事。他担任大法官长达 30 年之久,直到 1829 年 11 月,在费城巡回审理途中去世,享年 67 岁。麦迪逊总统任命的约瑟夫·斯托里大法官为他写下悼词,悼词言简意赅:"他或许非属最为渊博之士,但他的纯粹真诚无人可及。"

曾在国会中就司法机关的地位展开激烈辩论的一众关键人物,也在马伯里案后踏上了不同的人生旅程。杰斐逊在第二届总统任内,任命他在参议院最仰仗的盟友约翰·布雷肯里奇担任检察总长,此举在美国西部赢得了极大支持。但一年后,年仅 46 岁的布雷肯里奇竟然撒手人寰,留下遗孀与 9 个孩子;他的好几个孩子成为极富影响力的公共人物。曾为杰斐逊竞选总统出过力的特拉华州联邦党人詹姆斯·贝亚德,虽然丢掉了众议院的席位,却获选参议员,重回国会又任职 8 年。在任期间他受麦迪逊总统指派,负责《根特条约》谈判,使美国成功获得了对密西西比河的完全控制权。对了,还有那位总是情绪亢奋至极的古弗尼尔·莫里斯——前驻法大使以及代表纽约州的前参议员——终于在晚年步入了婚姻殿堂。略带讽刺的是,莫里斯的夫人安妮·凯里·伦道夫曾在弗吉尼亚州卷入一场丑闻,当时她的代理律师正是约翰·马歇尔;后者无疑向古弗尼尔担保了这位女士的人格并赞美有加。古弗尼尔的确已过了尔虞我诈、风花雪月的年纪,他选择定居乡野,平淡安稳地度过了晚年生活。

1825 年 3 月 4 日,首席大法官马歇尔主持了合众国第六任总统约翰·昆西·亚当斯的就职典礼。在马萨诸塞州的布伦特里,一度身陷沉疴的合众国第二任总统约翰·亚当斯此时似有好转。此时89岁的亚当斯，在他生命中的最后25年过着平静悠闲的生活：经营农场、撰写回忆录、阅读诗歌与小说，并与众多老友旧识——包括托马斯·杰斐逊——保持着密切的通信交流。10年之前，就在妻子阿比盖尔过世前3年，亚当斯写信给自己的儿子，"最近这14年，是我人生中最为幸福的岁月"。

同年夏末，当亚当斯回顾自己的总统生涯时，他写道，"我这一生最为自豪的决定，就是将约翰·马歇尔赠予美国人民"。

约翰·马歇尔最终完成了乔治·华盛顿的传记。他依然是套圈俱乐部的常客，育有6个孩子——其中1个因为行为不端被哈佛开除。他的另5个孩子中有4个在他之前离世，他的妻子也先他而去。马歇尔晚年健康状况不佳，但为了移除膀胱结石，他竟然撑过了一场不打麻药的手术。他依然坚持每天步行两英里，直到1835年的一个早晨。他被确诊为肝肿大，并于数天后离世。

马歇尔担任首席大法官达34年之久。尽管在1857年德雷德·斯科特案之前，最高法院并未再推翻任何一项联邦立法，但马歇尔依然主导了诸多美国历史上里程碑式的著名判决。在马伯里诉麦迪逊案7年后的弗莱切诉佩克案中，最高法院宣布一项州法违宪。6年后，在马丁诉亨特之承租人一案中，斯托里大法官主笔判决，认定最高法院有权推翻州法。在1819年麦克库伦诉马里兰州案中，马歇尔否认一州有权对一家联邦银行分支机构课税，并指出"课税之权力"即带来"摧毁之能力"。最终，在1824年吉本斯诉奥格登案中，马歇尔法院站在原告一边，认定联邦立法效力优先于各州立法。回望历史，马歇尔领导的最高法院总是以加强联邦政府力量为己任，同时牢牢确立了自己作为宪法终局解释者的地位。

尽管马伯里诉麦迪逊案的评论者大有人在，但很少有人注意到，除了在这桩历史性的官司里扮演不同角色，约翰·马歇尔与威廉·马伯里这两个名字还通过另一种奇妙的方式连在了一起。1857年10月6日，在弗吉尼亚州亚历山德里亚市，威廉·马伯里的一名堂兄弟迎娶了凯特·马歇尔——而后者正是首席大法官约翰·马歇尔的远房侄女。因此，尽管约翰·马歇尔在美国最高法院历史上最著名的一个案件中拒绝了威廉·马伯里的诉请，在两人离世数十年后，他们竟然成了一家人。另外别忘了，由于马歇尔自己又是托马斯·杰斐逊的远房表亲，这幢婚事意味着当年将诉讼矛头直指杰斐逊总统的马伯里，竟然在身后与他意欲羞辱之人扯上了某种姻亲关系——而后者偏偏又对马伯里案的判决结果厌恶至极，以至于联邦政府在其任内从未援引过该案。

马伯里家族与马歇尔家族——再加上杰斐逊家族——最终奇特的姻亲关系，赋予了杰斐逊总统那句"我们都是共和主义者，我们也都是联邦主义者"意想不到的新意。最根本的是，三个家族的奇妙联结，或许是马伯里诉麦迪逊案政治意义的最好写照：它将政治信仰各异的我们团结在一起，和而不同。君不见，我们或许在具体政治问题上立场各异，但我们生活在一个法治社会，一个由独立法院所守护的国度——这是永远不容抹杀与替代的财富。这也正是马伯里诉麦迪逊案留给我们最为宝贵的遗产——这也是为何这篇判决能被奉为国宝珍藏于国家档案馆，与《独立宣言》《合众国宪法》以及《权利法案》一道与日齐辉。

附录 1

马伯里诉麦迪逊案判决

美国联邦最高法院
5 U. S. (1 Cranch) 137 (1803)

首席大法官马歇尔,写具法院判决如下:

本院曾于上一庭期作出判决,要求国务卿就以下问题做出解释[判决原文第 154 页]:为何本院不应当下达职务执行令,并要求他向获得委任的哥伦比亚特区华盛顿郡治安法官马伯里送达委任状。

本院迄今未收到任何解释,而申请人请求本院下达职务执行令。鉴于本案特有的敏感性、案情之奇特以及所涉问题之疑难,本院必须对最终判决结果所依据的原则做出透彻说明。

申请人一方在庭前有力地提出了关系本案的基本原则。本案的最终判决虽然在形式上将有部分结论不同于原告主张,但究其实质并无太大差异。

本院依序考量了如下三个问题并作出了裁决。

1. 申请人是否有权获得他所主张的委任状?

2. 如果他有权获得委任状，并且这一权利遭到了侵犯，我国法律是否为他提供了救济途径？

3. 如果这种救济途径确实存在，是否就是由本院下达职务执行令？

第一个问题是：

1. 申请人是否有权获得他所主张的委任状？

申请人的诉请依据在于国会于1801年2月针对哥伦比亚特区通过的一项立法。

除了将特区划分为两郡之外，该法第十一款还规定：

> 合众国总统可在必要时在各郡内指定其认为必要数目之治安法官，任期5年。[判决原文第155页]

从本案立誓证言来看，时任总统约翰·亚当斯的确已经依法签署了任命威廉·马伯里为华盛顿郡治安法官的委任状，并已加盖合众国国玺。但马伯里从未收到这一委任状。

如果要判定马伯里是否有权取得委任状，就必须判定他是否已经依法获得委任。这是因为，如果他确实获得了委任，则应依法保障其5年任期；与此相应，他也有权获得证明该职务的文件；这些文件也应完整地成为他的个人财产。

合众国宪法第二条第二款规定：

> 总统提名大使、公使、领事及其他未另作规定之合众国官员，经参议院咨议及同意任命之。

该条第三款则规定："总统应向合众国所有官员颁发委任状"。

国会亦有通过立法[1]指派国务卿持掌合众国国玺：

> 以在总统经参议院同意后任命总统直接任命的文官官员的委任状上盖章，如实填写并登记任命情况；但不得在合众国总统签署委任状之前加盖国玺。

以上是本国宪法与法律中涉及本案这一问题的相关规定。据此应该明确如下三个不同的问题：

1. 提名。提名乃总统独享之权力，且完全基于总统意愿。

2. 任命。这依然是属于总统的权力，且亦基于总统意愿。但是其行使必须经参议院咨议并同意。[判决原文第 156 页]

3. 委任状。对依法获得任命之官员颁发委任状似乎应被视为总统的一项宪法性义务。宪法规定，总统"应当"向"合众国所有官员颁发委任状"。

鉴于宪法以相互独立之条款分别规定了任命官员与向被任命者颁发委任状这两种行为，二者不应被混淆。宪法第二条第二款的如下规定更明确了二者之间的差异：

> 但国会如认为适当，得以法律将上述下级官员任命权授予总统一人、法院或各部长官。

据此可能出现的一种情况是：法律要求总统向经法院或各部长官任命之官员颁发委任状。在这种情况下，颁发委任状就构成明显有别于任命官员的一项义务——总统必须依法履行。

尽管宪法要求总统向合众国所有官员颁发委任状之规定从未适用

---

[1] 该法即"An Act to provide for the safe keeping of the Acts, Records, and Seal of the United States, and for other purposes"。由美利坚合众国成立后第一届国会通过。下述规定为该法第四条（section 4）。

于非经总统本人任命之官员,但如果确有立法将其适用于上述情形,亦必须遵行。因此,即便在总统向经其他政府官员任命之下级官员颁发委任状之情形下,任命官员与向被任命者颁发委任状依然分属迥然不同之行为。

基于上述差异,如果有证据证明任命已经某一政府行为而发生(但未颁发委任状),那么官员任命即告完成。除非该官职可基于总统意志而被任意解除,该任命行为要么赋予了被任命者取得委任状的权利,要么则赋予其无需委任状仍可履职的权利。

以上分析,有助于本案直接所涉问题之审查与考量。[判决原文第157页]

本案中的任命行为是总统经参议院咨议并同意后做出的,并仅能依据颁发委任状这一行为获得确证。因此在此情况下,颁发委任状与任命行为似乎密不可分——如果不证明委任状的存在,几乎就无从确证任命行为的发生。尽管委任状不等于任命行为,但在本案中的确是任命行为的确凿证据(conclusive evidence)。

但是到底是在什么阶段,委任状才能成为任命行为发生的确凿证据呢?

答案似乎显而易见。作为由总统独享的权力,任命行为只有当总统在完成任命所需一切程序后方才能获得完全确证。

若不将委任状仅仅作为确证任命行为发生的证据,而是将其视为任命程序完成的要件之一,任命行为仍将在总统履行完最后一道任命手续——即委任状制作完毕——之后,方才全部完成。

需经总统之手的最后一道任命程序,就是亲自签署委任状。在经参议院咨议与同意后,他要对自己的提名做出最后确认。总统一旦签署委任状,就不再有斟酌的余地。他已经作出了决定。在总统提名经过参议院审查并获得最终认可之后,总统签署委任状就意味着任命行为的完成。确证这一任命行为完成的是一项公开、明确的举动;而一旦任命者完成了这一举动,他也就履行了任命行为所需的最后一道程序。此际,只要尊重总统之任命权者,就断不会再称任命行为只是方启而未尽。

对于一名不能基于行政首长意志随意任免的官员,必须从时间上明确,行政机关对他的任职程序从何时起丧失了干预权。这一时点必定是宪法所规定之任命程序完成之际。而任命程序的完成之际,就是享有任命权之人完成最后一道法定手续之时。在本案之中,这最后一道手续就是签署委任状。这一立场在国会立法将外交部[判决原文第158页]改为国务院之际,就已经获得了立法机关的支持。当时通过的立法规定国务卿应当持掌合众国国玺:

> 以在总统经参议院同意后任命或总统直接任命的文官官员的委任状上盖章,如实填写并登记任命情况;但不得在合众国总统签署委任状之前加盖国玺,亦不得在取得总统特别许可前在任何其他文件或法案上加盖国玺。

总统签署委任状是在委任状上加盖国玺的必需前提,而国玺又只能加盖于已经完成法定手续的文件。因此,加盖国玺有如公证,证实了总统签署委任状的真实性。

而不得在总统未签署的委任状上加盖国玺,则是因为总统签署才是颁发委任状这一义务产生的前提,它是任命行为完成的确凿证据。

委任状一经总统签署,国务卿即负有在委任状上加盖国玺、并如实记录的法定义务——其履行不受总统意志之影响。

至此,这一程序就不能再任由行政机关变更或操控,而是必须依法明确其后续步骤并严格遵循。国务卿有义务遵守法律要求，此际其身份乃是合众国官员，必须依法行事。诚如申请人一方在庭前所论，国务卿此时所应遵从的应当是法律规定，而不是总统意志。此时他的行为是法律基于特定目的而要求一名特定公职人员履行的行政行为。

如果加盖国玺这一手续并不仅仅构成委任状生效之要件，亦构成任命行为完成之要件——此时不变的是：只要加盖国玺，任命行为即告完成，[判决原文第 159 页] 委任状即生效。除此之外，法律并未再要求任何其他手续；政府亦无需再履行任何其他义务。公职任命中行政机关的任务至此全部完成。若此时任命行为没有完成，则行政机关仅仅依靠自身亦无法再完成任何任命行为。

尽管本院努力搜寻了任何可能与上述结论相悖的论据，但最终并未找到任何足以说服本院改变上述结论的理由。

本院亦反复考量了种种可能的反对理由，并从最有利于这些理由的角度来考虑其对本案结论的影响。即便如此，依然无法撼动已经形成的结论。

在考量本案问题时，有意见认为委任状可被视为经送达方才生效的正式文书。

这一意见源自如下推论：委任状不仅是证明任命行为完成的证据，其送达就是任命行为之一部分。这一推论显然经不起推敲。但是，为了公允地考量本案所涉问题，姑且先认其成立。

鉴于宪法规定任命官员属于总统独享之权力，如果送达正式任命文书系任命行为完成之要件，那么也就必须由总统来履行。但是，送达对象则并非一定是被任命者本人；实践中也从未如此操作。若细究法律之要求，送达对象就应该是国务卿——因为国务卿依法负有义务在总统签署委任状之后加盖国玺。如果送达行为是委任状生效之要件,那么这一要件在总统签署委任状并将其交付国务卿之时即已满足。后者只是负有法律义务加盖国玺、填写并登记任命情况,并将委任状最终递交给被任命者。

但是在所有出具正式官方文书的场合,法律都会要求完成某种明确、固定的手续以证实[判决原文第160页]上述文书生效。但是正式送达文书则并不属于此类手续。就委任状而言,总统亲笔签署与加盖国玺,才是委任状生效之法定手续。因此前述推论,于本案中并不成立。

当然还有一种可能的反驳理由——纯粹是可能——即(国务卿)递送委任状且被任命者接受委任状,是原告取得其相应权利的前提。

但是,递送委任状纯粹是从便宜角度出发的实践操作,并非法定程序。因此,这一行为并不构成官员任命程序的要件——相反,任命程序在其之前已经由总统完成。即便行政机关要求所有被任命者都必须自力取得委任状,也丝毫不会影响任命行为的效力。任命官员之权力为总统独享,任命行为亦经总统一人即告完成。而递送委任状则纯粹是相应官员所负义务,递送效率与成败对任命行为不具任何影响。委任状递送的对象是已经获得正式任命的官员,并非有待任命者——委任状到底是顺利进入邮局且安全送达,还是被误送或耽搁,都不影响任命之效力。

此处亦有必要澄清一项疑惑,即持有委任状原件是否构成被任命者就职的必要前提。如果构成,丢失委任状——无论是基于被任命者的个人过失,还是因为意外、(他人)欺诈、失火或失窃——即意味着该被任命者丧失了就职之权利。就此,我想不存争议的一点是:国务卿办公室中官员任命的登记记录副本,从任何意义上来说,都足以等同于委任状原件。如果该登记记录副本于法律上有效,那么就无需再另行证明委任状原件在递送过程中遗失。尽管登记记录本身并不能证明委任状原件已经被递送出去，但其已足以充分证明该原件的确存在，因此任命行为已经完成。即便另有证据证明［判决原文第161页］委任状原件被滞留在国务卿办公室，这一事实也不会影响上述登记记录副本的效力与作用。

如果出具一项正式文书的所有法定前置程序均已完成，负责登记之官员即有权依法作出登记。此时进行登记已经成为一项法定义务——即便于登记簿上作出记录这一行为于事实上尚未完成，所出具的正式文书在法律意义上已获得了当然登记。

就任命官员之委任状，法律明确要求国务卿进行登记。因此，委任状一经总统签署并被加盖国玺，登记义务即产生。此时无论登记行为是否于事实上发生，委任状在法律上已经获得了当然登记。

登记记录副本的效力等同于委任状原件，而法律亦规定了当事人索取上述副本时应缴纳的费用。保管公共记录者显然不得删改已经登记在册的任命记录，亦不得拒绝当事人依法提出的索取记录副本的要求。

鉴于登记记录副本与委任状原件具有相同效力，其即构成治安法官就职并行使职权的有效授权。同理，该记录副本亦可佐证任命行为之生效。

如果递交委任状尚不构成任命行为生效之要件，被任命者接受委任状则更不可能构成该等要件。任命官员为总统独断之行为，而接受委任状则纯粹是被任命者之行为且——显而易见——只能发生在总统任命生效之后。当然，被任命者也可以辞职并由此拒绝接受委任状；但无论何种情况都不会影响任命行为本身之效力。

如下政府行为准则与操作惯例，亦可佐证以上结论。

委任状上所具明被任命者的任职与薪金数额起算时间，均为总统任命之日，而非委任状递送或被任命者接受委任状之日。如果被任命者拒绝接受被任命之职位，继任者取代的对象是［判决原文第162页］拒绝接受任命者，而非拒绝接受任命者之前任。

本院由此判定，委任状一经总统签署，任命行为即告完成并生效，而委任状自国务卿加盖国玺之时即制作完成。

对于可基于行政首长意志而随意任免之官职，其任命行为何时完成并生效这一问题毫无意义。因为任命行为可随时被撤销，尚未发出之委任状亦无需再颁发。但若该官职并非基于行政首长意志而可随意任免，则任命行为就不可撤销，其效力自当维持。这种情况下，当事人即取得法律上一以贯之的权利。

在任命行为完成之前，行政首长在任命问题上独享裁量权。但任命行为一旦完成，只要该官职依法并不属于可基于行政首长意志随意任免之列，行政首长就丧失了再行干预任命的空间。被任命者自此获得了就职的权利，排他且无条件地享有接受或拒绝任命的权利。

由于马伯里先生的委任状已经得到总统签署并由国务卿加盖国玺，因此他已经正式获得了任命。根据创设该官职法律之规定，其任期为5年且不受行政首长之任意任免。因此，这一任命结果不可撤销。被任命者完全有权依据本国法律主张并维护其就职的权利。

因此，本院认为，扣留委任状的行为有悖于法，并侵犯了一项业已依法确立的权利。

至此，我们将处理本案的第二个问题，即：

2. 如果申请人的确享有其所主张的权利、且该权利确实遭到侵犯，他是否可依据本国法律获得救济？［判决原文第163页］

公民自由（civil liberty）的要义在于，任何个体在权利遭受侵害之时,均有权要求法律保护。政府首要之责即向公民提供此等保护。在大不列颠王国,即便英王本人遭形式谦恭的起诉,其也从未拒绝执行法院作出的判决。

布莱克斯通在《英国法释义》第三卷第 23 页中,举出了两个判例,其救济完全基于法律规定而作出。

"在其他所有判例中",他写道,

> 一项毋庸置疑的普遍原则是,凡法律上之权利遭遇侵犯,则必应以诉讼或其他法律行动进行救济。

之后,在同一卷第 109 页,他还写道,

> 我接下来考虑由普通法法院管辖的权利侵害。此际我只需指出,只要侵害权利之行为不专属于教会、军事或海事法庭管辖,就均由普通法法院管辖。在英格兰法下,一项毫无争议且亘古不变的原则是:任何一项受到侵犯的权利均需救济,任何侵权损失均应获得恰当补偿。

我们一再宣称,合众国政府乃是法治政府,而非人治。如果我们的法律甚至不能为一项既已确定的合法权利提供救济,我们的政府就不配再享有这一美名。

若我国司法实践有遭此玷污之虞,其祸端必出于如本案之情事。

因此我们必须考虑,在本案中,是否存在任何情节可令被申请人豁免于司法审查,或于法律上阻碍受损一方获得司法救济。从这一点出发,首当其冲的问题自然是[判决原文第 164 页]本案中申请人所受损害是否属于"无不法行为之损害"(*amnum absque injuria*)——即虽有损害却不构成权利侵害的例外。

我们认为,在合众国任职、受俸或受有荣誉等情形,显然不属于

上述例外。担任哥伦比亚特区治安法官即属于这种情形：获得任命者的就任权应当、且已经获得了法律上之规范与保护。国会通过立法创设了上述职位，并保障获得任命者享有五年任期。在这种情况下，显然不存在因为所受损害微小而可免于法律救济的例外。

其次，涉案行为之性质是否足以阻碍法律救济的产生？鉴于我国宪法将政治决策权完全授予最高行政机关，且拒绝对因政府政治决策而遭受损害之个体提供法律救济，那么送达或扣留委任状的行为是否属于上列政治决策行为呢？

不能否认的是，政府行为中有相当部分属于政治决策行为，但是这并不等于一切政府行为均属于政治决策。

根据国会 1794 年 6 月通过的一项针对因伤退役军人的立法，国防部长受命将他之前向国会做出的一份报告中所列的所有退役士兵均列入政府抚恤金计划中。如果国防部长拒绝这一立法指令，难道那些负伤的老兵们就没有获得法律救济的机会？在法律对涉及个体权益的政府行为提出要求或作出规定之时，难道不应同时确保其要求或规定的落实？难道上述问题的结论会因为被告身份而有所不同？难道政府各部门的长官就无需遵守法律？

无论在何种特殊情形下，上述理由都不足以否定法律救济的存在〔判决原文第 165 页〕。立法机关绝无权力授予政府此等豁免，也从未有任何普通法原则支持这种特权。尽管布莱克斯通指出，在法律上不存在英王对另一主体之人身侵害，但他在《英国法释义》第三卷第 255 页中也写道：

> 但是，即便不涉及英国政府官员之行为，王室也仍有可能侵犯公民个人之财产权利。在保护财产权这一问题上，法律对王室就不再毕恭毕敬，而是提供了多种方法细究令英王蒙受蛊惑而暂

行不义之举的原因与祸首。

根据国会于1796年颁布的授权出售肯塔基河口上游土地的法案，买受人在支付相应价金后即对其所购买之土地享有完全所有权。此外，一旦买受人向国务卿出具了财政部收据并依法取得了土地权证，合众国总统即有权向其颁发特许状。该法还规定，每一份特许状均应由国务卿副署，并在国务卿办公室登记。如果国务卿执意扣留上述特许状，或在该特许状遗失的情况下拒绝提供其副本，难道买受人就毫无法律救济可循？

无论在何人看来，此时都没有任何理由剥夺权利受侵害者的法律救济。

因此，政府长官某一行为的合法性是否受法院审查这一问题，仅取决于该行为的性质。

如果某些行为可受审查而某些行为不受审查，那么必须依照法律来确定法院可予审查事项的范围。

在某些情况下，针对某些特殊案件适用上述法律恐怕确有困难；但我们确信，阐明上述法律规定之范围则并非不可为之事。

合众国宪法赋予总统特定的政治权力，并授权他自主裁量行使；总统行使此类权力进行政治决策时［判决原文第166页］，仅以其政治身份对国家负责，对个人良知负责。为确保总统顺利行使政治决策权，宪法还授权总统任命特定官员，后者仅根据总统意志与命令行事。

在这种情况下，后者的行为即总统之行为。总统行使行政裁量权之方式无论引发何种质疑或争议，均不影响或限制该权力之行使。行政裁量乃是政治决策——其关系国家利益，而非个人权利。鉴于宪法已将政治决策权完全授予行政机关，总统之政治决策即不容他人置喙。上述立场从国会立法设立外交部一事中即可体现。外交部长这一官职及其法定职权,全系落实总统意志而设。他仅仅是总统意志的传递与表达者。以此身份做出的任何职权行为均不受法院审查。

但是如果立法机关进而为外交部长设定其他职权、而其在履行该职权时又受命采取某些影响公民个体权利的行动时,外交部长的身份就是依法行政之官员——此时其行为必须遵守法律规定而不再有任意裁量空间,更不得漠视他人权利。

基于上述推理而得出的结论是:如果政府部门的长官以行政首长之政治代理人或秘密代表等身份行事——这意味着其只需遵从总统意志,或其只是在行政首长根据宪法或依法享有行政裁量权的范围内行事——其行为就只能在政治意义上进行检讨。但是,若其职权乃基于法律之明确规定、而该职权行使又关系到公民个体权利时,认为自身权利因该职权行使而遭受侵害的公民就当然有权寻求法律救济。

若上述结论成立,则对本案相应有结论如下:〔判决原文第167页〕

向参议院提名、正式任命被提名者等权力,皆属政治权力,皆由总统依自由裁量而行使。一旦总统做出任命,他就完全行使了上述政治权力,其自由裁量之结果亦得以完全实现。如果被任命之官员依法属于可基于总统意志随意任免之列,则总统可随时任命新人选,而现任官员之职权随之终止。但诚如已经存在的事实无法回到未发生之原点,已经作出的任命也无法被彻底抹去。因此,如果该官职依法不得由总统基于意志随意任免,其因为获得任命而取得的诸种权利也就获得了法律保护,不再受总统干预。行政机关无法撤销上述权利,后者之权源与行政权再无瓜葛。

究其本质,某人是否取得了一项权利是一个法律问题,必须经司法机关审判决定。例如，如果马伯里先生宣誓成为一名治安法官并行使其职权之后，引发了一场马伯里以其治安法官身份提出抗辩的诉讼；其治安法官任命是否有效这一问题就必须由司法机关裁决。

因此，如果马伯里认为一旦其获得任命，也就相应获得了取得他自己的委任状或取得其委任状记录副本的权利；法院即有权审查这一问题并作出裁决。本院对这一问题的裁决，必须根据其任命是否完成这一问题的审查结论而作出。

我们之前对此问题已有探讨，结论是：任命行为的完成时间，至迟亦不过国务卿在总统签署委任状后加盖国玺之时。

本院由此认为：

1. 合众国总统在亲笔签署马伯里先生的委任状之际，即正式任命其担任哥伦比亚特区华盛顿郡治安法官；国务卿最后在委任状上加盖的国玺，确证了总统签署的真实性，亦证实了任命程序的完成；该任命行为赋予马伯里先生任职 5 年的法定权利。

2. 鉴于马伯里先生享有就职之法定权利，其也就享有取得相应委任状之权利；而拒绝递送委任状的行为显然侵犯上述权利，马伯里应获得相应的法律救济。

最后有待裁决的两个问题是：

3. 马伯里是否有权获得其所主张的法律救济。而这一问题又取决于：

（1）当事人请求法院下达的令状是何种性质，以及

（2）本院是否有权下达此类令状。

4. 该等令状的本质属性。

布莱克斯通在《英国法释义》第三卷第 110 页中将职务执行令定义为：

> 以英王名义由王座法庭向英王管辖之境以内任何个人、公司或下级法院下达的，要求其根据王座法院之前判决或至少推定之结论做出特定职务行为的司法命令。

在英王诉贝克等（3 Burrows，1266）一案中，曼斯菲尔德勋爵则明确无误地指出了此等令状适用的场合。

这位杰出的法官写道：

> 但凡当事人被妨碍行使或被剥夺就任公职、提供服务或投票（特别是涉及公共利益或受有报酬）之权利，且已穷尽其他具体法律救济手段时，法院即应下达职务执行令以襄助之。执行令必须述明下达之法律理由与政策依据，且以实现和平、秩序与善治为目的。

他还写道：

> 已穷尽其他具体法律救济的一切场合，以实现正义与善治为必要，皆应下达执行令。

除了本处援引的例证，申请人在庭前亦提出多项其他例证，证实前述原则已在实践中被广为接受。

职务执行令下达的对象为政府官员。用布莱克斯通的话讲，其效力在于要求该等官员：

> 按照执行令之具体要求，根据法院之前判决或至少推定之结论做出特定职务行为。

或者用曼斯菲尔德勋爵的话来说，本案申请人有权就任一项公职，但其权利行使却受到妨碍。

上述情形显然在本案中皆有发生。

但是,下达职务执行令属于一项正当救济的前提是:作为下达对象之官员依法确属该令状下达的适格对象,且申请下达该令状者已穷尽其他具体之法律救济手段。

1. 执行令下达对象是否适格。合众国总统与各行政部门长官之间密切的政治关系自然使得针对这些高官的任何法律调查都不受欢迎,并且很难开展;由此也让人心生犹疑,开展这类调查是否明智。未经深思或细查即下妄断者未见在少数,因此也不必惊讶总有人将本案中公民个体向法院主张合法权利——而法院恰有义务依法回应——这一事实视为[判决原文第170页]对政府内阁之侵犯、对行政权之干涉。

对于这类案件,法院不必一概放弃管辖。法院一刻也未曾怀有上述荒谬过分的越权企图。法院的管辖范围仅仅在于划定公民个体的权利,而非审查行政机关或行政官员在其自主裁量权内如何履行职责。政治性问题,或者根据宪法和法律规定当由行政机关决断的问题,均不受本院审查。

但是本案所涉并非政治问题。目前来看,它远不构成对行政秘密之窥探;它关系到的无非是一份已经登记在册、依法以十美分价格即有权索取的官方文书。在不干涉行政机关专属事务的前提下,涉案官员之官阶高低并不妨碍公民向法院依法主张权利,亦不妨碍法院在听审之后下达职务执行令,要求行政机关履行特定职权。法院这一行为并未干涉行政裁量权,而是依据国会立法之规定或法律之普遍原则。

如果政府部门长官的违法履职行为侵害公民个体权益,其公职身份并不妨碍其在普通司法程序中成为被告,亦不豁免其遵守法律之义务。因此在这一问题上,本案与那些被告系私主体的案件并无二致,本案被告之国务卿身份并不妨碍本院审查其职务行为之合法性。

此处待决之问题并非执行令下达之对象的官职或官阶如何，而是下达执行令这一行为本身是否恰当有据。必须再次强调的是［判决原文第171页］，如果政府部门长官之行为乃在行政裁量范围之内纯粹为落实行政首长之意志，任何请求本院审查或干预其行为的诉请都将被驳回。

但如果该长官是在履行关系到公民个体权利之法定职务，其行为就不能再受制于总统意志、亦不再受总统干预；在此种情况下，再无任何理由阻碍其履行法定职务——例如登记委任状或土地使用特许状（在履行完一切法定手续之后）的颁发记录，或出具上述登记记录之副本。如果法院依法应当作出判决保护受侵害公民之利益、要求当事人履行上述法定职务，此时亦无任何理由对政府部门长官区别对待。

上述法理并非本院生造，而是早有先例。

1792年，国会通过立法要求国防部长根据巡回法院所报告之伤残官兵名单，将所列官兵纳入国家抚恤金计划。尽管该法在为巡回法院设置上述报告义务这一问题上违宪，但部分法官认其可以以报告人身份履行该法规定之义务，并实际以该身份履行之。

这一被巡回法院认定违宪的立法最终被废止，报告抚恤金名单这一事项则另作制度安排。尽管将名单所列官兵纳入抚恤金计划这一行为系由行政部门长官来完成，但那些在法官（以报告人身份）的报告名单之中、并因此被纳入国家抚恤金计划的伤残官兵是否仍有权取得抚恤金，则是一个应当由法院来决定的法律问题。

除此之外，国会还于1793年2月立法，指示国防部长与总检察官采取必要措施，说服本院［判决原文第172页］认可基于前述立法所主张权利的有效性。

该法通过后，即有当事人申请向国防部长下达职务执行令，要求其根据法官报告将一名伤残退役军人纳入国家抚恤金计划。

因此,我们有充分理由相信,即便在政府部门长官以及合众国最高司法官员看来,在此情形下由法院对当事人基于法律权利之主张进行审查裁判,是解决问题之最佳方式。

尽管本院在该案中作出了否定申请人请求之判决,但其理由并非是不得针对政府部门之长官下达职务执行令并要求其履行关涉公民个体权利的法定职责,而是由于名单报告人所做报告并未授予申请人一项法律上的权利,因此不应对国防部长下达职务执行令。

该案判决对此类抚恤金主张在法律上之命运作出了终局性裁判。而原报告人所列名单上的退役官兵们也认为,在原有报告制度被宣布违宪后,即有必要诉诸法律以实现其领取抚恤金的权利。

综上,本院就本案所提出之法理,绝非史无前例。

必须承认,本案中申请下达职务执行令所指向的,并非是一项法律明定的义务。

尽管并无立法明文设定送达委任状这一法律义务,这一问题并不影响本案结论。如前所述,申请人享有一项在法律上业已成立的获得委任状的权利,行政机关无权剥夺这一权利。他已经获得担任特定职务的任命,且这一职务并不得基于总统意志而随意任免。根据这一〔判决原文第 173 页〕任命结果,经由总统签署并交给国务卿的委任状,应当交给获任者。尽管国会的确未立法要求国务卿向申请人交付委任状,但国务卿保管委任状之目的是服务获任者。因此,国务卿与任何其他人一样,都不能违法扣留委任状。

在本案审理之初,亦有意见认为马伯里先生可提起"返还不当扣押物之诉",作为取得委任状的具体法律救济。如果这一意见成立,那么申请人就并未穷尽其他具体之法律救济途径,下达职务执行令也就不再具备正当性。但是，在返还不当扣押物之诉中，返还判决乃是针对标的物本身或其价值。在本案中，官职本身不可出售，因此无由确定其价值；而申请人的权利标的恰恰是这一官职本身，再无其他。取得委任状或该委任状的登记记录，是为了申请人实现赴任就职的权利。

因此，本案并不复杂。一旦本院下达职务执行令，国务卿就必须交付委任状或交付委任状登记记录的副本。最后的问题只是在于：在本案中，本院是否有权下达职务执行令？

根据本国组建司法机关之立法，最高法院有权：

> 在符合法律原则与惯例之条件下，对任何下级法院或担任公职者下达职务执行令。

国务卿作为担任合众国公职者，自属职务执行令下达对象之列。但是，如果上述有关职务执行令下达职权的规定因违宪而彻底无效，本院自无权下达职务执行令。

根据宪法，合众国之司法权由本国最高法院以及根据国会立法设立之下级法院行使。基于合众国法律所生之一切司法案件，皆受行使该司法权之法院管辖。［判决原文第 174 页］鉴于本案之诉请乃基于合众国法律所生，法院自当以适当方式管辖之。

宪法对司法权行使做出的安排如下：

> 最高法院对一切涉及驻外大使、其他高级外交使节及领事的案件以及以外国为当事人的案件享有初审管辖权。对于其他一切案件，最高法院享有上诉审管辖权。

本案律师在庭前表示，由于宪法首先已经将司法权整体授予最高法院及其下级法院行使，而授予最高法院初审管辖权之规定又不含任何限缩或限制性用语，因此在法院享有管辖权的所有案件中，对于宪法未明文授权由最高法院初审管辖之案件，立法机关仍有权立法赋予其初审管辖权。

但是，如果制宪者们有意让立法机关依照其意愿分配最高法院与下级法院之案件管辖权，就无需在界定司法权及其行使之机关之外另费周章。上述条款的余下部分就明显多余，其内容也就毫无意义。在宪法授予本院初审管辖权后，如果依然有权赋予本院上诉审管辖权——或在宪法授予本院上诉审管辖权后如果国会仍有权赋予本院初审管辖权，那么宪法中对于管辖权的划分安排，就徒具其表而毫无实益。

人们在做出肯定性的表达时，往往暗示了对未作肯定对象的否定。在本案中，如果对未作肯定的对象不做否定或排除性理解，这些对象的存在就将毫无意义。

对于宪法中任何一项条款，都应推定其具有实际意义；因此申请人一方所持的理解，在缺乏宪法明文规定时无法成立。［判决原文第175页］

制宪者们出于确保我国和平外交之目的而要求最高法院对可能影响外交关系的案件进行初审管辖，如果其对国会在其他案件管辖权上的立法权限毫无限制之意，那么宪法中对最高法院管辖权之规定至此已足。鉴于国会仍然可能立法要求最高法院对其他案件亦行使初审管辖，因此除非认定"对于其他一切案件，最高法院享有上诉审管辖权"这一宪法规定意在排除最高法院对"其他一切案件"的初审管辖权，否则其对国会立法权根本不构成任何限制。

宪法是司法机关之构成与权限的根本性规定，它将司法系统分为最高法院与通过立法设立之下级法院，列明其所享有之司法权能，并相应划分了二者各自的管辖权。对于最高法院，宪法规定其对特定一类案件行使初审管辖，而对其他案件则只进行上诉审管辖。宪法文本的含义再清楚不过：最高法院对于某一类案件享有初审管辖权而非上诉审管辖权；而对于另一类案件，则享有上诉审管辖权而非初审管辖权。如果另采其他解释导致宪法这一条款毫无实意可言，这只能说明其他解释本身不值采纳，而应当坚持现有解释。

因此，本院合法地下达职务执行令的前提是：此举属于行使上诉审管辖权，或此时有必要行使上诉审管辖权。

如律师在庭前所述，上诉审管辖权得以多种方式行使；如果立法机关认为下达职务执行令亦构成上诉审管辖权之行使，则理应遵从其意见。这一主张可资赞同——但前提是本院行使的是上诉审管辖权，而非初审管辖权。

上诉审管辖权的本质在于修正或纠正已经发动之司法程序的结论，而不是发动一项程序。因此，尽管职务执行令可以向下级法院下达，但如果直接向一名公职人员下达职务执行令、要求其送达一份文书，在本质上就是确认索取该文书的原初主张有效。因此，下达执行令似乎更应该属于行使初审管辖权，而不是［判决原文第176页］上诉审管辖权。在本案中，本院也无必要行使上诉审管辖权。

因此，授权最高法院向公共官员下达职务执行令的立法规定与宪法相悖。此时的问题是：最高法院能否行使此等立法授予的管辖权。

抵触宪法之立法能否成为本国的有效法律，这一问题与合众国的利益息息相关；但令人庆幸的是，这一问题的复杂程度远远低于它的重要程度。要回答这一问题，只需要考虑一些成立已久且广受认可的根本原则。

美利坚合众国成立之基石，在于人民依照自身意愿、以其自身幸福为宗旨而达成的宪政原则。人民这一制宪权意义甚巨,不得亦不应反复多次行使。因此,经人民决定之宪政原则即构成美国立国之根本。基于其形成过程,宪政原则具有至上权威,鲜能更动,并且自始即以稳固长久为目标。

因此,作为政府权源并具有至上权威之宪法,是组织政府与分配政府职权的依据所在。在此之外,有的宪法并未对政府权力施加任何限制,但有的宪法则对政府权力设置了不得逾越的边界。

合众国政府是依据后一类宪法组建而成。宪法对立法机关之权力划定了明确的边界,在白纸黑字的宪法条款之下,这些边界不容误解或遗忘。如果上述边界得被政府随意突破,那么限制政府权力并以成文宪法明定其边界的意义何在?如果宪法规定之权力边界毫无约束力,或者突破此边界的立法依然有效,那么一个权力受限的政府与一个权力无限的政府又有何分别?〔判决原文第177页〕此处的抉择很简单:到底是宪法的效力优于任何与之抵触的国会立法,还是立法机关通过一个普通法案就足以修改宪法。

以上两者之间不存在任何中间地带。宪法要么是至高无上的根本大法,不得通过一般立法进行修改;要么就与任何普通立法属于同一层级,可由立法机关径行修改。

如果前者成立,违宪之法案就不会成为有效法律;如果后者成立,成文宪法就沦为人民试图限制政府权力的徒劳尝试。

在成文宪法的缔造者眼中,宪法显然是本国至高无上的根本大法。因此,宪政政府的核心理念必然是:抵触宪法的法律当然无效。

这一核心理念是这部成文宪法的必然产物,因此也被本院视为我们社会的根本准则之一。在考量本案问题时,对这一理念不可不察。

如果抵触宪法的法律无效,它们是否就当然失去了对法院的约束力并得被法院宣布无效？还是说，尽管其因违宪而无效，法院仍应视其为法律而继续适用？后者显然与前述理念相悖，同时似乎也自相矛盾而难以遵循。但是，此处仍有必要做进一步探讨。

解释法律，正是司法机关的职权与责任所在。法官适用法律决断纷争，必然要对法律规则进行阐述与解释。如果两部法律相互抵触，法院必须对它们各自的效力作出决断。[判决原文第178页]

因此，如果抵触宪法的立法与宪法同时适用于一个案件，法院就必须决定：到底是适用该法律而无视宪法，还是坚持根据宪法作出裁判。在法律规则冲突之际决定到底谁具优先效力，正是司法机关之职权所在。

如果司法机关尊重宪法权威，且宪法效力优先于任何立法，此时宪法无疑将优先适用。

此时，若继续反对法院将宪法作为根本大法而优先适用，就无异于要求法院无视宪法而仅遵从法律。

这一主张显然将破坏一切成文宪法原则。在这一主张下，根据宪政原则而无效的立法却能在实践中借尸还魂，继续有效；违宪之法律，却能在事实上获得遵行。这意味着在政府权力应当受限的幌子下，立法机关实际上取得了不受限制的全能权力。这一主张一方面承认宪法对政府权力之限制，一方面又纵容这些限制被随意突破。

制定成文宪法是政治制度建设之最大进步，而上述主张显然与之背道而驰。在尊崇成文宪法的美国，这一主张不攻自破。而合众国宪法自身的表述，更进一步否认了上述主张。

合众国司法机关有权管辖一切基于宪法所生之纷争。[判决原文第179页]

赋予司法机关此等权力的制宪者，是否有意将宪法排除出法院裁判依据之列？难道基于宪法所生纷争，可以不依据宪法作出裁判？

这实在太过离谱，难以想象。

因此在某些案件中，法官自有必要依据宪法进行裁判。一旦法官决定适用宪法，就不再有任何力量能阻碍他们援用或依据宪法作出裁决。

宪法中有多处规定可佐证这一立场。

宪法规定"不得对任一州之出口货物征收税金或关税"。假设政府对出口之棉花、烟草或面粉征收关税，而当事人提起诉讼请求返还所征税金，法院是否应当作出裁判？法官是否应当无视宪法而仅仅依据立法机关所立之法律而作出裁判？

宪法规定"不得制定任何褫夺公权或溯及既往之法律"。

但是，如果立法机关恰恰通过了此类法律并有人触犯之，法院是否必须无视宪法而对该人判处刑罚？

宪法还规定，"无论何人，非经两名证人证明其罪行或经本人在公开法庭自首，不得被判处叛国罪"。

宪法此处规定乃特别针对法院——它为法院设置了不得违反的证据规则。如果立法机关另行立法规定只需一名证人、或只需被告在法庭之外自首即可判决叛国罪，莫非这一立法应优先宪法适用？

类似例子举不胜举。显然，制宪者们将宪法［判决原文第180页］视为司法机关与立法机关皆需遵行的根本原则。

此外，为何宪法规定法官必须宣誓效忠宪法？法官宣誓当然对法官的司法行为构成特别的约束。如果法官在宣誓效忠宪法之后，反倒成为违反宪法之工具，岂不是莫大的讽刺？

由立法机关制定的法官就职誓词，完美地印证了立法机关在这一问题上的立场。其内容如下：

在此我庄严宣誓：我将不徇私情，不分贫富，公正司法；我将诚信正直，谨守中立，勉力尽职，履行合众国宪法与法律赋予我之使命。

如果宪法对政府权力毫无约束，如果法官可以无视宪法、而宪法又不能成为其裁判之依据，那么法官宣誓履行宪法赋予之使命又有何意义？

如果事情真是如此，这比亵渎誓词更为严重——遵守或宣读上述誓词本身就等同于犯罪。同时值得注意的是，本国宪法[1]在规定合众国效力最高之法律时，首先提及的是宪法自身，其次是那些根据宪法制定的法律；一般意义上的合众国法律并不在此列。

因此，我国宪法之遣词用语肯定了一项对所有成文宪法而言最为核心的原则：抵触宪法之法律当然无效，法院与其他政府部门均受这一原则约束。

撤销初步判决。

---

[1] 指美国宪法第六条第二款。

附录 2

斯图尔特诉莱尔德案判决

美国联邦最高法院
5 U. S. （1Cranch）299（1803）

首席大法官马歇尔因在下级法院审理过本案而选择回避。佩特森大法官（库欣大法官因健康原因缺席）代表法院写具判决如下：

位于弗吉尼亚州东区的第四巡回法院在 1801 年 12 月就约翰·莱尔德诉休·斯图尔特案作出判决并下达针对被告的财产执行令，限于 1802 年 4 月完成。1802 年 12 月，约翰·莱尔德向位于弗吉尼亚地区的第五巡回法庭主张取得休·斯图尔特与查尔斯·L. 卡特为暂缓前述财产执行而交付的保证金。莱尔德再次胜诉。

申请人律师诉请本院推翻针对保证金的判决，并提出了两项理由。

1. 该案中保证金系为了暂缓被告财产执行，而执行被告（已被扣押）财产的依据正是由第四巡回法院下达并只能向其回报的财产执行令；因此除该院外，任何其他法院均无权对该保证金采取司法措施

[5 U. S. 299，309]。如果上述司法措施缺乏法律依据或授权，被告的观点的确成立。但是依照宪法，国会有权在其认为适当时设立本院以下各级司法机构，并调整其管辖范围。宪法中并无任何语句禁止或限制国会行使上述立法权。

本案即涉及国会这一立法权。其实质无非是将斯图尔特诉莱尔德案的管辖从第四巡回法院移至第五巡回法庭。从国会于1802年4月29日通过的《改造合众国司法系统之法案》第九节的规定中不难看出，立法机关对此已有充分认可与授权。本案中被告所缴保证金至少是斯图尔特诉莱尔德案的附属问题，或更应是该案程序的组成部分。

2. 申请人提出的另一理由是，最高法院大法官在未被指定为巡回法院法官的情况下，无权在巡回法庭听审裁判——换言之，最高法院大法官只有被任命为巡回法院法官的情况下，才能在巡回法庭审理案件。自合众国司法系统组建以来，大法官巡回审理制度已运作多年，鲜有异议。这一实践传统本身即驳斥了被告新近提出的抗辩；这是对我国司法体制本质并不过时的解释，除此之外别无他解。巡回审理制度实已持续多年，形成了难以更动的共识。显然，这一问题已不存争议，不必再受其扰。

维持原判。

注 释

说明：为了便于读者理解，对某些拼写与标点符号做了现代化处理。

导 言

英王约翰于 1215 年首次签署了《大宪章》。目前在国家档案馆"自由大宪章"展厅展出的《大宪章》乃是 1297 年版本。

序 幕

尽管约翰·杰伊备受世人冷落，但沃尔特·施塔尔的《国父约翰·杰伊》（Walter Stahr, John Jay: *Founding Father*, Hambeldon Continuum, 2005）是一本杰伊的精彩传记。

克莱尔·库什曼主编的《最高法院大法官》文集（Clare Cushman, ed., *The Supreme Court Justices*, Congressional Quarterly, 1993）是一份宝贵的参考资料。它概述了乔治·华盛顿任命的 6 位大法官的任职经历与坎坷生平。詹姆斯·艾尔德尔大法官的抱怨远不止和"一个粗鄙异常的男人"同床共枕，还包括"在一间满是酗酒、赌博与汗臭四溢之徒的房间中勉强入睡"（库什曼：《最高法院大法官》，第 30 页）。

大法官詹姆斯·威尔逊是 1787 年费城制宪会议上的一位颇有影响力的领袖人物，但他竟然在大法官任上因为负债 197000 美金而被投入监狱，出狱后不久即辞世。小约翰·布莱尔大法官则苦于他脑袋中"咯吱作响、令人分神的噪音"，不得不于 1796 年辞任。1795 年参议院以 14 比 0 的票数一致否决了约翰·拉特利奇担任首席大法官的提名；这是参议院首次否决最高法院大法官提名（库什曼：《最高法院大法官》，第 6—10、16—25 页）。

亚当斯与杰伊的通信可见查尔斯·沃伦所著《美利坚合众国历史上的最高法院（第一卷）：1798—1821》（*The Supreme Court in United States History, Volume One, 1789-1821*, Little, Brown and Company, 1922）一书第 172—173 页。亚当斯对杰伊的提名获得了参议院批准，而杰伊拒绝赴任的回信则是在此之后到达华盛顿的。

亚当斯在世纪之交对这些酒馆旅店的描述，可见于理查森·怀特所著《美国滑稽与荒诞：从殖民时代到内战》（*American Wags and Eccentrics from Colonial Times to the Civil War*, Frederick Ungar Publishing, 1965）。

第一章

查尔斯·A. 切拉米的《杰斐逊先生家的晚宴》（Charles A. Cerami, *Dinner at Mr. Jefferson's*, John Wiley & Sons, 2008）一书重绘了这场有名的晚宴。关于这场晚宴的描述还可见于约瑟夫·J. 埃利斯的《那一代——可敬的开国元勋》（Joseph J. Ellis, *Founding Brothers*,

Knopf, 2000) 第48—80页以及罗恩·切尔诺夫所著《亚历山大·汉密尔顿》(Ron Chernow, *Alexander Hamilton*, Penguin, 2004) 第326—331页。在这次晚宴之前，杰斐逊曾在华盛顿总统位于纽约的私宅外撞见了衣冠不整的汉密尔顿（汉密尔顿很可能谎称自己在等杰斐逊，其实当时是想截住后者）。杰斐逊在1792年解释道：

> 一日我造访总统宅邸，在走近房门之际遇见汉密尔顿。他面容枯槁黯淡，低落之情溢于言表；甚至衣着都不修边幅，粗俗不堪。他说他想跟我谈谈，我们就站在门边的街道上开始了谈话。他首先提出了国家公债的继受问题——他认为从财政安排上来说联邦政府必须继受这笔债务，从维持联邦的角度讲这一决定更是无可避免。尤其是新英格兰地区各州，它们在独立战争期间花销巨大……而其支出皆是出于国家公益……这些州认为联邦政府理应继受它们的债务。他还提出，如果他无力促成此事，他就毫无价值可言，并且铁定辞职。
>
> 他同时还指出，尽管我们处理的具体事务属于不同政府部门，但成功地治理国家是我们的共同宗旨，由此我们应该相互支持。他希望我能说服我在南方的那些强烈反对这一财政安排的朋友们，赢取他们的兴趣。我则回应说，我离开了祖国太久，对内政议题已经不再熟悉［杰斐逊此时刚刚从法国返美不久］。
>
> 三思之后，我想协调此事的第一步应该是促成麦迪逊先生与汉密尔顿上校就此事进行一次友好商谈。我即写信给两位，邀请他们次日与我共进晚餐。我告诉他们这次晚宴只有我们三人参加……而且我相信，在智慧诚信之人之间，只要相互理解就能在一些问题上达成共识，共促大业（摘引自切拉米：《杰斐逊先生

家的晚宴》，第 118—119 页)。

杰斐逊宅邸的详细位置可见安德罗·林克莱特所著《丈量美国：一片旷野大地如何成就合众国与其民主承诺》（Andro Linklater, *Measuring America: How an Untamed Wilderness Shaped the United States and Fulfilled the Promise of Democracy*, New York: Walker, 2002）第 107 页。

肯尼思·R. 鲍林在《创建哥伦比亚特区：美国首都的构想与选址》一书第 213—214 页细数了有关华盛顿在首都选址上存有私心并从中获利的流言（Kenneth R. Bowling, *The Creation of Washington, D.C.: The Idea and Location of the American Capital*, George Mason University Press, 1991）。根据鲍林的描述，迪金森学院院长当时就注意到此事牵扯华盛顿的私人利益，而亚当斯在卸任联邦总统后也就此事发表了意见。华盛顿本人还经常提到弗农山庄因为新都选址而地价大涨。

首都地块的拍卖与辛迪加破产的故事，可见《创建哥伦比亚特区：美国首都的构想与选址》一书第 227、231—232 页；康斯坦丝·麦克劳克林·格林所著《华盛顿：小村与都城，1800—1878》第 14—15 页（Constance McLaughlin Green, *Washington: Village and Capital, 1800-1878*, Princeton University Press, 1962）以及乔尔·阿肯巴克所著《宏伟的构想》第 183 页（Joel Achenbach, *The Grand Idea*, Simon & Schuster, 2004）。

杰斐逊担心国会议员们可能"要像牲口一样露宿田野"一说，引自乔尔·阿肯巴克所著《宏伟的构想》第 218 页。

"污泥之海"一说引自约瑟夫·R. 帕森聂尔所著《两个世纪中的华盛顿》（Joseph R. Passoneau, *Washington Through Two Centuries*, The Monacelli Press, 2004）一书第 35 页。乔尔·阿肯巴克认为，历史学家

们对于华盛顿城是否真是一片"沼泽"这一问题尚存分歧(《宏伟的构想》,第179页)。阿肯巴克把肯尼思·鲍林称作"非沼泽派"领袖之一(参见《创建哥伦比亚特区》,第237—238页)。而斯科特·伯格在《伟大之所:皮埃尔·查尔斯·郎方,规划哥伦比亚特区的法国传奇》(Scott Berg, *Grand Avenues: The Story of Pierre Charles L'Enfant, the French Visionary Who Designed Washington, D. C.*, Pantheon, 2007)一书中,同样质疑了这一说法。无论"沼泽"这一形容是否夸大,新都或至少其中一片区域的泥泞湿潮显然令人难以忍受。

加勒廷议员的话引自托马斯·弗龙切克编《华盛顿城》(Thomas Froncek, ed., *The City of Washington*, Knopf, 1977)一书第87页。对于哥伦比亚特区此时的境况,亦可见阿肯巴克著《宏伟的构想》第217—220页、格林著《华盛顿:小村与都城,1800—1878》第18—20页,以及弗龙切克著《华盛顿城》第87—91页。

奥利弗·沃尔科特的"破烂狭小的茅草屋"与居民们如"鱼群一般"的说法,可见阿肯巴克所著《宏伟的构想》第219页。国会大厦建筑师们的"巨大的死胎"一说,源自一位名叫本杰明·拉特罗布的国会大厦建筑师于1806年5月29日写给菲利普·马泽伊的一封信,引自鲍林的《创建哥伦比亚特区》第246页。罗杰·格里斯沃尔德"令人悲伤,又深感荒唐"之感可见于格林所著《华盛顿:小村与都城》第23页。古弗尼尔·莫里斯的话则源自他于1800年12月写给德·拉·图尔夫人的一封信,引自贾里德·斯帕克斯编辑的《古弗尼尔·莫里斯生平以及其信件与文稿》(第三卷)(*The Life of Gouverneur Morris, with Selections from His Correspondence and Miscellaneous Papers*, volume 3, edited by Jared Sparks, Grey & Bowen, 1832)第129—130页。一些研究——例如约翰·费林所著《亚当斯对杰斐逊:喧嚣的

1800 年大选》(John Ferling, *Adams vs. Jefferson: The Tumultuous Election of* 1800, Oxford University Press, 2004) 一书第 137 页——认为,当时国务院、财政部、战争部、海军部以及总检察长办公室的全部档案资料只需 7 个箱子即可装完。但另外两位历史学家在查阅国家档案馆中一批被长期忽视的档案后认定,上述档案资料的数量可能远不止这些(参见伊莱恩·C. 埃弗利与霍华德·H. 韦曼著《现在让我们去干点木工活儿》(Then Let Us to the Woods Repair) 一文,载肯尼思·R. 鲍林与唐纳德·R. 肯农编《创建国会》(Kenneth R. Bowling and Donald R. Kennon, eds., *Establishing Congress*, Ohio University Press, 2005) 一书第 56—71 页。

很多研究者都认为当时搬入华盛顿的联邦政府雇员数量为 131 (或 134) ——例如格林《华盛顿:小村与都城,1800—1878》第 17 页。但实际数字可能更少。埃弗利与韦曼就谨慎地指出,"尽管对联邦政府历史上任一时期雇员规模的精确统计都十分棘手,但从迁都开支的报告来看,各行政机关共有 116 人——包括 91 名文员与 11 名信差——迁至华盛顿"(埃弗利与韦曼:《现在让我们去干点木工活儿》,第 57 页)。

第二章

华盛顿辞世一事以及其后的葬礼在多份二手文献中均有描述。例如戴维·麦卡洛著《约翰·亚当斯》(David McCullough, *John Adams*, Simon & Schuster, 2001) 一书第 532—534 页,约瑟夫·J. 埃利斯所著《那一代——可敬的开国元勋》(Joseph J. Ellis, *Founding Brothers*, Alfred A. Knopf, 2000) 一书第 160—161 页以及珍·爱德华·史密斯著《约翰·马歇尔》 (Jean Edward Smith, *John Marshall*, Henry Holt,

1996）一书第 255—257 页。

对于托马斯·杰斐逊与约翰·亚当斯的个人特质、成长背景以及政治理念的总结，可见阿瑟·施莱辛格所著《帝王总统》一书（Arthur Schlesinger, *The Imperial Presidency*, Houghton Mifflin, 1973）。

对乔治·华盛顿对美国政局的重要影响的探讨以及对其个人生平的回顾，可见佩奇·史密斯所著《约翰·亚当斯》（第一、二卷）（Page Smith, *John Adams*, volumes I and II, Doubleday & Company, 1962）以及切尔诺夫的《亚历山大·汉密尔顿》。费林所著《亚当斯对杰斐逊》一书第 168—169 页）解释了选举人团制度。爱德华·拉森在其第一本有关 1800 年大选的著作《一场盛大的灾难》（*A Magnificent Catastrophe*, Free Press, 2007）以及唐纳德·O.杜威在《马歇尔对杰斐逊》（*Marshall Versus Jefferson*）一书中亦有介绍。克林顿·罗西特的话可见其书《1789 年的制宪会议》（*The Constitutional Convention of 1789*）第 221 页。[1] 有关伯尔与汉密尔顿之间的龃龉不和，参考并整合了切尔诺夫的《亚历山大·汉密尔顿》、施莱辛格的《帝王总统》以及南希·伊森伯格所著的《陨落的国父：阿伦·伯尔生平》（*Fallen Founder: The Life of Aaron Burr*, Viking, 2007）三本书的考据与信息。切尔诺夫的《亚历山大·汉密尔顿》一书（第 613—615 页）也描述了民主共和党人在纽约州议会选举的胜利与其后的亚当斯内阁危机。费林的《亚当斯对杰斐逊》（第 137—148 页）以及麦卡洛的《约翰·亚当斯》等书还介绍了亚当斯在新都华盛顿的巡游与拜票活动。奥利弗·沃尔科特在给费舍尔·埃姆斯的信中曾盛赞

---

[1] 未能找到作者所述的这本书。克林顿·罗西特的著作中名称最为接近的一本为《1787：伟大的制宪会议》（Clinton Rossiter, *1787: the Grand Convention*, W. W. Norton & Company, 1987）。

注　释

马歇尔的执政才干，引自史密斯著《约翰·马歇尔》一书（Smith, John Marshall, p. 7）。马伯里为自己购置私宅一事，则在帕森聂尔《两个世纪中的华盛顿》（Passoneau, *Washington Through Two Centuries*, p. 56）中有记述。

戴维·福特在一篇名为《马伯里的奋进之路》的法律评论文章中（"Marbury's Travail", 45 *Catholic University Law Review* 349, Winter 1996），以传记手法描述了威廉·马伯里的生平细节。

《巴尔的摩公报》的报道引自施莱辛格的《帝王总统》。其他有关马里兰州此次竞选的情况则参考了拉森《一场盛大的灾难》一书。有关媒体在1800年大选中所扮演角色的讨论，主要参考了费林的《亚当斯对杰斐逊》第141—148页。费林在其书中第140页还描述了托马斯·杰斐逊是如何利用媒体的力量来帮助自己选战的。而切尔诺夫《亚历山大·汉密尔顿》一书第621—623页中，则记录了亚历山大·汉密尔顿在1800年大选后期所扮演的角色。

XYZ事件有很多研究资料可供参考：例如，戴维·麦卡洛在《约翰·亚当斯》一书第495—497页做出了很有帮助的解读；这还包括珍·爱德华·史密斯的《约翰·马歇尔》一书第204—237页。有关《惩治煽动叛乱法》对于1800年大选的影响，可见费林所著《亚当斯对杰斐逊》第144—146页。杰弗里·斯通在《艰险时代：战争时期的自由言论》（*Perilous Times: Free Speech in Wartime*, W. W. Norton, 2004）这样一本大师级的著作第15—78页中，也对《惩治煽动叛乱法》进行了精彩概述。

麦卡洛著《约翰·亚当斯》第544—555页以及史密斯著《约翰·马歇尔》第1050—1051页均记述了亚当斯总统对国会所做的最后一场演讲。在《约翰·亚当斯》一书第555页中也讨论了查尔斯·

亚当斯之死以及亚当斯对于1800年败选的反应（第556页）。马歇尔在写给查尔斯·科茨沃思·平克尼的信中透露了他想重回里士满执业的心愿，该信引自查尔斯·F. 霍布森所编《约翰·马歇尔文集》（第六卷）（Charles F. Hobson, ed., *The Papers of John Marshall*, volume 6, University of North Carolina Press, 1990）第41页。

第三章

对《孟特芳丹条约》的介绍可见史密斯著《约翰·马歇尔》第277页与麦卡洛著《约翰·亚当斯》第552页。亚当斯总统拒绝提名威廉·佩特森担任首席大法官一事，可见杜威著《马歇尔对杰斐逊》一书第3页，以及《约翰·亚当斯》第1063、1064页。亚当斯写给约翰·杰伊、邀请其担任首席大法官的信件，可见史密斯《约翰·马歇尔》一书中第529页引注51。马歇尔于1800年12月18日写给查尔斯·平克尼的信件，翻印于霍布森所编《约翰·马歇尔文集》第41页。有关阿比盖尔·亚当斯与托马斯·杰斐逊的个人关系，所依据的是麦卡洛著《约翰·亚当斯》第558、559页。

费舍尔·埃姆斯的话引自切尔诺夫所著《亚历山大·汉密尔顿》第633页。汉密尔顿因反对阿伦·伯尔而四处致信一事，在多处文献中均有印证：例如小保罗·F. 博勒所著《总统竞选轶事》（Paul F. Boller, Jr., *Presidential Campaigns*, Oxford University Press, 1984）一书第15、16页；切尔诺夫著《亚历山大·汉密尔顿》第632、633页。切尔诺认为"喀提林"这一比喻是"一种严厉的指控——因为个人生活放荡且阴谋背叛罗马共和国，喀提林在古罗马臭名昭著"。汉密尔顿写给马歇尔的信件，可见史密斯著《约翰·马歇尔》第14页。该书第530页引注73则记述了约翰·杰伊拒绝再次担任首席大法官的

注 释

表态。亚当斯随后向马歇尔表示其提名意愿的场景,可见麦卡洛著《约翰·亚当斯》第 580 页以及史密斯著《约翰·马歇尔》第 14 页。马歇尔在 1826 年写给约瑟夫·斯托里的一篇简短的个人回忆录中述及了当时的场景。该回忆录被翻印并收于《我一生中的大事件:约翰·马歇尔简要自传》("The Events of My Life": *An Autobiographical Sketch*, by John Marshall, Clements Library, University of Michigan and Supreme Court Historical Society, 2001)。

本章中对于马歇尔生平的简介乃基于史密斯所著《约翰·马歇尔》一书所提供的信息,包括"给马泽伊的信"(第 14 页)以及 XYZ 事件(第 204—233 页)。亨利·亚当斯对于马歇尔的评价,引自亚当斯著《托马斯·杰斐逊治下的美利坚合众国》(Adams, *History of the United States of America During the Administrations of Thomas Jefferson*, Library of America, 1986)第 132 页。杰斐逊给马歇尔留下便条一事,可见史密斯著《约翰·马歇尔》第 236 页。乔纳森·戴顿参议员写给威廉·佩特森的信件,可见杜威著《马歇尔对杰斐逊》一书第 12 页。亚当斯总统对于马歇尔"精力充沛、正当盛年"的描述,也见于多处:例如麦卡洛著《约翰·亚当斯》第 560 页。有关最高法院选址问题的争议,可见斯科特·伯格著《伟大之所:皮埃尔·查尔斯·郎方,规划哥伦比亚特区的法国传奇》第 238 页、罗伯特·莱梅尼所著《众议院》(Robert Remini, *The House*, Smithsonian Books, 2006)第 68 与 80 页,以及查尔斯·沃伦所著《美利坚合众国历史上的最高法院》第 168—171 页。1801 年 1 月 12 日的《国民通讯员报》报道了财政部的火灾。国会最终放行《孟特芳丹条约》一事,可见史密斯著《约翰·马歇尔》第 278 页。马歇尔的宣誓就职仪式可见该书第 283—285 页。

史密斯著《约翰·马歇尔》第286页中记述了由马歇尔领导的最高法院在国会大厦中的首次开庭办公。

麦卡洛所著《约翰·亚当斯》一书第599页记述了托马斯·杰斐逊与阿比盖尔·亚当斯的茶叙告别。有多处研究讨论了1800年总统大选僵局,包括博勒的《总统竞选轶事》第15页以及切尔诺夫的《亚历山大·汉密尔顿》第85页。约翰·亚当斯在与托马斯·杰斐逊最后一次对谈的场景,可见麦卡洛《约翰·亚当斯》第561页。

托马斯·杰斐逊在1800年大选中最终胜出一事,可见威拉德·斯特恩·兰德尔所著《托马斯·杰斐逊生平》一书(Willard Sterne Randall, *Thomas Jefferson: A Life*, Henry Holt, 1993)第547页。马伯里宅邸前聚集狂欢民众一事,可见福特所著《马伯里的奋进之路》一文。

第四章

亚当斯在午夜任命法官一事,最权威的研究当属凯瑟琳·特纳所著的《午夜法官》一文(Kathryn Turner, "The Midnight Judges," 109 *University of Pennsylvania Law Review* 494, 1960-1961)。她在《联邦论者的政策主张与1801年司法法》("Federalist Policy and the Judiciary Act of 1801," 22 *The William and Mary Quarterly* 3, 1965)一文中对于《司法法》的分析也很有价值。

其他对于午夜法官与《司法法》的分析,可见杜威著《马歇尔对杰斐逊》第49—59页;劳伦斯·戈德斯通所著《司法能动主义者》一书(Lawrence Goldstone, *The Activist*, Walker, 2008)第155—169页;以及詹姆斯·F. 西蒙所著《打造美国:杰斐逊总统与马歇尔大法官的角逐》(James F. Simon, *What Kind of Nation: Thomas Jefferson*,

John Marshall, and the Epic Struggle to Create a United States, Simon & Schuster, 2002) 一书第 147—150、173—174 页。

1801 年头三个月内马歇尔的通信，包括他与奥利弗·沃尔科特、与其弟詹姆斯·马歇尔以及与举荐法官人选的诸多政客们的来往信件，可见于霍布森所编《约翰·马歇尔文集》第 46—93 页。

第五章

R. B. 伯恩斯坦在他短小精悍的传记——《托马斯·杰斐逊》(*Thomas Jefferson*, Oxford University Press, 2003) 第 134 页中，详述了约翰·亚当斯总统在 1801 年 3 月 4 日离开华盛顿哥伦比亚特区一事；亦可见麦卡洛所著《约翰·亚当斯》第 565 页。对杰斐逊在同日上午就职仪式的描述，可见费林《亚当斯对杰斐逊》一书第 201 页。玛格丽特·贝亚德·史密斯的话，引自她对自己在 1800 年前后于哥伦比亚特区生活经历的回忆，收于《新都华盛顿的首个四十年》(*The First Forty Years of Washington Society*, Frederick Ungar Publishing Co., 1965) 一书。史密斯在《约翰·马歇尔》一书第 17、19 页，分别摘录了约翰·马歇尔写给查尔斯·科茨沃思·平克尼，以及托马斯·杰斐逊写给马歇尔的信件。

麦卡洛在《约翰·亚当斯》一书第 488 页描述了华盛顿与亚当斯的总统就职典礼。有关杰斐逊就职典礼的信息源自如下资料：费林《亚当斯对杰斐逊》第 204 页；伊森伯格所著《陨落的国父：阿伦·伯尔生平》第 224 页；兰德尔所著《托马斯·杰斐逊》第 547—548 页；以及史密斯所著《新都华盛顿的首个四十年》第 26 页。古弗尼尔·莫里斯对于杰斐逊就职演说的反应，可见威廉·霍华德·亚当斯所著传记《古弗尼尔·莫里斯》第 273 页。布鲁斯·阿克曼认为，民主共和党人对于国会的控制,乃是拜亚当斯所赐:他任命了两名联邦党籍参议员担任联邦法官。见阿克曼著《国父们的未竟事业》(*The Failure of the Founding Fathers*, Harvard, 2005) 第 136—140 页。兰德尔著《托马斯·杰斐逊》一书第 549 页描述了杰斐逊内阁的首次会议。

《杰斐逊文集》(第 33 卷)(*Foreword to the Jefferson papers*, volume 33) 前言部分(该卷第 xi 页)介绍了杰斐逊在入住总统官邸时的准备。戴维·麦卡洛在《约翰·亚当斯》一书中指出,亚当斯在退休后的"书信往来并不多,主要是写给那些向他致意或祝福的朋友们"。

本书对詹姆斯·麦迪逊生平的简要回顾,主要基于切拉米所著《年轻的爱国者们》(Cerami, *Young Patriots*) 一书第 17—22 页中的信息。杰斐逊邀请麦迪逊一家入住总统官邸一事,可见斯蒂芬·安布罗斯写作的有关刘易斯与克拉克西部探险经历的名著《一往无前:梅里韦瑟·刘易斯,托马斯·杰斐逊与美国西境大拓荒》(Stephen Ambrose, *Undaunted Courage*: *Meriwether Lewis, Thomas Jefferson, and the Opening of the American West*, Simon & Shuster, 1996) 第 62、63 页。

第六章

杰斐逊上台后的执政理念,可见费林著《亚当斯对杰斐逊》以及兰德尔著《托马斯·杰斐逊》第 549 页。那封写给詹姆斯·门罗表达对联邦论者愤懑的信件,其内容摘录于史密斯所著《约翰·马歇尔》一书第 610 页中的一处脚注。对 1801 年国务院的描述是基于国务院在 19 世纪的历史样貌。实际上自杰斐逊于 1790 年担任国务卿开始,这一机构规模就开始膨胀。根据兰德尔的描述,当年整个国务院由"两名办事雇员,两名助理办事雇员,以及一名翻译组成。除去驻扎海外的外事机构，整个部门的预算是 8000 美元。其中包括 3500 美元的国务卿薪金"。杰斐逊造访国务院一事，在多处二手文献中均有记载：根据史密斯《约翰·马歇尔》一书第 617 页引注 34 引述了杰斐逊在 1804 年写给威廉·约翰逊的一封信，其中杰斐逊回忆了自己扣留法官委任状一事；他写给阿比盖尔·亚当斯的信，则收于卡彭著《杰斐逊写给阿比盖尔的信》（Cappon，*Jefferson's Letters to Mrs. Adams*）；而他写给托马斯·伦道夫的信，可见史密斯著《约翰·杰斐逊》第 619 页引注 50。

本章中克兰奇与马歇尔法官对杰斐逊扣留委任状一事的反应，可见西曼所著《打造美国》第 150 页。杰斐逊写给约翰·迪金森的信，可见史密斯著《约翰·马歇尔》第 353 页。他写给阿奇博尔德·斯坦顿的信，可见同书第 619 页引注 50。贾尔斯写给杰斐逊的信，可见同书第 303 页。

第七章

本章中对当时报纸报道的引述，源自《华盛顿联邦党人报》1801 年 12 月 8、9、10、16、21、22、23、24、28 日的报摘；《国民通讯员报》1801 年 12 月 7 日的内容；以及《曙光报》1801 年 12 月 11、13、20、23 日的报道内容。

最近一本有关古弗尼尔·莫里斯生平（包括本章有关他的一些介绍）的传记是理查德·布鲁克海瑟所著《君子革命家：古弗尼尔·莫里斯——制宪浪子》（Richard Brookhiser，*Gentleman Revolutionary：Gouverneur Morris—The Rake Who Wrote the Constitution*，Free Press，2003）；詹姆斯·J. 科斯切克所著《古弗尼尔：笔杆子、政治家与花花公子》（James J. Kirschke，*Gouverneur Morris：Author, Statesman, and Man of the*

World，Thomas Dunne，2005）以及威廉·霍华德·亚当斯所著《古弗尼尔·莫里斯：孤傲一生》（William Howard Adams，*Gouverneur Morris: An Independent Life*，Yale University Press，2003）。他与弗拉胡特伯爵夫人的绯闻，可见上书第182—185页。

古弗尼尔·莫里斯对多莉·麦迪逊以及她"萎靡样子"的国务卿丈夫的描述，可见其1802年1月8日的日记。莫里斯的日记原本藏于国会图书馆，可供阅览。根据詹姆斯·J. 科斯切克的解释，莫里斯所谓多莉·麦迪逊"兴致不错"的确切含义，是其"乐观地"认为她会很容易迎合男人的诱惑（科斯切克：《古弗尼尔·莫里斯》，第257页）。

参议员们在1801年12月订阅报纸的情况，可见唐纳德·A. 里奇所著《国会记者席：那些报导国会与华盛顿新闻的人们》（*Press Gallery: Congress and the Washington Correspondents*，Harvard University Press，1991）第16页。

康拉德—麦克蒙寄宿旅店周边环境的描述，可见玛格丽特·贝亚德·史密斯著《新都华盛顿的首个四十年》第12页。

杰斐逊准备国情咨文演讲以及删去某些段落一事，可见阿尔伯特·贝弗里奇所著的经典传记《约翰·马歇尔生平》第三卷（*The Life of John Marshall*，volume 3，Houghton Mifflin，1919）第53页以及附件A。该页还可见费舍尔·埃姆斯对于该演讲内容的谴责。汉密尔顿与约翰·昆西·亚当斯的反应，则可见史密斯著《约翰·马歇尔》第297页。

最高法院针对"佩吉号"的判决内容，可见 United States v. Schooner Peggy，5 U.S.（1 Cranch）103（1801）。

马伯里以及其他原告的背景情况，可见杜威著《马歇尔对杰斐逊》一书第83—86页以及史密斯著《约翰·马歇尔》第618引注41。弗吉尼亚州亚历山德里亚市立图书馆的本地历史资料中，有关拉姆塞、胡和哈珀的史料十分有趣。威廉·克兰奇、马伯里诉麦迪逊一案判决书［*Marbury v. Madison*, 5 U. S.（1 Cranch）137（1803）］中记录了最高法院的判决意见，即根据李的诉请要求麦迪逊就最高法院不应下达职务执行令述明理由。

福特在《马伯里的奋进之路》一文第385与引注188中，引述了亨利·迪尔伯恩写给马伯里的解雇信。古弗尼尔·莫里斯在1801年12月19日的日记中，记录了他在晚间拜访佩特森大法官一事以及对"卓尔不凡的法庭"的评价。

第八章

威廉·普卢默参议员造访杰斐逊总统一事，可见兰德尔著《托马斯·杰斐逊》第553页；亦可见小约翰·T. 莫尔斯编《美国政治家》第11卷（John T. Morse, Jr., ed., *American Statesman*, volume 11, Houghton Mifflin, 1883）第188页。对于1802年总统官邸的描述，源自白宫历史学会（White House Historical Society）提供的信息。兰德尔在《托马斯·杰斐逊》一书第553—555页描述了杰斐逊总统的工作习惯。玛格丽特·贝亚德·史密斯对于杰斐逊的描述，源自她1801年5月26日写给苏珊·B. 史密斯的一封信，这封信翻印于《新都华盛顿的首个四十年》第28页。西曼在《打造美国》一书第163页描述了杰斐逊对于国会立法的操控能力。

国会大厦附近小教堂的描述，可见玛格丽特·贝亚德·史密斯《新都华盛顿的首个四十年》一书第13页。

参议院就废除《司法法》的辩论，可见《美利坚合众国参议院

1801年年鉴》第11卷(Annals of the United States Senate, 1801, volume 11)。西曼在《打造美国》一书第164—168页中对这一辩论做了精彩归纳。莫里斯对于杰斐逊总统举动的评议,可见他1802年1月8日与22日的日记。阿伦·伯尔在这场辩论中的表现,可见伊森伯格著《陨落的国父:阿伦·伯尔生平》第245、246页以及西曼著《打造美国》第166页。威廉·布兰奇·贾尔斯的"一项强制程序"的说法,见于杜威《马歇尔对杰斐逊》一书第68页,以及史密斯著《约翰·马歇尔》一书第621页引注69。1802年3月8日的《曙光报》全文刊载了贾尔斯的发言。1802年《司法法》的立法历史,可见伦纳德·贝克著《约翰·马歇尔》(Leonard Baker, *John Marshall*, Macmillan, 1974)一书第377、380以及381页。贝亚德众议员与首席大法官马歇尔会面一事,可见西曼《打造美国》一书164—168页以及史密斯《约翰·马歇尔》一书第333页。对加得斯比酒馆的描述,可见《劳埃德堂的历史(一):早年——1796—1832》("A History of Lloyd House, Part I: The Early Years, 1796—1832," *Historic Alexander Quarterly*, Fall 2003/Winter 2004)一文。莫里斯对于马歇尔观点的反应,可见他1802年4月29日的日记,亦可见史密斯著《约翰·马歇尔》一书第351页。

约翰·马歇尔与其他几位大法官的信件往来,可见贝克著《约翰·马歇尔》一书第378页,亦可见史密斯著《约翰·马歇尔》一书第308页。贝克在《约翰·马歇尔》一书第438—444页中,也描述了马歇尔为乔治·华盛顿作传时的政治气氛。杰斐逊决定邀请乔尔·巴洛修史一事,可见安德鲁·伯斯坦所著《杰斐逊的秘密》(Andrew Burstein, *Jefferson's Secrets*, Basic Books, 2005)一书第213—218页,亦可见史密斯著《约翰·马歇尔》一书第306、307页。詹姆

注　释

斯·门罗对于取消最高法院庭期的担忧，可见史密斯著《约翰·马歇尔》一书第 621 页引注 72。詹姆斯·T. 卡伦德对于杰斐逊婚外情的指控，可见西曼《打造美国》一书第 151 页。史密斯所著《约翰·马歇尔》一书第 310、311 页描述了巡回审理制复活一事。本章末尾马歇尔的话，引自史密斯所著《约翰·马歇尔》一书第 308 页。

第九章

本章中媒体对于诸多人物与事件的报导，可见《曙光报》1803 年 1 月 1、3、5、8、15、16 日，2 月 2、3、5、7、8、9、12、14 日的内容；《国民通讯员报》同年 1 月 5、14、19、21、26、31 日以及 2 月 2、7、9、14 日的内容；《华盛顿联邦党人报》同年 1 月 26、28、31 以及 2 月 2、4、7、9、14、16 日的内容。埃尔罗伊·M. 埃弗里在《美利坚合众国及其人民：从历史起点到如今》（第七卷）一书（Elroy M. Avery, *A History of the United States and Its People from Their Earliest Records to the Present Time*, volume 7, The Burrows Brothers, 1904）第 303 页，描述了 1803 年总统新年招待会。

杜马·马隆在其经典传记《杰斐逊与他的时代（第四卷）：首个总统任期——1801—1805》（Dumas Malone, *Jefferson and His Time*：*Volume 4*, *Jefferson the President*, *First Term*, *1801—1805*, Little, Brown and Company, 1970）一书第 174 页描述了杰斐逊的女儿们造访首都一事。梅里韦瑟·刘易斯的远征准备，可见斯蒂芬·安布罗斯著《一往无前》一书第 80—127 页。后来担任检察总长且成为最高法院著名出庭律师的威廉·沃特，当时还只是弗吉尼亚州一名年轻律师。被传为一名英国访客见闻的《不列颠间谍》，其实正是出自他之手。这些广受欢迎的评论文章细数了当时弗吉尼亚州的诸多名流，其中就包括对马歇尔的精彩并且十分幽默的描写。弗吉尼亚州《百眼巨人报》首先刊载了这些文章，其后又以多种形式编辑出版。例如《不列颠间谍，或游历美国者写给一位不列颠国会议员的信》一书（William Wirt, *The British Spy: or, Letters to a Member of the British Parliament Written During a Tour Through the United States*, Newburyport, 1804）。

1803年1月2日于北卡罗来纳州，马歇尔写信给他妻子波莉描述了其在巡回审理旅途中的"诸多不幸"。这封信翻印于霍布森所编《约翰·马歇尔文集》第145—146页。珍·爱德华·史密斯在《约翰·马歇尔》一书第312—313页中细数了马歇尔的巡回审理经历。

拉特利奇与埃勒里之间这场著名的肢体冲突，可见罗伯特·K.拉茨拉芙所著《小约翰·拉特利奇：来自南卡罗来纳的联邦论者——1766—1819》（Robert K. Ratzlaff, *John Rutledge, Jr.: South Carolina Federalist, 1766—1819*, Ayer Publishing, 1982）一书第212—216页。古弗尼尔·莫里斯在其1802年12月28日与1803年1月3日的日记中，分别记述了拉特利奇的手杖袭击事件与那场和杰斐逊及多莉·麦迪逊共进的晚餐。

午夜法官与马伯里等人向国会提交请愿书一事，可见史密斯《约翰·马歇尔》一书第313—315页，亦可见马隆《杰斐逊与他的时代》一书第147页。克兰奇对最高法院庭审过程的记录，可见该案判决5 U.S.（1 Cranch）135（1803），第135—152页。史密斯著《约翰·马歇尔》一书第316—318页与西曼著《打造美国》第178—182页的描述，也有助于重现庭审经历。

第十章

有关庞修斯·德莱尔·斯特尔与斯氏酒店的背景介绍，可见莫德·伯尔·莫里斯著《庞修斯·德莱尔·斯特尔生平与其时代》一文（Maud Burr Morris, "The Life and Times of Pontius D. Stelle," *Records of the Columbia Historical Society*, volume 7, 1904）第 49—65 页、W. B. 布莱恩著《1814 年前华盛顿的酒店》一文（W. B. Bryan, "Hotels of Washington Prior to 1814," *Records of the Columbia Historical Society*, volume 7, 1904）第 110—106 页，以及弗龙切克编《华盛顿城》第 87 页。

国家档案馆珍藏的 1803 年 2 月最高法院官方议程记录，细述了最高法院因为出席大法官未达法定人数而无法开庭审案的问题。

关于那位"芬德尔医生"以及在酒店举办的舞蹈大会，可见 1803 年 2 月 14 日《华盛顿联邦党人报》以及 1803 年 2 月 16 日《国民通讯员报》。1803 年 3 月 21 日《华盛顿联邦党人报》报道了在华盛顿诞辰酒会上的碰杯仪式。

威廉·克兰奇在判决书 5 U. S. （1 Cranch）299（1803）中概述了斯图尔特诉莱尔德案的口头辩论过程。根据最高法院庭审记录，该案口头辩论是在 1803 年 2 月 23、24 日进行的。布鲁斯·阿克曼认为，李在听取最高法院对马伯里案的判决后，相应修改了自己在 2 月 24 日的辩论内容；但他也指出，"法院庭审记录对这一问题语焉不详"（见阿克曼：《国父们的未竟事业》，第 182—185 页以及第 346—347 页，引注 47）。

第十一章

马伯里诉麦迪逊案判决可见 5 U. S. （1 Cranch）137（1803）。本书附录 1 翻印了这一判决。

马歇尔宣读马伯里案判决的现场场景，可见史密斯著《约翰·马歇尔》第 319—323 页；西曼著《打造美国》第 185—190 页；以及戈德斯通著《司法能动主义者》第 216—223 页。尽管有些研究认为这份判决有 11000 字之长，但这一字数其实包含了克兰奇对该案背景的介绍，而不仅仅是最高法院的判决主文。

1803 年 2 月 25 日《华盛顿联邦党人报》首先报道了马伯里案的判决结果，然后于 1803 年 3 月 14 日与 16 日连载了判决全文。《国民通讯员报》于 1803 年 3 月 18、21、25 日分三部分刊载了判决全文。

1803 年 3 月 14 日，在马伯里案判决全文之前的介绍部分，《华盛顿联邦党人报》盛赞了这一判决。当时媒体和观察家对该案的其他评论，可见查尔斯·沃伦著《美利坚合众国历史上的最高法院（第一卷）：1798—1821》一书第 245—268 页的概述归纳。其至今依然是研究当时舆论对马伯里案判决反应的极有价值的资料。

贾尔斯向约翰·昆西·亚当斯表达的对这一判决的意见，可见史密斯著《约翰·马歇尔》第 627 页引注 4。

本章中所引杰斐逊对马伯里案的评价，可见其在 1804 年写给阿比盖尔的信、1807 年 6 月 2 日写给乔治·海的信、1815 年 6 月 11 日写给 W. H. 托兰斯的信、1819 年 9 月 6 日写给斯宾塞·罗恩的信、1820 年 9 月 28 日写给贾维斯的信以及 1823 年 6 月 12 日写给威廉·约翰逊的信。这些信件，可见梅里尔·佩特森编《托马斯·杰斐逊：书稿》(Merrill Peterson, ed., *Thomas Jefferson: Writings*, Library of America, 1984)；沃伦著《美利坚合众国历史上的最高法院》第 267 页引注 2；以及史密斯著《约翰·马歇尔》第 626 页引注 65。

当时，在塔尔博特诉西曼案 [*Talbot v. Seeman*, 5 U.S. (1 Cranch) 1 (1801)] 中，布什罗德·华盛顿大法官并未因自己曾经参加过该案的下级法院审理程序而选择回避。可见戈德斯通所著《司法

注 释

能动主义者》一书第 279 页引注 9。珍·爱德华·史密斯指出，马歇尔在 1804 至 1805 年间的三个案件中，也选择了回避。其中一个是因为他曾参与巡回审理（斯图尔特诉莱尔德案），一个是因为他曾代理案件中一方当事人，还有一个——用史密斯的话来说——是因为他与该案有"轻微的经济利益关系"（《约翰·马歇尔》第 293 页）。

斯图尔特诉莱尔德案的判决，可见 5 US.（1 Cranch）299（1803），并翻印于本书附录 2。

马歇尔于 1803 年 3 月 2 日写给奥利弗·沃尔科特的信件，可见霍布森编《约翰·马歇尔文集》第 187 页（略去该引文内原有引注）。

马歇尔曾在 1830 年似是而非地坦言，"真正有才识之士，总是能够领悟并理解事件背后的真相。但马伯里诉麦迪逊案或许是个例外——法院判决背后的根本动因，怕是难免遭人误会"（杜威：《马歇尔对杰斐逊》，第 vii 页）。

第十二章

最高法院对库帕诉阿伦案的判决，可见 358 U.S.1（1958）。合众国诉尼克松案的判决可见 418 U.S. 683（1974）。马克·A. 格雷伯与迈克尔·波海克编辑的《马伯里诉麦迪逊：文件与评述》（Mark A. Graber and Michael Perhac, eds., *Marbury Versus Madison*: *Documents and Commentary*, CQ Press, 2002）一书在第 382—402 页编纂了最高法院所有援引过马伯里诉麦迪逊案的判例。

首席大法官威廉·伦奎斯特在其著作《最高法院》（William H. Rehnquist, *The Supreme Court*, Vintage, 2002）第 21—35 页中强调了马伯里案的重大意义。桑德拉·戴·奥康纳大法官也在其著作《法律的尊严：美国最高法院一位大法官的思考》（*The Majesty of the Law*:

Reflections of a Supreme Court Justice, Random House, 2004）第242—243页中探讨了该案的关键意义。

约翰·保罗·斯蒂文斯大法官于2008年5月28日在其最高法院办公室中接受了本书作者的访谈。其间斯蒂文斯大法官也回顾了马伯里案的重要意义。

A. E. 迪克·霍华德教授对于马伯里案的评价，可见其在参议院司法委员会与国际关系委员会联合听证会上所作的、名为《朝着宪政民主的全球化迈进：美国视角》的证词［A. E. Dick Howard, "Toward Constitutional Democracy Around the World: An American Perspective," 9 *Issues of Democracy* 18 (2004)］。前司法部副部长西奥多·B. 奥尔森对马伯里案的评价，可见斯科特·多尔夫曼《奥尔森评述马伯里诉麦迪逊案的历史影响》一文（Scott Dorfman, "Olson Explores Influence of *Marbury v. Madison*," 57 *Virginia Law Weekly* 24, April 15, 2005）。

苏珊·洛·布洛克与玛伊瓦·马库斯所著《约翰·马歇尔在马伯里诉麦迪逊案中对历史的选择性运用》［Susan Low Bloch and Maeva Marcus, "John Marshall's Selective Use of History in *Marbury v. Madison*," *Wisconsin Law Review* 301 (1986)］一文，是批评马伯里案"刻意求工"的代表性意见之一。戈德斯通在《司法能动主义者》一书中则批评了马歇尔操控原告诉请之嫌。布鲁斯·阿克曼在《国父们的未竟事业》一书中则批评该案实际为马歇尔向杰斐逊主义者的投降让步之举。桑福德·莱文森所著《为何我不教马伯里案（除了向东欧人）——以及为何你也不该教》一文，则综合了"夸大贡献"等其他对该案的批评［Sanford Levinson, "Why I Do Not Teach Marbury (Except to Eastern Europeans) and Why You Shouldn't Either," 38 *Wake Forest Law Review* 553 (2003)］。对该文的回应，可见埃里克·J. 西格尔

《为何我依然在教马伯里案（以及为何你也应该教）：与莱文森教授商榷》[Erich J. Segall, "Why I Still Teach Marbury (And So Should You): A Response to Professor Levinson," 6 *University of Pennsylvania Journal of Constitutional Law* 573 (2004)] 一文。珍·史密斯在《约翰·马歇尔》一书第625页引注60中批评该案已被异化滥用。

后　记

珍·爱德华·史密斯在《约翰·马歇尔》一书第397页中称最高法院具有"强烈的社会吸引力"。罗伯特·莱梅尼在《众议院》一书第80页详细描述了杰斐逊总统对于弹劾塞缪尔·蔡斯大法官的态度。贾尔斯众议员对约翰·昆西·亚当斯所说，可见保罗·W. 卡恩著《法律的统治：马伯里诉麦迪逊案与美国国性的建构》一书（Paul W. Kahn's *The Reign of Law: Marbury v. Madison and the Construction of America*, Yale University Press, 1997）第14页，以及马隆著《杰斐逊与他的时代》第472—473页。有关伯尔主持蔡斯大法官弹劾程序的讽刺笑话，可见艾伦·德肖维茨著《保持沉默是一种权利吗?》（Alan Dershowitz, *Is There a Right to Remain Silent*?, Oxford University Press, 2008）第194页引注82。兰德尔著《托马斯·杰斐逊》一书第572—583页描述了杰斐逊第二任期的情况。

根据伯恩斯坦《托马斯·杰斐逊》一书第169页的引述，杰斐逊于1809年3月2日写信给皮埃尔·杜庞·德·内穆尔斯，表达了对自己任期即将结束的欣慰。威廉·马伯里后来成为一名衣料商的故事，源自1807年以来在《华盛顿联邦党人报》刊登的广告，以及戴维·福特的那篇法律评论文章。有关莱维·林肯与查尔斯·李的生平介绍，系基于史密斯著《约翰·马歇尔》一书第399、352页。同书第 362 页可见杰斐逊写给女婿约翰·埃普斯的信。最高法院大法官们在马伯里案之后的命运,可见贝克著《约翰·马歇尔》第 537—540 页,以及库什曼著《最高法院大法官》第 6—60 页。

亚当斯对其在卸任总统后在马萨诸塞州昆西市[1]度过的平静岁月的描述,可见麦卡洛著《约翰·亚当斯》。亚当斯"最自豪的决定"的说法,可见史密斯著《约翰·马歇尔》第 666 页。麦卡洛著《约翰·亚当斯》第 637—640 页描述了亚当斯对自己儿子总统任内表现的态度。史密斯著《约翰·马歇尔》一书第 15 页描述了马歇尔在马伯里案后数十年的大法官生涯。在杰斐逊眼中,马歇尔所作的乔治·华盛顿个人传记只是"五卷诽谤中伤之言"。

马伯里与马歇尔家族之间最终的联姻关系,可见威廉·L. 马伯里著《马里兰一家之往事》(William L. Marbury, *The Story of a Maryland Family*, Baltimore, private printing, 1966)第 10 页。位于巴尔的摩的马里兰历史学会有此藏本。

---

[1] 昆西市是美国马萨诸塞州诺福克县的一座城市。昆西原属于布伦特里。因美国第二任总统约翰·亚当斯和第六任总统约翰·昆西·亚当斯都出生于此,因此昆西也被称为总统之城(The City of Presidents)。——参考自维基百科

注 释

致　谢

在计划写作本书之初，我们就已意识到著书不易：最高法院的这起判例并非为国人所熟知——即便知晓之人，也少有能诠释清楚其奥义。听闻"马伯里诉麦迪逊案"，人们多半眼神呆滞，不知所云。但我们又坚信，绝大多数国人均有此直觉——并且为之自豪的是——我们奉国家宪法为圭臬，对宪政之追求薪火相传。这的确让我们与众不同。

公共事务出版社（Public Affairs）的苏珊·温伯格与皮特·奥斯诺斯与我们不谋而合。他们也同样看到了一个精彩绝伦、颇值一叙的故事——它至少能部分地解释我国何以安于法律之治。

公共事务出版社的编辑克里夫·普里德尔为本书付梓提供了全程专业指导。他不仅把握全书整体结构，同时对细节精益求精。他的帮助让我们获益匪浅。克里斯汀·阿登耐心并精细地校阅了书稿，我们对此深表谢意。我们还要感谢刚从密歇根大学毕业，现在已经是参议员助理的丹尼尔·布诺维奇。他在担任本书研究助理期间尽心竭力，提供了极富洞见的帮助。

我们同样要感谢襄助本书写作的杰出智囊们——乔纳森·奥尔特（Jonathan Alter）、斯科特·博格（Scott Berg）、汤姆·格蕾蒂（Tom Gerety）、迈克尔·詹韦（Michael Janeway），迈克尔·卡津（Michael Kazin）、约翰·麦基恩（John McKean）、哈里·麦克弗森（Harry McPherson）、迈克尔·沃尔德曼（Michael Waldman）、雅各布·韦斯伯格（Jacob Weisberg）以及约翰·眷陶（John Zentay）。他们在本书成稿的不同阶段阅读了书稿，提出了极具价值与洞见的反馈。他们给了我们莫大的支持与鼓励。

令我们深感荣幸的是，我们有机会聆听了联邦最高法院约翰·保罗·斯蒂文斯（John Paul Stevens）与斯蒂芬·布雷耶（Stephen Breyer）两位大法官对于马伯里案的看法。他们的平易近人与真知灼见令人感佩至深。

历史研究的乐趣之一在于你能够徜徉在原始史料中尽情阅读。我们特别要感谢国家档案馆、国会图书馆、首都历史学会、弗吉尼亚州历史学会、马里兰州历史学会、弗吉尼亚州亚历山大图书馆的诸多工作人员与职能机构。参议院历史办公室（Senate Historian's Office）的理查德·贝克（Richard Baker）与唐·里奇（Don Ritchie）为本书写作提供了有益的建议与帮助。主持联邦最高法院"历史纪实"（Documentary History）项目的梅瓦·马库斯（Maeva Marcus）也不吝时间提供专业帮助。在此一并致谢。

谢辞中少不了的是作者对家人的理解与容忍致谢。不过我们各自的家人——玛丽·卢、莎拉、安妮与尼克；凯瑟琳、肖、克里斯汀与凯——却因为我们对于19世纪初华盛顿特区风物人情的热心（有时甚至是迷恋）而获得了不少笑料。即便他们的笑点有时出其不意，我们仍然很高兴能为家人们带来欢乐——当然，我们也保证不再痴迷于比较今日首都与 1800 年时的异同。但我们恐怕永远不会停止对马伯里诉麦迪逊案的探讨——它对美国社会生活的意义历久弥新。

译 后 记

译事向来不易。记得两年前,老友钟先生把手上刚刚开始的这项翻译工作转托我来完成时,我颇有些踌躇。一方面,当时学业进入一个新阶段,面临的未知挑战已多,这译事能否如人所期按时完成,让人犹疑;另一方面,我对美国建国史与宪政制度尚非精熟,建立翻译这本书所需要的知识储备也是一项艰巨的任务。好在北京大学出版社的编辑们没有嫌弃我,相反,几位编辑的热情鼓励与耐心引导,使我在接手翻译时心里踏实了不少,甚至充满了期待。

之后的翻译之旅是漫长的,但于我而言却并不枯燥。这首先受益于原著本身优良的可读性:两位作者老练的笔调与娴熟的辞章,为书中这段历史赋予了新的活力。更重要的是,在我们熟悉的那些伟大名字的光环背后,近距离地品味与琢磨,才能领悟这段历史的奥妙与精彩。这种机缘往往只有译者才能心领神会,因此翻译本书的过程是饶有趣味而丰富充实的。

在强调"问题意识"的今天,原著的主题与来源地暗示着读者们感到困扰的问题与寻找答案的方向。不必羞于承认,我们多半是带着向往与崇敬来观察太平洋彼岸那个超级大国的。今日流行的善治想象，断然离不开"独立的司法""违宪审查"以及"保障个体自由的宪政"——这些概念无不源于美利坚人民的创造或阐发。这样的"宪政"是诱人的：它同时驯服了绝对民主与彻底独裁；通过塑造某种不容挑战的消极权威而为积极能动的权力划定边界、将其"关进笼子"。由于某些根本性原则获得了严格遵循与灵活拓展，社会得以基本上根据多数人的意愿向前演进而又不至于过度倾轧少数派或异议者。

托克维尔在他的美国之旅中嗅到了这股诱人的理想。《民主在美国》展现了一种相较于法式民主革命更为节制、更有秩序感的公共生活，分权的自治政府与极富参与意识和秩序意识的"公民"精神震撼了法国人，令他无法掩饰赞扬与憧憬。但我更感兴趣的问题是，托克维尔笔下的"美式"民主生活何以可能。托氏在自己的答案中强调了具有贵族精神与美德的"法律人"群体。在他眼中，偏好秩序与形式（form）的法律人作为趋于保守的社会精英，制约着充满活力与激情的民主势力，成为平衡民主政体弊病的重要力量。这算不上什么惊人的结论——在今日，地位卓越、影响力与日俱增的美国法律人，已经构成了"美国意象"最为重要的面孔之一。

但《民主在美国》上下两册成书是在19世纪30—40年代。这意味着，托克维尔游历美国时，那场几乎引爆美国"二次革命"的总统大选已过去30年。这场不见硝烟的选战背后，激烈交锋的政治势力正是笃信中央集权的联邦主义者与誓求民主自治的共和主义者。值得一问的是，在这场充满意识形态与信仰冲突的政争中，逐步成长起来的职业法律人到底扮演了政治斗争的催化剂，还是缓和民主危机的黏合剂？至少，在马歇尔一改最高法院的孱弱面貌、让司法机关崛起为三权一极之前，答案是模糊的。如果托克维尔能穿越时空来到1800

年的美国,《民主在美国》中有关美国法律人的观察与结论或许会要改写。

这是我们今日重谈马伯里诉麦迪逊案的起点所在。原著作者自然希望读者们理解马伯里案对于美国确立三权分立政体的巨大贡献与关键意义;而译者更期待读者看到的,则是在针锋相对的政治斗争与危急紧迫的宪政危机下,被后世尊为经典的"成功"判例如何得以实现。在马伯里案中,以马歇尔为代表的法律人是成熟而睿智的:通过正式而公开的司法仪式,努力将斗争限制在法庭而非街头;通过运用法律概念与技术性原则,将蕴含深远政治考量的结论内嵌在逻辑周延的法律说理之中;通过在利益各方俱有共识处寻找论据,大大降低裁判结论可能面临的政治风险。马伯里案不仅展示了美国最高法院在关键时刻将毫不避讳地介入政治,更重要的是率先垂范了法院应以何种方式介入政治。这个汇聚了睿智头脑与丰富阅历的法庭,注定要严守"中立"与"公正",让技术性的论辩与说理浑然天成地包裹住价值主张,让法庭不动声色而又不容抗拒地介入政治博弈与公共生活。

马伯里案的确为那些困扰于法律不能独立于政治的人们提供了两条金科玉律:其一,不要幻想法治实践在政治真空中进行,法律人注定无法"独善其身";其二,无法"独善其身"的法律人又决不能自甘沦为政客们的附庸与工具。我们的确可以轻易将马伯里案划入"能动司法"(judicial activism)的范畴,但这并不代表大法官们只能在既定的棋局中选定队伍,上马拼杀。至少在马伯里案中,大法官们选择了主动出击,建构独立于意识形态与党派忠诚之外的司法权威。

因此,对无法抽身于政治现实的法律人而言,最大的挑战并不在于如何明智地选边站队,而在于如何成功地建构权威。

这当然不是简单或轻松的挑战。实际上,马歇尔大法官能够在一场惊险的政治对峙中出奇制胜，也多亏了各方政治力量在避免国家彻底分裂、以军事暴力解决政治分歧上存在那么一点（哪怕是脆弱的）共识。从这一点来说，年轻的合众国远比同时代（甚至之后）的许多国家或政治实体幸运得多。换句话说，如果不存在各方势力在博弈资本与政治力量上的相对均衡，可容法律精英们腾挪的空间就会更小，可容他们发出的声音也会更弱。更进一步，当一种政治力量强大到足以垄断国家机器时，职业精英与政治权威合作的可能性，则要远远大于建构与树立自身权威。因此，19世纪末美国政治格局的特色——尤其是现代政党组织的兴起与继而形成的对峙局面，绝非毫不重要的背景信息，恰恰是让马伯里案成为马伯里案的关键。或许可以这么说，那些具有划时代意义的里程碑判例，并非突然照亮一个新时代的闪电；相反，它们自身恰恰是时代剧变的（早）产儿。

这多少让人感到有些矛盾。一方面，意图对公共生活做出干预的法律人要努力建构并不断生产属于"自我"的权威；另一方面，他们又要等待甚至仰赖恰当的契机，来证明这种权威的存在和存续。但认真读完本书的读者们，应该不难理解这一矛盾。既不统兵又不课税的法律人，如果不甘被排斥在决定国家政治图景的棋局之外，就要准备好直面此种矛盾的考验。他们的尝试与努力，必然要经历漫长的岁月，而且往往与羞辱、责难、挫折甚至风险相伴。

但毕竟，机会总是留给那些不断尝试而准备充分的人。

译稿能够最终付梓，首先应当感谢本书的编辑曾健先生对于译文的耐心修改与反复润色。如果读者们觉得译文质量尚佳，我断不敢占全功。同时，我也要感谢曾先生容忍我在一些旁枝末节问题上的纠结与反复。在与曾先生的邮件与微信往来中，充分领略到了一位职业出版人的责任感与荣誉感。感谢好友钟志军先生、臧倩女士、童志超博士与杨钊博士阅读译本初稿并提出宝贵的修改意见。在译稿进入后期编辑后，韩长印教授、姚岳绒副教授与邵声博士在百忙中阅读了全稿，我由衷地感谢他们对译稿内容与文字提出的详尽而细致的修改意见。感谢陶婧博士在译稿修改与编辑阶段对我坏脾气的忍耐与包容。最后但绝非最不重要的是，感谢编辑陈晓洁女士对于译稿的精心审读与编校；没有她的辛勤劳动与高效工作，我很难想象这本译作能在此时面世。自然，译本中的任何错误疏漏，皆由我一人负责。

献给我亲爱的父母。

王之洲

2015 年 9 月 10 日

著作权合同登记号　图字:01-2012-8657
图书在版编目(CIP)数据

大法官与总统的对决:马伯里诉国务卿麦迪逊案/(美)斯隆(Sloan,C.),(美)麦基恩(McKean,D.)著;王之洲译.—北京:北京大学出版社,2015.12
ISBN 978-7-301-23556-0

Ⅰ.①大… Ⅱ.①斯… ②麦… ③王… Ⅲ.①司法制度—法制史—研究—美国—近代 Ⅳ.①D971.29

中国版本图书馆 CIP 数据核字(2015)第 223184 号

THE GREAT DECISION: Jefferson, Adams, Marshall, and the Battle for the Supreme Court
by Cliff Sloan and David McKean
Copyright © 2009 by Cliff Sloan and David McKean
Simplified Chinese translation copyright © (2015) by Peking University Press
Published by arrangement with PublicAffairs, a Member of Perseus Books Group through Bardon-Chinese Media Agency
博达著作代理有限公司
ALL RIGHTS RESERVED

书　　名	大法官与总统的对决——马伯里诉国务卿麦迪逊案 DAFAGUAN YU ZONGTONG DE DUIJUE ——MABOLI SU GUOWUQING MAIDIXUN AN
著作责任者	〔美〕克利夫·斯隆　〔美〕戴维·麦基恩 著　王之洲 译
责任编辑	曾 健 陈晓洁
标准书号	ISBN 978-7-301-23556-0
出版发行	北京大学出版社
地　　址	北京市海淀区成府路205号　100871
网　　址	http://www.pup.cn　http://www.yandayuanzhao.com
电子信箱	yandayuanzhao@163.com
新浪微博	@北京大学出版社　@北大出版社燕大元照法律图书
电　　话	邮购部 62752015　发行部 62750672　编辑部 62117788
印　刷　者	北京中科印刷有限公司
经　销　者	新华书店
	880 毫米×1230 毫米　A5　8.25 印张　189 千字 2015 年 12 月第 1 版　2015 年 12 月第 1 次印刷
定　　价	39.00 元

未经许可,不得以任何方式复制或抄袭本书之部分或全部内容。
版权所有,侵权必究
举报电话: 010-62752024　电子信箱: fd@pup.pku.edu.cn
图书如有印装质量问题,请与出版部联系,电话: 010-62756370